일곱 개의 별과 달을 품은

탐耽라羅왕국

강문규(康文奎)

언론인으로서 지역 언론사의 편집국장, 논설실장을 지냈다. 재직 시 제주의 역사와 문화, 한라산 등에 관심을 갖고 그에 관한 글쓰기와 관련 활동을 펼쳐왔다.

지하주차장 건설로 파괴될 위기에 처한 〈제주목관아 지키기〉를 비롯하여 〈산지천 생태하천 복원을 위한 시리즈〉기사를 집중적으로 다루었다. 또한 〈잊혀져가는 유적지 표석 세우기〉, 〈한라산학술대탐사〉, 〈제주특별자치 마을만들기 운동〉을 기획·추진하였다.

퇴임 후에는 한라산생태문화연구소 소장, 곶자왈 공유화재단 상임이사, 대통령직속 지역발전위원회 위원을 역임했고, 현재는 탐라 별문화의 정립과 재조명을 위한 활동을 지속적으로 벌이고 있다.

저서로는 《제주문화의 수수께끼》, 《경술국치 100년-제주의 원풍경》, 《잊혀져 가는 제주시 역사문화유적》(편저)을 펴냈고, 《한라산총서》(전 11권), 《제주의 하천 시리즈》(전 3권)를 공동 저술하였다. 〈일경 언론대상〉, 〈산림유공포장〉, 〈재암문화상〉 등을 수상했다.

일곱 개의 별과 달을 품은
탐라 왕국

2018년 7월 17일 초판 2쇄 펴냄

지은이 강문규
펴낸이 김영훈
디자인 나무늘보
펴낸곳 도서출판 한그루
       출판등록 제651-2008-000003호
       63256 제주도 제주시 천수동로2길 23
       전화 064 723 7580 전송 064 753 7580
       전자우편 onetreebook@daum.net 누리방 onetreebook.com

ISBN 978-89-94474-58-8 03300

값 20,000원

일곱 개의 별과 달을 품은

탐^耽라^羅왕국

강문규 著

한그루

한 노인이 별 이야기를
들려주다

이 책을 쓰게 된 계기는 1991년 늦여름, 한 노인으로부터 우연히 칠성대에 관한 이야기를 듣게 되면서였다. 그때 필자는 제주시청 출입 기자였는데 제주목관아 터가 지하주차장 건설로 파괴될 위기에 처해 있어 이에 관한 시리즈 기사를 준비하고 있었다. 그래서 제주시 원도심의 역사와 자취를 들려줄 어른들을 물색하다 송천택^{당시 83세} 옹을 뵙게 되었다. 그분은 일제강점기에 서울로 유학을 다녀온 분이었다. 원도심의 중심지역인 일도동에서 20년 가까이 구장^{區長}을 지냈으니 원도심의 역사를 누구보다 잘 알고 있는 분이었다.

송 옹에게 찾아간 취지를 말씀드리자 밖으로 나서며 따라오라고 했다. 어디로 가시는지 여쭈었더니 칠성대를 알려주겠다는 것이었다. 그게 칠성대와의 첫 만남이었다. 그분은 고령에도 불구하

4

고 지팡이를 짚은 채 시내 곳곳에 있던 별자리를 하나씩 찾아가며 이야기를 들려주었다. 여섯 번째 별자리는 자신이 태어나고 자란 집 앞에 있었다고 했다.

놀라운 이야기였다. 탐라시대에 별자리 모양으로 일곱 개소에 칠성대를 세웠다는 것 자체가 믿기지 않는 이야기였다. 더욱 신기한 일은 칠성대가 일제강점기까지 남아 있었고, 그것을 직접 목격한 분이 생존해 있다는 사실이었다. 그야말로 별의별 생각들이 스쳐갔다. 한편으로는 몽환적 느낌도 들었다. 역사 같기도 하고, 한 편의 동화를 듣는 기분이기도 하였다. 그때 그분을 만나지 못했다면 이 책은 나올 수 없었을 것이다. 돌이켜보면 그분과는 짧은 만남이었지만 칠성대는 우연이 아닌 필연으로 다가왔다. 단 한 번의 만남, 한 줄의 기록으로 시작해 이제 그에 관한 책을 펴내기에 이르렀으니 특별한 인연이 아닐 수 없다.

다시 그날로 돌아가자. 신문사로 들어가 이원진의 《탐라지》를 펼쳤더니 그 속에 칠성도에 관한 기록이 보였다. 칠성대에 관한 이야기를 들은 뒤 기록을 대면하게 되니 기쁨이 솟아올랐다. 탐라에 관해서는 삼성신화 정도밖에 접할 수 없었던 시절이었다. 그런데 칠성대 기록은 삼성신화의 다음 시대에 펼쳐졌던 탐라인들의 이야기-북두칠성을 모방해 칠성대를 쌓고 그 속에 세 부족이 삶의 터전을 정한-와 풍경을 들려주고 있었다. 그야말로 삼성신화의 속편과 같은 성격을 갖고 있는 칠성대는, 때때로 밤하늘의 별 하나가 오름 너머로 내려앉듯이 내 마음 속에 다가왔다. 그로부터 20

여 년이 흐르는 세월 동안 나는 종종 일곱 개의 별을 따라 탐라시대로 시간여행을 떠나곤 하였다.

삼을라가 활을 쏘아 일도, 이도, 삼도를 정하고 오곡과 육축을 기르며 살게 되었다는 것으로 삼성신화의 줄거리는 막을 내린다. 삼을라 후손들이 어떤 체제와 제도를 갖추며 탐라를 일구어 나갔는지는 수수께끼로 남아 있었다. 그렇다면 삼성신화의 후속편에 해당하는 '칠성도' 기록은 매우 중요한 사료일 듯한데 이에 관한 사학자들의 글은 단 한 편도 찾아볼 수 없었다. '왜 그들은 칠성도 기록을 외면하고 있을까?', '사료로서의 치명적 결함이 있는 것을 모르고 나 혼자 몰입하고 있는 것은 아닐까?' 하는 회의감도 들었다.

그럼에도 일단 기사는 내보냈다. 당시 홍정표 선생의 칠성대에 관한 글이 《탐라성주유사》에 실려 있음을 확인하고, 현용준 선생으로부터 간단한 인터뷰를 받아 '칠성대를 아십니까'라는 제목으로 보도^{1991년 9월 16일자}했다. 그것이 칠성대에 관한 첫 글이었다.

어느 날 백발의 노인으로부터 들은 칠성대 이야기는 그 후 20여 년간 나를 사로잡았다. 그것은 보물이 숨겨져 있는 비밀의 동굴을 찾아갈 수 있는 지도처럼 여겨졌다. 하지만 역사에 문외한이나 다름없는 입장에서 쉽게 해독할 수 있는 사안은 아니었다. 다행히 학창시절부터 작가의 꿈이 있었던 터여서 그것을 언젠가는 소설로 써봐야겠다고 생각했다.

그에 대한 학술적 연구는 사학자들에게 맡기면 될 일이었다. 그래서 대학에 있는 지인들을 만날 때마다 거의 빠짐없이 칠성대의 중요성을 열심히 설파했다. 도정의 요직에 있는 분들에게도 칠성대에 관해 정리한 자료를 건네며 탐라사 발굴 정립 차원에서 관심을 가져줄 것을 요청하기도 하였다. 거의 15년 동안 단 하루도 빠짐없이 고장 난 레코드판처럼 그 이야기가 반복되었다. 누군가 그것의 가치를 느끼는 이들에게는 중요한 연구 주제가 될지도 모르기 때문이었다. 한 노인이 나에게 별 이야기를 들려준 것처럼 누군가에게 그 이야기를 전해야 한다고 생각했다.

언론에 몸담고 있어서 기회가 되면 기사와 칼럼으로, 혹은 청탁받은 원고로 칠성대에 관한 글을 꾸준히 생산해 냈다. 노력에 비해 반응은 미미했다. 때때로 '나는 스스로 판 함정 속으로 걸어가 빠져 나오지 못하는 것인가?'라는 회의감이 들기도 했다. 그 무렵 누군가 칠성대에 관한 자료가 있으면 전화나 이메일로 연락이 왔다. 어떤 이는 칠성대에 관한 지도가 있다며, 또 어떤 독자는 제주를 천문적 시각으로 해석한 학위 논문이 있다며 찾아보라고 알려주기도 했다. 그렇게 접하게 된 것이 바로 데이비드 네메스 선생이 쓴 〈신유가사상이 제주에 끼친 영향〉이었다. 그 두툼한 논문은 제주의 문화를 천문으로 이해하는 데 큰 도움이 되었다. 가장 놀라운 제보는 《매일신보》에 실린 기사와 사진이었다. 김순택 세종의원 원장은 어느 모임에서 그 신문을 본 적이 있느냐고 물은 뒤 없다고 하자 자료를 찾아 보내주었다. 그것을 접했을 때의 놀라움과 기쁨은 이루 말할 수 없다. 그에 관한 스트레이트 기사와 해설기사를 쓰면서 언젠가는 칠성대에 관한 책을 쓰고 싶다는 충동을 처음 느꼈다.

그 무렵 제주대학교 국문학과 허남춘 교수와 저녁 식사를 함께 하다 칠성대에 관한 이야기를 꺼내자 허 교수는 김석익의 《파한록》심재집에 칠성대에 관한 글이 보인다며 그것을 찾아 보내주었다. 칠성대가 1921년까지 온전히 잘 남아 있다는 내용을 구체적으로 다루고 있어 놀라웠다. 허 교수는 그 후로도 칠성대를 탐구하는 데 지도교수와 같은 존재로 늘 곁에 남아 있다. 중등교장을 역임한 뒤 퇴임한 고응삼 선생으로부터 연락이 온 것도 그 무렵이었다. 그분은 칠성대의 위치가 그려진 '제주성내고적도'를 보내주며, 이는 홍정표작고 선생이 소장하던 자료인데 조부인 홍종시가 제작했다는 이야기를 들었다고 했다. 이들 네 편의 자료는 칠성대 탐구의 나침반과 같은 존재였다. 자료를 기꺼이 보내준 이분들에게 거듭 고마운 마음을 전하고 싶다.

서울대 전경수 교수는 일찍부터 칠성대의 가치를 이해하고 제주에 올 때마다 현장을 둘러보며 연구의 방향을 일깨워주었다. 칠성대 연구에 큰 힘을 보태준 이는 고대사를 전공한 홍기표 박사였다. 선친과의 인연이 이어지며, 그는 칠성대에 관한 문헌을 찾아 정리해 관련 논문을 처음으로 학계에 발표하였다. 방학 기간에 제주에 내려오면 밤늦도록 술잔을 기울이며 칠성대를 주제로 담소를 나누었다. 그게 벌써 10년이 넘었다. 제주대 오상학 교수, 제주고고학연구소 강창화 소장은 칠성대 탐구에 필요한 소중한 자료들을 기꺼이 챙겨주었다. 김찬수 박사는 식물학을 전공하였음에도 어느 날 별에 관한 논문을 한 상자 가득 보내와 나를 감동시켰다.

그 외에도 별에 대한 내 이야기를 들어주는 것 이상의 지지를 보내준 고마운 분들이 많다. 그분들은 허무맹랑하다고 여겨졌을 칠성대에 관한 이야기를 인내심을 갖고 들어주며 오랫동안 나를 지켜보아 왔다. 만날 때마다 꺼내는 별 이야기를 듣느라 고초(?)를 겪었을 많은 지인들에게도 이 지면을 빌려 고마움을 보낸다. 또한 일일이 소개하지 못하는 여러 지인들에게 혜량을 구한다. 그래서 이 책은 여러분들이 보내온 성원과 인내의 산물이다.

밤늦게 귀가할 때마다 길가의 바위에 앉아 별을 헤다 들어가는 습관이 있다. 바람이 부는 날이면, 구름에 달 가듯이 별들이 파도처럼 밀려오는 구름을 헤치며 하늘바다를 건너가는 풍경을 마주하게 된다. 그것은 때때로 인생의 고해를 위태롭게 이겨나가는 내 모습으로 다가온다. 그때마다 멀리서 달려오는 듯한 어린 손자와 손녀의 이름을 불러본다. 그 아이들도 제주의 아름다운 별 이야기를 하나씩 품에 안고 살아가기를 기대해 본다. 이 책을 투병 중인 노모께 바친다.

2017년 겨울의 길목에서 강문규 씀

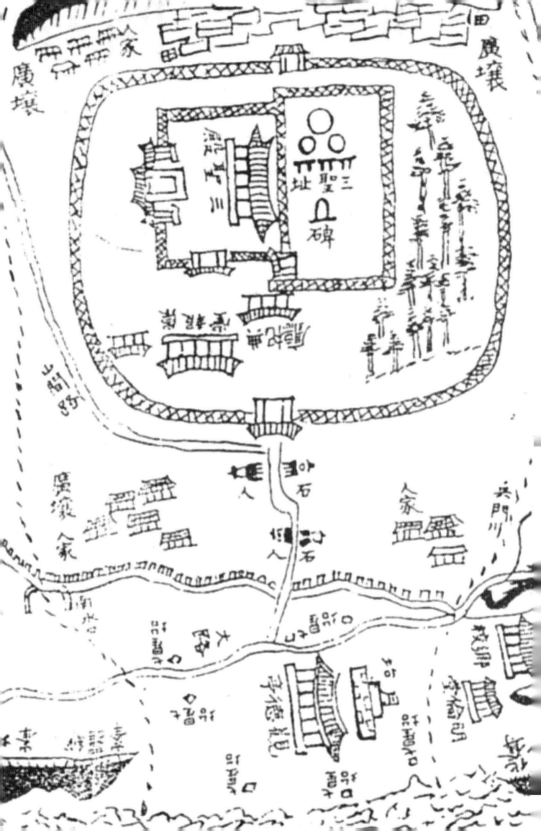

일곱 개의 별과 달을 품은

탐라왕국

제2부 탐라의 별 문화

제3부 일곱 별과 달을 품은 탐라도성

프롤로그

　　　　　　　　　　　　제주사에 관한 자료를 뒤적거리다
보면 수수께끼가 꼬리를 문다. 제주도의 신화로서 가장 먼저 문헌
에 정착한 탐라개국신화는 사실인가, 아니면 허구에 불과한 이야
기인가. 탐라국은 존재했는가. 존재했다면 어떤 과정을 거쳐 생
성·소멸되었는가. 탐라인들은 어떤 도시에서 어떤 삶과 문화를 누
렸으며, 그들의 사상과 신앙은 어떠했는가. 탐라사에 관심 있는
이들이면 누구나 한 번쯤 품었을 의문들이지만 대부분은 베일에
가려져 있다.

　무엇 때문인가. 그것은 탐라사에 관한 단서를 제공할 만한 유적
과 유물, 각종 문헌자료가 빈곤한 탓이다. 또한 연구자의 부족도
탐라사 구명을 더디게 하는 요인이다. 1980년대 이후 탐라사에 관
한 유적이 발굴되고 연구논문이 잇따라 나오면서 탐라사 구명을

위한 학술적 성과들이 나타나고 있다. 이에 따라 제주사회에서도 탐라사를 재조명하고 미래제주의 발전에 활용하려는 움직임이 가시화되고 있음은 고무적이다.

그렇더라도 고대 탐라사의 공간은 대부분 채워지지 않은 상태로 남아 있다. 수천 년의 역사를 간직하고 있고, 한때는 "황해를 내호內湖로 하는 환황해권環黃海圈에서 자율적이고 독립적인 한 궤적을 그렸던 존재"진영일,《고대 중세 제주역사 탐색》, 2008로 인식되는 탐라의 실체는 왜 베일에 가려 보이지 않는가.

이러한 상황에서 최근 제주사회 일각에서 대두되고 있는 칠성대는 북두칠성을 모방해 탐라국 시대에 축조된 이래 일제강점기인 1920년대 초에 일곱 개의 별자리 중 하나가 처음 파괴되었을 정도로 1500여 년을 훌쩍 넘긴 제주 최고最古의 유적이었다.

이 책은 〈제1부: 탐라국과 칠성대〉, 〈제2부: 탐라의 별 문화〉, 〈제3부: 일곱 별과 달을 품은 탐라도성〉으로 구성되었다.

〈제1부: 탐라국과 칠성대〉에서는 짙은 안개처럼 역사의 저편에 가려진 탐라국의 실체를 밝혀줄 압축파일과 같은 존재인 칠성대를 집중 조명하려고 한다. 칠성대를 '키워드'로 삼아 탐라의 고대사와 그 속에서 파생된 문화를 풀어나가는 도구로 삼겠다는 의미이다. 이런 시도는 생소하게 여겨질 수도 있다. 지금까지 탐라사에서 접하지 못했던 주제이며 관점이기 때문이다. 더구나 많은 부분에서는 관련 자료의 부족으로 인해 상상력의 사다리를 타고 문맥을 이어가게 될 것이다. 칠성대에 관한 다각적인 해부도 이루어질 것이다. 칠성대가 언제, 어디에, 누가 세웠으며, 그것의 축조를 통해 무엇을 추구하려 했는지를 살펴보려고 한다. 그럼으로써 칠성대가 탐라사를 밝히는 데 있어 왜 핵심적인 연구 대상인가를 같은 시선으로 공유하고자 한다.

칠성대는 탐라 개국과 통치에 관한 중요한 시사점과 더불어 탐라를 '별의 나라'라고 부를 만한 소중한 단서를 제시하고 있다. 북두칠성을 쳐다보며 작지만 이 아름다운 섬에 '별나라'를 만들고자 했던 이들은 어디에서 왔으며, 어떻게 칠성대를 설계하고 그것을 도성 속에 구축할 수 있었는지도 추적하고자 한다. 이러한 일련의 작업을 통해 탐라가 오랜 베일을 벗고 서서히 실체를 드러내는 데 일조하게 되길 조심스럽게 기대한다.

〈제2부: 탐라의 별 문화〉는 탐라시대에 배태된 별 문화가 지금도 제주사회 곳곳에 남아 있는 현상들을 다각적으로 조명하고자 한다. 먼저 두 개가 한 쌍으로 이루어진 석상들을 천문적 시각으로 해석하려 한다. 이 석상들은 북두칠성의 수호자인 두 개의 별, 좌보성左輔星과 우필성右弼星을 상징한다고 본다. 칠성단이 암시하는 바와 같이 탐라의 칠성신앙은 오늘날 '제주 큰굿'에서도 짙게 배어 나오고 있다. 그래서 '제주 큰굿'이 그 뿌리를 고대 탐라국제耽羅國祭에 두고 있음도 설명하려 한다.

제주의 민간신앙으로 자리 잡은 뱀신앙 역시 '칠성의 옷을 입은 제주의 뱀신앙'이라는 화두로 칠성신앙의 전이 과정을 살피려 한다. 제주의 거의 모든 집에서 전승되고 있는 문전제門前祭는 '문전본풀이'에서 생겨난 풍습이다. 이는 육지부의 '칠성신화'와 같은 뿌리에서 나온 것이며, 집집마다 세워졌던 칠성단七星壇도 사실은 작은 칠성대임을 환기시키려 한다,

한라산은 제주를 표현하는 또 하나의 상징이다. 이는 은하수를 어루만질 수 있는 높은 산이라는 의미만을 내포하는 것이 아니다. 하늘 높이 드넓게 펼쳐진 백록담은 은하수를 담아내는 커다란 물그릇이나 폭포수처럼 쏟아져 내리는 별들을 받아내는 바구니로 인식하였다. 이는 탐라의 운명을 외부의 시각이 아닌 주체적 의식으로 극복하고자 했던 탐라인들의 강인한 정신과 놀라운 상상력이 빚어낸 우주관이기도 하였다.

'별뗏목星楂'을 타고 탐라를 오갔던 이야기도 역시 이 책에서 처음으로 다루게 될 것이다. 이는 은하수를 잡거나 어루만질 수 있는 높은 한라산, 아득히 먼 절해의 고도와 육지를 잇는 하늘의 다리로 여겼다. 그래서 옛 선비들은 은하수가 흐르는 한라산에서 '별뗏목星楂'을 타고 육지를 오가는 상상력을 시문으로 풀어왔다.

〈제3부: 일곱 별과 달을 품은 탐라도성〉에서는 탐라의 도성에 대해 다각적으로 탐색하게 될 것이다. 먼저 그동안 탐라의 '옛 성'으로 추정되어 왔던 고성古城·묵은성에 관한 기록과 현장에 대한 여러 분석의 결과를 나름대로의 해석을 통해 새롭게 제시하겠다. 그럼으로써 탐라국의 '옛 성'은 '제주성의 서북쪽'이 아닌 조선시대 제주읍성 안에 일도·이도·삼도와 칠성대, 월대를 품은 형태로 자취

를 남기고 있음을 처음으로 제시하고자 한다.

또한 탐라시대의 도성은 우주적 상징으로 설계되었고, 취락과 주거환경의 조화를 도모하고 있음을 설명하겠다. 아울러 성주청으로 상징되는 탐라궁전의 위치와 성격을 개략적으로 더듬으며, 그곳에 탐라도성의 옴파로스ompalos가 위치해 있었음을 보여주고자 한다. 특히, 수수께끼와 같은 존재로 남아 있는 동·서 자복상의 설치 배경을 고려시대 탐라에 왔던 태학박사 전공지의 자취를 따라 추적하고자 한다. 탐라가 고려에 스스로 신속臣屬되는 시대적 배경을 태학박사 전공지全拱之의 자취를 통해 추론함으로써 탐라왕국의 몰락 과정을 가설적으로 제시하고자 한다.

이러한 시도들은 때때로 당혹감을 안겨주게 될 것이다. 어떤 부분은 문헌 기록의 뒷받침 없이 상상력으로 가설을 제시한 데 대해 비판적 시각이 있을 것이다. 그럼에도 이 글들은 수수께끼와 같은 존재로 남아 있는 탐라사의 공백을 메꾸는 데 유익한 시사점을 제공하게 될 것이다. 이러한 작업을 통해 탐라도성耽羅都城은 북두칠성을 모방해 세운 최초의 계획 도시이자 천문 도시였으며, 그 왕성은 제주시 원도심에 자리 잡고 있었음을 처음으로 제시하고자 한다. 칠성대는 북극성을 중심으로 운행하는 북두칠성의 원리를 탐라의 통치원리로 삼았으며, 오직 탐라왕의 호칭에 붙여진 '성주星主'는 '별나라의 군주'라는 의미임을 일깨우고자 한다. 아울러 탐라도성의 모델이 조선시대의 3성三城과 9진九鎭으로 계승되고 있음도 밝히고자 한다.

글을 마무리하면서 필자는 탐라인들이 남긴 꿈과 유산의 가치를 새롭게 발굴·조명하는 일부터 시작되어야 함을 강조하고자 한다. 이 책이 탐라사 연구, 나아가 제주사회의 주요 과제 중 하나로 남아 있는 '탐라문화권' 사업에 작은 활력을 불어넣게 되기를 기대한다.

지방분권시대는 지역의 정체성을 찾아 정립하는 일부터 시작되어야 한다. 학계와 관계, 도민들의 공론화를 바탕으로 탐라문화권 정비계획을 수립하여 장·단기적으로 분야별 사업을 추진해 나갈 것을 제언하고자 한다. 그럼으로써 환태평양 시대의 '별의 도시'로 거듭나길 소망한다.

칠성대는 수수께끼로 남아 있는 탐라사와 그 속에서 깃을 치며 이어져 온 제주 문화의 원류를 더듬는 데도 소중한 단서와 시사점을 안겨줄 것으로 기대한다. 탐라 선인들이 별을 보며 나라를 세우고, 영감을 통해 한라漢拏라는 절묘한 이름을 얻을 수 있었던 것처럼 말이다. 그래서 어둠이 짙게 깔려 있는 고대 탐라의 역사와 문화를 일곱 개의 별과 달을 따라 함께 찾아 떠날 것을 권유한다. 이 책을 펴내고자 하는 뜻도 여기에 있다.

일곱 개의 별과 달을 품은
탐라 왕국

제1부
—
탐라국과
칠성대

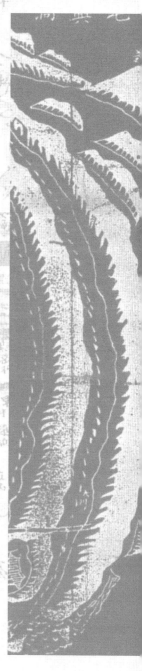

〈제1부 탐라국과 칠성대〉에서는 짙은 안개처럼 역사의 저편에 가려진 탐라국의 실체를 밝혀줄 압축파일과 같은 존재인 칠성대를 집중 조명하려고 한다. 칠성대는 삼성신화의 속편과 같은 존재이다. 이를 '키워드'로 삼아 탐라의 고대사와 그 속에서 파생된 문화를 풀어가는 도구로 삼겠다는 의미이다. 이런 시도는 생소하게 여겨질 수도 있다. 지금까지 탐라사에서 접하지 못했던 주제이며 관점이기 때문이다. 더구나 많은 부분에서는 관련 자료의 부족으로 인해 상상력의 사다리를 타고 문맥을 이어가게 될 것이다.

칠성대에 관한 다각적인 해부도 이루어질 것이다. 칠성대가 언제, 어디에 누가 세웠으며, 그것의 축조를 통해 무엇을 추구하려 했는지를 살펴보려고 한다. 그럼으로써 칠성대가 왜 탐라사를 밝히는 데 있어 핵심적인 연구 대상인가를 같은 시선으로 공유하고자 한다.

칠성대는 탐라 개국과 통치에 관한 중요한 시사점과 더불어 탐라를 '별의 나라'라고 부를 만한 소중한 단서를 제시하고 있다. 북두칠성을 쳐다보며 작지만 이 아름다운 섬에 '별나라'를 만들고자 했던 이들은 어디에서 왔으며, 어떻게 칠성대를 설계하고 그것을 도성 속에 구축할 수 있었는지도 추적하고자 한다. 결국 탐라의 왕에게만 붙여졌던 성주(星主)라는 호칭은, 한반도의 왕조들도 인정했던 '별나라의 주인(國主)'임을 재조명하고자 한다.

칠성대에 관한
문헌 자료

제주 성안 일곱 곳에 북두칠성 모양으로 세워져 있던 칠성대는 탐라의 역사를 더듬으며 찾아갈 수 있게 하는 나침반과 같다. 오늘날까지 전해 내려오는 탐라문화의 원천과 같은 존재로 여겨진다. 일제강점기인 1920년대 초까지만 해도 칠성대는 "질서정연하게 잘 남아 있다."는 기록이 있다. 이처럼 칠성도 유적을 소개하는 자료는 20여 종에 이르고 있으며, 지금도 관련 자료들이 새로 발굴되고 있다. 이는 앞으로 더 많은 자료들이 나타날 수 있다는 기대를 갖게 한다.

칠성대는 조선시대의 《신증동국여지승람》에 처음 등장하고 있다. 이후 안무어사로 제주에 왔던 김상헌의 《남사록南槎錄》에 기록되었다. 이는 제주에 내려온 뒤 칠성대가 실재로 존재함을 확인한 후 남긴 글이라는 점에서 중요한 의미를 갖는다. 이후 《탐라지》李元鎭 및

《탐라지초본》李源祚 등 역사지지서는 물론, 개인 시문에도 항상 제주 고적으로 소개되고 있다. 특히 칠성도를 소개하고 있는 개인 시문의 저자들은 제주에 목사·어사·교수 등으로 부임했던 조선의 지식인과 관료들이었다. 임제林悌, 1549~1587, 홍천경洪千璟, 1553~1632, 김상헌金尙憲, 1570~1652, 신찬申纘, 1613~?, 이형상李衡祥, 1653~1733, 이해조李海朝, 1660~1711, 김정金政, 1670~1737, 신광수申光洙, 1712~1775, 이종휘李種徽, 1731~1797 등이 그들이다.

이들은 칠성대가 자연물이 아닌 고대의 인공 축조물이라는 점에 주목하고, 그 중요성을 강조하고 있다. 그렇다 보니 그 옛터 또한 일제강점기까지 제주 성안에 면면히 이어져 왔다. 1926년 5월 11일《매일신보每日申報》는 순종 봉도식 관련 제주 소식을 사진과 기사로 소개하며, 그 장소가 칠성도 유적에서 거행되었다고 전한다. 이로 인해 칠성도 유적은 사진으로까지 확인된 셈이다. 최소한 시각적으로는 어느 정도 고증이 가능한 자료까지 발굴되었다.

지금까지 칠성도와 관련하여 소개된 자료는《신증동국여지승람》을 비롯하여 임제의《남명소승》, 김상헌의《남사록》, 이원진의《탐라지》, 김정의《노봉선생문집》, 이원조의《탐라지초본》,《제주읍지》, 김석익의《파한록》, 담수계의《증보탐라지》 등이다.

이 기록을 남긴 이들은 당대 빼어난 문장으로 이름을 날렸거나 관료로서의 곧은 발자취를 남겼던 인물들이었다. 그들은 제주 성안에 세워진 칠성대의 축조내력을 접하며 사적의 의미를 파악하게 된 것으로 보인다. 그래서 비록 옛터로서의 흔적만 남아 있지만 후손들에게 그 사실을 전할 필요가 있다고 판단했을 것이다. 탐라국시대 이래 제주에서만 확인되는 주요 유적이기 때문에 기록을 남긴 것이다.

이들 기록 외에도 〈제주읍성도〉^{목판화, 국립제주박물관 소장}와 남원 양씨 족보의 목판본 지도에는 주성^{州城} 내에 칠성대가 있었음을 그려놓고 있다. 최근에 발굴된 《매일신보》의 기사^{1926년 5월 11일자}는 순종 임금의 봉도식과 관련한 제주 소식을 사진과 기사로 소개하며, 그 장소가 칠성도^壇 유적에서 거행되었다고 전한다. 이 사진은 칠성대가 1920년대 중반까지 원형을 크게 잃지 않은 상태로 남아 있었음을 보여주고 있다. 이로 인해 칠성대의 복원에 필요한 시각적 고증자료를 확보하게 되었다. 또한 이 자료는 칠성단 앞에 시민들이 운집한 모습을 담고 있어서 칠성대가 제주인들에게 어떤 존재로 남아 있었는지를 파악하는 데 소중한 자료가 되고 있다.

홍종시가 소장했던 '제주성내고적도^{濟州城內古跡圖}'는 칠성대의 위치를 파악하는 데 귀중한 정보를 제공하고 있다. 성안의 칠성대를 뚜렷이 점선으로 표시하고 있는데 당시 주요 도로인 한짓골의 한질^{大路}과 칠성로, 1914년에 개설된 관덕로를 그리지 않은 아쉬움이 있다. 그렇더라도 칠성도가 제주성내에 어떻게 위치해 있었는지를 파악하는 데 중요한 시사점을 제시하고 있다. 이러한 자료는 1921년에 펴낸 김석익의 《파한록^{破閑錄}》과 함께 대비해 본다면 보다 정확한 칠성대의 위치를 찾아낼 수 있을 것이다.

홍기표는 이들 자료 외에도 지지서 및 개인 문집에 수록된 칠성
도와 관련한 여러 기사들을 수집하였다. 그 결과 상당수의 문헌에
서 칠성도 관련 글들을 새로이 발굴하였다. 이어서 그동안 발굴된
21건의 기록을 〈탐라유적의 종합고증〉《탐라사의 재해석》, 제주연구원, 2013,
244~245쪽에 정리했다. 다음의 표 '칠성도 기록문헌 및 관련자료'를 필
자의 허락을 받고 게재한다.

〈칠성도 기록문헌 및 관련자료〉

연번	시기	저자	제목	출전
1	1530년 (중종 25)	이행 등	고적·칠성도	《신증동국여지승람》 권38, 전라도, 제주목
2	1578년 (선조 11)	임 제	〈만제한라장율일운〉	1. 임제, 《남명소승》, 1578. 2. 10. 2. 김상헌, 《남사록》, 1601. 9. 25.
3	1599년 (선조 32)	홍천경	〈결승정상량문〉	김상헌, 《남사록》, 1601. 9. 29.
4	1653년 (효종 4)	신찬	〈운주당서문〉	이원진, 《탐라지》, 제주목, 궁실·운주당
5	1653년 (효종 4)	이원진	고적·칠성도	《탐라지》, 제주목
6	1702년 (숙종 28)	이형상	〈삼성묘상량문〉	《병와선생문집》 권14, 상량문
7	1706년 (숙종 32)	이해조	〈기도중산천풍속〉	《명암집》 권3, 시, 부육십운
8	18세기 초 추정	·	〈제주읍성도〉(목판화)	국립제주박물관
9	18세기 추정	·	〈영주도〉	서울역사박물관
10	1737년 (영조 13)	김정	〈수축월대칠성도〉	《노봉선생문집》 권1, 시
11	1764년 (영조 40)	신광수	〈체관무료약축운제차념득일자일부오칠각일률배민유회〉(10)	《탐라록》, 1764. 2. 29.
12	영조 말년 추정	저자 미상	완산지 권하, 고적	《여지도서》·보유편(전라도)[국편위, 《한국사료총서》 권20, 1973]
13	1799년 (정조 23)	이종휘	〈동사〉(탐라열전)	《수산집》 권11

연번	시기	저자	제목	출전
14	1843년 (헌종 9)	이원조	고적·칠성도	《탐라지초본》 제주목
15	1907년	·	〈탐라국〉	《서우》(제5호), 1907. 4.
16	일제강점기	·	〈제주성내고적도〉	《탐라성주유사》, 1979.
17	1923년	김석익	〈파한록〉(상) 고적·칠성도	《심재집》
18	1926년	·	제주망곡식 (순종 봉도식)	《매일신보》, 1926. 5. 11.
19	1935년	권덕규	〈양미만곡의 제주도〉	《삼천리》 제7권 제6호, 1935. 7.
20	1954년	담수계	고적·칠성도	《증보탐라지》 명소고적

칠성도 기록과
내용 분석

사료 1. 이행, 《신증동국여지승람》

○ 칠성도: 주성 안에 있다. 돌로 쌓은 옛터가 있다. 삼성이 처음
　에 나와서 삼도를 나누어 차지하고 북두칠성 모양을 본떠 대
　를 쌓아 나누어 살았다. 그 때문에 칠성도라 부른다.
　七星圖: 在州城內 石築有遺址 三姓初出 分占三徒 倣北斗形 築
　臺分據之 因名 七星圖.

　위 기록은 조선 전후기의 모든 지지서에 거의 동일한 내용으로
소개되어 있는데, 칠성도의 소재지는 (조선시대를 기준으로) 제주
성안이었고, 돌로 쌓았던 옛터가 남아 있으며, 축조시기는 삼성삼

을라이 처음 나와 삼도一徒二徒三徒를 나누어 차지할 때라는 것이다. 또한 형태는 북두칠성을 본떠 만들었고, 삼성三姓이 이 칠성대를 중심으로 나누어 살았다는 내용이다.

《신증동국여지승람》은 〈칠성도〉에 연이어 바로 대촌을 언급하고 있다.

> ○ 대촌: 삼도를 합하여 살아서 큰 마을이 되었는데, 곧 지금의 주성이다. 고을 사람들이 성안을 대촌이라고 한다.
> 大村: 合三徒居爲大村 卽今州城 州人謂城內爲大村

위 기록은 칠성도와 대촌이 밀접하게 연관되어 있음을 뜻한다. 여러 글과 지도에 칠성도와 대촌을 하나로 묶어 주성 내를 '칠성도대촌七星圖大村'으로 표기하고 있는 것도 이들 기록에서 기인한다고 볼 수 있다.

사료 2. 임제, 〈만제한라장율일운〉
> ○ 무심코 한라산에 대한 장률(長律) 한 편을 지음. 장백산 남녘이요 약목의 동쪽이라. …칠분괴두(七分魁斗)는 전해오는 옛 이야기…

이 글은 1577년 임제林悌가 제주에 왔을 당시, 7개의 북두칠성 모양으로 나누어 살았다는 옛 이야기가 제주 사람들에게서 전해내려오고 있었음을 알리고 있다.

사료 3. 홍천경, 〈결승정상량문〉

○ 엎드려 생각하건대, 구한 중의 하나요 땅은 600리이다. 산과 바다가 있으니 한라산과 영주해이다. <u>세 신인이 집터를 칠성도에 자리 잡았다.</u>

사료 4. 김상헌, 《남사록》

○ <u>삼성이 처음에 나와 천문을 우러러보고 북두칠성 모양으로 단을 쌓아 살았다. 지금 그 옛터가 제주성 안에 있다.</u>

김상헌의 《남사록》에서는 임제의 "…칠분괴두七分魁斗는 전해오는 옛이야기…"를 인용한 뒤, 위의 글을 자신이 주註를 붙이는 형식으로 남겼다. 이는 안무어사로 명을 받고 제주에 내려가 《신증동국여지승람》과 임제가 남긴 기록을 직접 확인한 뒤 남긴 첫 기록이다. 따라서 이 기록은 단순히 개인문집으로 치부할 수 없는 무게를 지니고 있다.

사료 5. 신찬, 〈운주당 서문〉

○ 신하로서 1천년 신라 왕조를 섬겨온 지 그 얼마이던가. 황량한 <u>칠성도는 왕자의 옛 나라이건만 의지할 바 없는데</u>, 신화로 전하는 삼성혈은 신인의 기이한 사적으로 근거가 남아있네.

사료 6. 이원진, 《탐라지》

○ 칠성도: 주성 안에 있다. 돌로 쌓은 옛터가 있다. 삼성이 처음

에 나와서 삼도를 나누어 차지하고 북두칠성 모양을 본떠 대를 쌓아 나누어 살았다. 그 때문에 칠성도라 부른다.

이 글은 《신증동국여지승람》의 칠성도七星圖 기록을 그대로 옮겨 적고 있다. 그러나 《탐라지》는 이원진이 1650년 제주목사로 도임한 뒤 칠성도의 옛터가 그대로 남아 있었음을 확인하고 있다.

사료 7. 이형상, 〈삼성묘상량문〉
○ 땅에서 양·고·부 3인이 솟아났는데 … 전하는 칠성도에서 고을의 경계를 볼 수 있고,

이형상은 1702년 제주목사를 지냈다. 이때도 전해오는 칠성도를 보며 고을의 경계를 알아볼 수 있을 정도라고 했는데, 칠성도에 앞서 세 신인의 용출 사실을 언급하고 있다.

사료 8. 이해조, 〈기도중산천풍속〉
○ 구멍은 공허하게 세 솥 다리처럼 벌려 있고, 대는 예전부터 북두칠성처럼 이어졌네. (신라, 백제 때 탐라왕이 바다 건너 귀의해왔다. 삼신인 솟아나온 곳은 모흥혈이라 부른다. 지금은 세 돌이 정연하게 놓여 있다. 삼성이 처음 나와 천문을 우러러 보고 북두칠성을 본떠 대를 쌓아 나누어 살았다. 그 때문에 칠성도라 부른다.)

제주읍성의 서남쪽 관덕정 곁에 '七星坮'라는 표기와 함께 칠성대를 한데 모아 표시하고 있다. 칠성대와 월대가 불가분의 관계임을 나타내고 있다.

이 글은 앞서 언급한 기록과 다소 다른 의미를 안겨주고 있다. 즉, 세 솥 다리처럼 벌려 있는 모흥혈의 구멍과 북두칠성^{칠성대}을 연결시켜 소개하고 있기 때문이다. 이는 모흥혈과 칠성대가 밀접한 관계가 있음을 암시하는 글로서 주목할 필요가 있다.

사료 9. 〈제주도〉(목판화, 국립제주박물관 소장)

18세기 초에 제작된 것으로 추정되는데, 목판본에 제주읍성을 판화 형태로 그린 것이다.

삼성혈·삼성사·삼사석 등 삼신인 관련 유적과 목관아·객사·관덕정 등 관아 건물이 표시되어 있다. 이 외에 칠성단과 존자석 등이 별도로 표시되어 있는데, 칠성단은 관덕정 남서쪽 방면에 북두칠성 형태의 일곱 곳을 모두 모아놓고는 작게 표시하여 소개하였다. 이는 칠성단의 실제 위치를 나타낸 것이 아니라 성안에 흩어져 있는 칠성대를 한곳으로 모아 그린 것이다.

사료 10. 〈영주도〉(서울역사박물관 소장)

조선 후기 동람도형 채색필사본 지도책에 있는 15장의 지도 가

〈영주도〉(서울역사박물관 소장)
제주읍성의 서남쪽 모퉁이에 '칠성대'라고 표기하고 있으나 칠성대는 그려넣지 않고 있다.

운데 하나로, 18세기에 제작된 것으로 추정된다. 제주도를 그렸다기보다는 제주읍성 안팎의 주요 유적과 건물을 그린 것이다. 읍성 밖의 모흥혈·삼사석의 유적과 읍성 안의 삼성묘·향교·목아·관덕정 등 주요 건물이 표시되어 있다. 이 외 칠성단과 존자석이 별도로 표시되어 있는데, 칠성단은 관덕정 남서쪽 방면에 글로만 기록되어 있다.

사료 11. 김정, 〈修築月臺七星圖〉

○ 월대와 칠성도를 보수하여 쌓고

월대는 관덕정 뒤에 있고, 칠성도는 성안에 흩어져 있다. 모두 돌을 쌓고 흙을 덮어놓은 것인데, 무너져 남아 있지 않아 겨우 그 터만 알 수 있을 뿐이다. 명령을 내려 보수하여 쌓도록 했다. '옛 도읍의 유적 날로 황량한데/ 근처에 사는 사람들 모두 헐어 무너뜨렸네/ 분주하게 평평한 둑을 쌓아 한 번 이치 밝히니/ 성안 가득 별과 달 다시 빛을 내네.'

이 글은 칠성도 연구에 중요한 자료로 평가되고 있다. 먼저 칠성대는 성안에 흩어져 있다고 했다. 이를 통해 칠성대가 북두칠성 형태로 흩어져 쌓아졌음을 다시 확인할 수 있다. 그런데 무너져 남아 있지 않아 그 터만 겨우 알 수 있을 정도로 퇴락해 보수하여 쌓도록 했다는 것이다. 구체적으로 무너진 요인이 무엇인지는 알 수 없다. 그럼에도 칠성대를 보수했다는 내용이 담긴 유일한 기록이라는 점에서 의미가 있다.

사료 12. 신광수, 《탐라록》

○ '바다 동남쪽 밖에/ 작은 나라 열린 지 언제인가/ 제례 올리며 전해오는 삼성혈/ 바다 물결 굽이치는 칠성대/ 태평성대에 고요한 드넓은 바다로/ 봄철 돛단배로 찾아온 사신/ 멀리 유람와 날마다 몸은 쇠하고 머리 희어져/ 오로지 한라산 바라보며 돌아가려네.'

사료 13. 저자 미상, 《여지도서》

○ 칠성도: 주성 안에 있다. 돌로 쌓은 옛터가 있다. 삼성이 처음 나와 삼도에 자리 잡고 북두칠성 모양을 본떠 대를 쌓고 나누어 살았다. 그 때문에 칠성도라 부른다.

사료 14. 이종휘, 〈동사〉(탐라열전)

○ 지금 제주성 안에 돌로 쌓은 옛터가 있다. 삼성이 처음 나와 북두칠성 모양을 본떠 대를 쌓고 나누어 살았다. 그 때문에 칠성도라 부른다.

사료 15. 이원조, 《탐라지초본》

○ 칠성도: 주성 안에 돌로 쌓은 옛터가 있다. 삼성이 처음 나와 삼도에 나누어 자리 잡고 북두칠성 모양을 본떠 대를 쌓고 나누어 살았다. 그 때문에 성안을 지금도 대촌이라 부른다.

사료 16. 저자 미상, 〈탐라국〉(《서우》 제5호)

○ 세 신인이 삼도를 나누어 거처했는데, 북두칠성 모양을 본떠
대를 쌓고 살았다. 그 때문에 칠성도라 부른다.

사료 17. 〈제주성내고적도〉(《탐라성주유사》)

20세기 초에 제작된 것으로 추정된다. 제주성을 중심으로 대천,
병문천, 산저천, 별도천의 4개 하천까지 표시하여 주요 건물 및 유
적들을 직접 그린 것이다. 제주 성안의 건물들은 번호로 표시하여
총 66개를 별란에 소개하고 있다. 성 밖의 주요 건물과 유적들은
직접 명칭을 표시하였다. 특이한 것은 제주 성안 입곱 곳에 칠성

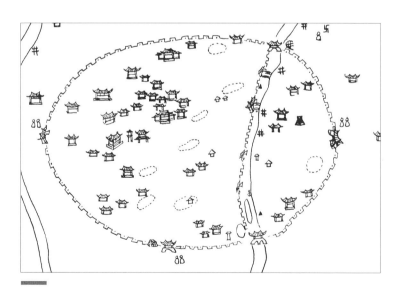

〈제주성내고적도〉(《탐라성주유사》)
1900년대를 전후한 시기에 그려진 지도로, 읍성 안 7개소에 흩어져 있는 칠성대를
둥근 점선으로 그려넣고 있다.

도를 점선으로 표시하고 있다는 점이다.

사료 18. 김석익,《파한록》

○ 칠성도: 주성 안에 있다. 세상에 전하기를 삼을나가 개국할 때 삼도로 나누어 거처하였는데, 북두칠성 모양을 본떠 쌓았다고 한다. 대의 터는 지금도 질서정연하게 남아 있다. 하나는 향교전에 있고, 하나는 향후동에 있고, 하나는 외전동에 있고, 하나는 두목동에 있다. 세 개는 모두 칠성동에 있는데, 그중에 두 개는 길 오른쪽에 있고 하나는 길 왼쪽에 있다. 오른쪽에 있는 것 하나는 일본 사람의 집 담장에 들어있는데, 일본 사람이 평지로 만들어 버렸다.

김석익의《파한록》은 1921년에 발간된 책이다. 김석익은 칠성대가 "지금도 질서정연하게 남아 있다."며 칠성대가 있었던 지역을 동명洞名이나 지명별로 열거하고 있다. 그리고 칠성동에 있는 세 개 중 길 오른쪽에 있는 하나는 일본 사람이 평지로 만들어버렸다고 했다. 이를 통해 칠성대 중 하나가 훼손돼 사라지게 된 것은 칠성동에 있었던 것임을 알 수 있고, 시기는 1910년대 후반으로 추정된다.

사료 19.《매일신보》기사 및 사진

○《매일신보》(1926년 5월 11일자)

* 사진 제목: 제주망곡식

* 기사 제목: 제주시민의 철시성복, 비장한 봉도식

　　* 기사 내용: 제주도에서는 5월 5일 시민일동이 갑자의숙 뒤
　　에 있는 칠성단에 모여 순종황제가 승하하신 데 대해 상복
　　을 입은 후 근엄하고 비장한 봉도식을 봉행하였다. 당일 광
　　경은 다음의 사진과 같다(제주).

　《매일신보》에 실린 기사는 칠성대에 관한 소중한 정보를 제시
하고 있다. 이 자료를 통해 칠성단은 국가적 주요행사가 있을 때
시민들이 함께 모여 의식을 거행하는 장소로 공유되고 있었다는
사실을 알 수 있다. 또 칠성단대의 하나는 갑자의숙 뒤에 있었음을
알 수 있다. 갑자의숙은 향교전 인근에 있었다고 전한다.

　뿐만 아니라 지금까지 확인된 최초의 칠성단 관련 사진이라는
점에서 자료적 가치가 높다. 이 사진을 통해 칠성대의 규모와 형
태를 유추 해석할 수 있는 근거를 제시하고 있어 앞으로 칠성대 복
원에도 유익한 자료가 될 것으로 여겨진다.

　　사료 20. 권덕규, 〈양미만곡의 제주도〉《삼천리》 제7권 제6호)

　○ 제주 성안에 칠성도가 있다. 이는 고·부·량 삼성이 각기 세 구
　　역을 나누어 북두칠성 모양으로 모여 살았기 때문에 칠성도가
　　생겼다고 하지만 믿기는 어렵다. 오히려 칠성도는 하늘이나
　　북두칠성에 제사지내던 터로 보는 것이 좋을 듯하다. 아니면
　　칠성으로 믿는 뱀신에게 제사지내던 곳이 아닌가 생각해 볼 수
　　도 있다. 하여튼 칠성도는 별[성신]이든 어디든 제사지내던 터

인 것만은 분명하다. 삼성이 북두칠성 모양으로 거주지를 정해 살았다는 말은 잘못된 것으로 생각된다.

사료 21. 담수계, 《증보탐라지》 명소고적

○ 칠성도: 제주읍내에 돌로 쌓은 옛터 7개소(칠성동 3곳, 향교동 1곳, 위아 앞 1곳, 향청 뒤 1곳, 두목동 1곳)가 있다. 고·양·부 삼을나가 일·이·삼도를 나누어 차지하고, 북두칠성 모양을 본 떠 대를 축조하여 나누어 살았다. 그 때문에 성안을 대촌이라 부른다.

이 자료는 이원진의 《탐라지》를 증보하는 형식으로 발간되었다. 그러나 칠성도에 관한 내용은 《탐라지》가 아닌 김석익의 《파한록》을 보완하는 형식으로 기술하고 있다. 즉, 김석익의 기술과 달리 《증보탐라지》는 칠성대 위치를 북두칠성의 순서대로 기술하고 있고, 일부 장소명을 다르게 표현하고 있다. 이에 관해서는 추후 검토가 요구된다.

이상 위의 칠성도 관련 사료를 기록한 이들은 제주에 왔다 갔던 조선의 지식인 관료들이다. 이들은 제주목 관아 및 객사 등에 머물렀을 것으로 보인다. 대부분의 칠성대는 이들 숙소와 불과 100~300m 거리에 위치해 있었다.

따라서 제주 성안에 그 옛터가 남아있는 칠성도에 관한 내용을 접하거나 눈으로 확인한 뒤 이를 기록한 것으로 이해된다. 특히 조선 중기[1601년]에 펴낸 김상헌의《남사록南槎錄》은 임금의 명을 받고 안무어사로 내려와 제주를 살핀 뒤 남긴 일종의 보고서와 같은 성격을 갖고 있다. 이원진이나 이원조의 기록도 제주목사를 역임했던 인물로서 제주 재임 시에 확인한 내용을 기록하고 있다는 점에서 무게가 있다.

탐라 칠성대를
추적해 온 사람들

칠성도는 탐라도성 중심부의 일곱 곳에 북두칠성 모양으로 세워졌던 축대를 일컫는다. 그 위치는 조선시대로 본다면 제주읍성 안을 뜻한다. 칠성대는 초기 문헌에는 칠성도七星圖, 후기에는 대부분 칠성대七星臺라는 이름으로 등장하는데, 간헐적으로 칠성단七星壇으로 나타나기도 한다.

《한자대전漢字大典》이가원·장삼식 편저에 따르면, 가장 먼저 문헌에 기록된 칠성도의 '도'圖는 그림 도圖, 다스릴 도圖, 탑 도塔圖의 의미를 갖고 있다. '대'臺는 집 대, 관청 대官廳臺, 고관 대高官臺로 쓰이고, '대'坮는 '대'臺의 고자古字로 같은 뜻이다. 그리고 '단'壇은 '제터 단'으로 설명하고 있다. 이러한 뜻풀이를 보면 ▷ 칠성도는 칠성의 모양으로 그려진만들어진, 칠성으로 다스리는 탑 ▷ 칠성대는 관청에서 축조한 대 ▷ 칠성단은 칠성신앙의 성소로서의 제터로 이해할 수 있다. 이

는 칠성대가 다의적 의미를 내포하고 있는 구축물임을 시사하고
있다.

탐라 칠성도에 관한 연구는《탐라성주유사》1979년에 수록된 홍정
표의 〈칠성대와 성주청〉이 시작으로 보인다. 논문 형식의 이 글은
칠성도 연구에 관한 주요 골격을 제시하고 있다. 특히 칠성대의
첫 별자리는 삼을라 부족의 제단이며 민간에 널리 퍼져있는 칠성
눌은 본래 삼을라 세 부족의 일원임을 상징하는 별이었다는 주장
은 주목할 만하다. 그러나 사료에 관한 구체적인 근거를 제시하지
않고 있어 아쉬움으로 남는다.

또한《탐라성주유사》1979년에 수록된 홍순만의 〈주성내의 주요유
적〉에는 김석익의《파한록》, 담수계의《증보탐라지》에 나타난 칠
성대의 위치와 고로들의 구술을 토대로 답사하며 파악한 위치를
지번까지 제시하고 있다. 이 글은 기존 문헌에 언급된 위치를 지
번으로 구체화했다는 점에서 칠성대의 위치 파악에 진일보하고
있으나 정확성에 의문의 여지를 남기고 있다.

1984년에 서양인으로서는 최초로 제주를 테마로 박사학위를 취
득한 데이비드 네메스David J. Nemeth는 제주 땅에 새겨진 광범위한 우
주경관과 상징에 관한 책을 펴냈다. 그의 박사논문은 최근《제주
땅에 새겨진 신유가사상의 자취》고영자 역, 제주시우당도서관, 2012라는 번역
본으로 출간되며 제주사회에 널리 알려지게 되었다.

네메스는 "제주농촌경관에는 농업적인 시간 설계를 위한 중요
한 기초로 별, 행성, 태양, 달 그리고 다른 천체현상들이 잘 반영되
고 있다."고 언급하고 있다. 또한 "한국전통의 거대한 보고로서 천

상 모델을 토대로 하여 만들어진 인공경관이 제주만큼 잘 보존되어 온 곳은 아마 어디에도 없을 것"이라고 소개하고 있다. 이 논문은 칠성대를 구체적으로 언급하고 있지 않다. 하지만 지금까지와는 다른 새로운 시각으로 제주 땅에 광범위하게 형성된 우주경관과 별 문화를 다루고 있다.

칠성대에 관한 강문규의 연구는 1991년 9월 16일자《한라일보》사회면에 보도된 〈칠성대를 아십니까〉를 시작으로 〈칠성로의 지명유래〉《제주인의 삶과 문화》, 도서출판 반석, 1993, 〈칠성대는 왜 쌓았나〉《제주문화의 수수께끼》, 도서출판 각, 2006로 이어졌다. 또 칠성대를 주제로《삶과 문화》제주문화예술재단,《교육제주》제주도교육청에 시리즈 형식으로 투고했다. 논문은 〈별의 도시 제주를 위한 구상〉《제주학과의 만남》, 제주학연구자 모임, 2012을 발표했다. 〈칠성대에 관한 일고찰〉은《불휘공》7호제주전통문화연구소, 2011에 투고하였다. 또한 강문규는 한라일보에 〈제주의 로제타스톤 칠성대〉 등 10여 회의 기명 칼럼을 통해 칠성대의 가치와 의미를 제주사회에 꾸준히 알려왔다. 특히 칠성대에 관한 사진과 기사가 실린《매일신보》1926년 5월 11일자 자료를 입수김순택 소장한 뒤 기사와 해설기사로 다루었다. 최근에는 (사)한라산생태문화연구소 소장으로서 별을 테마로 한 〈별별 사랑이야기 축제〉2012, 〈별빛 오름 콘서트〉2013를 개최, 탐라 별 문화의 홍보와 자원화에 나서고 있다.

제주시와 (사)한라산생태문화연구소소장 강문규가 공동으로 펴낸《제주성내 칠성대 역사문화자원 발굴·활용 기본연구 보고서》2011는 〈칠성대 유적의 역사 문화적 사실 고증〉홍기표, 〈GIS지리정보시스템 분석을 통한 칠성대의 위치규정〉김태일, 〈칠성대 트레일코스 및 문화

체험 프로그램 개발·활용방안〉강문규을 싣고 있다. 이 자료는 기존에 개인적 관심 수준에서 다루어 왔던 탐라의 칠성대를 제주시라는 공공기관의 학술적 용역에 여러 분야의 전문가들이 참여해 연구보고서를 남겼다는 점에서 특기할 만하다. 이는 개인적 관심사를 넘어, 다수 전문가들이 탐라의 별 문화 연구에 함께 참여하는계기가 되었다.

이 보고서에서 홍기표는 칠성대에 관한 지금까지의 연구 성과와 동향을 정리·비판·분석한 데 이어 칠성도 축조 시기 등을 구체적으로 구명하였다. 또 여러 문헌자료를 추가적으로 발굴 조명함으로써 본격적인 학술연구 단계로 진입하는 토대를 마련하였다. 김태일은 칠성대의 위치 등을 지리정보시스템으로 분석, 칠성대가 북두칠성과 북극성의 별자리를 응용하여 의도적으로 조성되었을 가능성을 제시하고 있다. 강문규는 칠성대의 역사문화적 유산의 자원화 등을 제언하고 있다.

시민들을 대상으로 한 〈탐라별문화 시민강좌〉주최: 한라산생태문화연구소, 2012도 열렸다. 홍기표역사, 오상학고천문, 문무병전통문화, 김태일건축, 주강현해양학, 박성홍천문, 강문규별문화 등이 각각 '탐라의 별'을 주제로강의했다.

이를 계기로 문무병의 〈칠성신앙과 뱀신앙 연구〉《한국민속학회지》, 2012에 이어 홍기표의 논문 〈문헌사료를 통한 탐라 칠성대 고찰〉역사학회지《사림》, 2012이 학회지에 발표되었다. 2013년 오상학은 1700년대제주에서 제작해 민간에서 사용했던, 가로 85cm, 세로 75cm의 크기로 한지에 묵색으로 필사된 천문도를 발굴진성기 소장, 언론에 발표했다. 이와 유사한 천문도는 현재까지 국내에서 보고된 바가 없다는 내용을 담고 있다.

2016년 11월 3일에는 〈별의 도시, 제주를 위한 탐라별문화 학술세미나〉주최: 제주시·제주시문화도시추진위원회, 주관: 한라산생태문화연구소가 열렸다. 이 세미나는 〈탐라국 칠성대, 그 가치와 의미〉강문규, 〈하늘과 별의 우리 문화사 단상〉김일권, 〈천문지도로 보는 제주의 별문화〉오상학, 〈유교 이데올로기를 반영한 제주도효제문자도의 별자리 그림〉김유정, 〈탐라 칠성도 옛 문헌 분석과 축조시기 추론〉홍기표, 〈탐라별문화의 가치와 활용〉최희수, 종합토론 순으로 진행되었다. 2016년과 2017년에는 〈탐라별밭지기 양성 아카데미〉가 제주시 문화도시조성사업의 일환으로 진행되었다.

탐라 칠성대의
축조 시기 추론

오래전부터 탐라사를 연구·정리해온 많은 연구자들은 파편처럼 흩어진 단편적인 자료들을 모아 모자이크처럼 하나의 형상을 복원하거나 새롭게 그려내는 작업을 해왔다. 이러한 작업을 통해 드러난 하나의 형체가 역사상 어떤 의미를 가지며, 우리에게 무엇을 시사하고 있는가를 조명해 왔다. 그러한 연구 성과들이 축적됨에 따라, 베일에 가려졌던 탐라의 서사적 풍경도 이제는 어슴푸레 시야 속으로 들어오기 시작했다.

불과 100여 년 전만 해도 제주도는 '절해의 고도'로 불렸다. 지금은 한 해 2천만 명 가까운 관광객들이 찾아오는 섬이지만, 한 세기 이전 조정에서 제주를 바라보는 시각은 유배인들이나 갇혀 사는 원악지遠惡地 정도로 치부되었다.

이 같은 역사·문화적 배경은 탐라를 올바로 바라보는 데 하나의

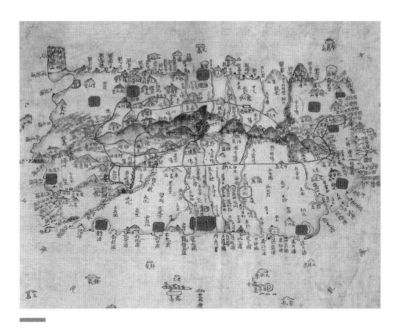

1700년대 초 제주목사를 지낸 이형상의 《남환박물지》에 실린 '한라장촉'
제주섬을 장방형으로 표현하고 있다. 이는 '원악(圓岳)'의 한라산과 더불어 '하늘은
둥글고 땅은 네모지다.'는 전통 천문관을 표현한 지도로 해석된다.

선입견으로 작용해 왔다. 망망대해 속에 떠있는 한 점과 같은 섬이
라는 인식은 탐라인들이 어떤 유의미한 자취를 남길 수 있었겠느냐
는 의구심을 자아내게 하였다. 이러한 인식은 역사에 관한 한 지금
도 크게 변함이 없어 보인다. 탐라국의 존재를 인정하지 않으려는
경향은 탐라문화권의 재조명을 차단하는 장애적 요인이 되어 왔다.

탐라에 관한 여러 자료들을 살피다 보면 고대 탐라국은 섬이라
는 지리적 악조건 속에서도 주변의 백제, 신라, 왜는 물론 중국과
도 교역을 해왔음을 알 수 있다. 탐라는 나름대로 재화와 문물을
받아들이며 탐라국을 향해 치열하게 나아갔던 존재였다. 고대 탐

라국은 한때 "황해를 내호^{內湖}로 하는 동북아시아 환황해권에서 자율적이고 독립적인 한 궤적을 그렸던 존재였다."_{진영일, 〈탐라'國' 형성고〉, 탐라문화, 1993}는 견해도 다르지 않다.

탐라는 동북아에서는 물론 세계적으로 유례를 찾아보기 힘들 정도로 독창적인 고대도시였던 것으로 보인다. 세계의 많은 도시들은 우주를 모방해 성곽을 구축하는 등 도시설계에 우주적 요소들이 짙게 나타나고 있다. 그러나 탐라 도성처럼 우주의 모형을 띤 성곽 안에 북두칠성이라는 구체적인 별자리 형태를 모방해 도시를 설계한 사례는 아직 보고되지 않고 있다.

도성만 북두칠성을 모방해 세운 것이 아니라 풍부한 상상력으로 우주가 생겨난 창세설화를 비롯한 숱한 신화들을 창조해 냈다. 한반도와는 또 다른 권역으로서 제주적인 색다른 빛깔의 문화를 직조^{織造}한 것도 이를 반증한다. 그 역사와 문화의 뿌리는 오랫동안 잊혀진 나라, 탐라에서 비롯되었다. 그러한 탐라의 역사와 문화를 외면해도 되는 것인가.

탐라는 언제부터 시작되었을까. 그 신화의 주인공인 삼을라 후예들은 어떻게 황막^{荒漠}한 들판과 바다를 일구어 나갔고, 황해를 탐라의 호수처럼 이용하며 독립적인 궤적을 그리는 존재가 되었을까. 먼저 삼성의 출현을 기록한 《고려사》지리지^{권57, 나주목, 탐라현}를 살펴본다.

> 탐라현은 古記에 이르기를 … 세 神人이 땅으로부터 솟아 나왔는 바[이 현의 主山인 한라산 북쪽 기슭에 毛興穴이 있는데 이곳이

바로 그때의 것이라고 한다.] 첫째는 良乙那, 둘째는 高乙那, 셋째는 夫乙那라고 하였다. … (삼신인은) 샘물 맛이 좋고 땅이 비옥한 곳을 택하여 활을 쏘아 땅을 정해 살았는데 양을나가 사는 곳을 一都, 고을나가 사는 곳을 二都, 부을나가 사는 곳을 三都라고 하였다. 이때 처음으로 오곡을 심어 농사짓고 망아지와 송아지를 길러 목축을 하여 날이 갈수록 부유하고 번성해졌다. 그들의 15대 후손인 高厚·高淸·高季 형제 3명이 배를 만들어 타고 바다를 건너 耽津에 이르니 이때는 바로 신라가 한창 융성하던 시기(新羅盛時)였다. 이때 신라에서는 客星이 남쪽에 나타나는 것을 보고 太史가 왕에게 말하기를 "이는 외국인이 조공을 바치러 올 징조입니다."라고 하였다. 드디어 신라에 조공하니 왕은 이를 가상히 여겨 첫째를 星主, 둘째는 王子, 막내를 都內라 불렀다.

탐라개벽신화가 깃들어 있는 삼성혈 전경

널리 알려진 탐라개국설화다. 이 내용은 ▷한라산 북쪽 기슭의 모홍혈에서 삼을라가 솟아나왔고, ▷그들은 활을 쏘아 일도, 이도, 삼도로 나누어 농경과 목축을 하여 살아갔다. ▷그러다 15대 후손인 형제 3명이 신라성시新羅盛時 처음 조공하였는데 ▷왕이 첫째를 성주星主, 둘째를 왕자王者, 막내를 도내都內라 불렀다는 내용이다.

이 글은 삼성이 처음 출현한 뒤 농경과 목축을 하며 살아갔던 개벽시대의 이야기를 풀어내고 있다. 그러나 그 뒤 고을라 15대 손에 이르는 과정은 생략되어 있어 있다. 그 기간에 탐라에는 어떤 일들이 일어났을까. 고고학적으로는 이 시대를 어떻게 바라보고 있는지 궁금해진다.

칠성대는 어느 시기에 축조된 것일까

최근 탐라 연구는 나름대로 괄목할 만한 연구 성과를 내고 있다. 여기에는 문헌연구와 더불어 유적의 발굴을 통한 고고학적인 성과가 커다란 기여를 하고 있다. 그동안 탐라가 어떤 과정을 거치며 나라를 세워갔는지를 시대별로 조명하려는 작업도 여러 학자들에 의해 이루어져 왔다.

김경주고고학/탐라유산연구원 학예사가 제시한 '탐라성립기~탐라시대'의 연대 구분도 그중의 하나다. 그는 탐라의 연대를 탐라성립기B.C.300-A.D.300와 탐라시대A.D.300-A.D.900로 구분하고, 탐라시대는 다시 탐

제주시청 벽면에 삼성신화를 소재로 그려진 삼을라(위)와 벽랑국 세 공주(아래) 벽화(박경훈 作)

라 전기^{A.D.300~A.D.600}와 후기^{A.D.600~A.D.900}로 나누어 고찰하고 있다. 이어 탐라 전기는 중심취락이 확대되고 수장층^{首長層}이 성장하는 시대로, 후기는 취락의 집중화와 더불어 주변 국가와의 교역과 신속^{臣屬}이 이루어진 시대로 보고 있다.

> 칠성도=주성 안에 있다. 돌로 쌓은 옛터가 있다. 삼성이 처음 나와서 삼도를 나누어 차지하고 북두칠성 모양을 본떠 대를 쌓아 나누어 살았다. 그 때문에 칠성도라 이름 하였다.
> 대촌(大村)=삼도를 합하여 살아서 큰 마을이 되었는데, 곧 지금의 주성(州城)이다. 고을 사람들이 대촌이라고 한다.

《신증동국여지승람》은 칠성도에 이어 대촌에 관해 위와 같이 기술하고 있다. 이들 기사는 삼성신화 이후의 탐라가 어떻게 변해가고 있는지를 속편^{續篇}처럼 보여주고 있다. 삼을라가 (배필을 맞이한 뒤) 활을 쏘아 일도, 이도, 삼도를 정해 살았던 씨족사회의 풍경은, 세 부족이 칠성도 축조에 나서는 시대의 장면으로 바뀌고 있다. 다음 장면은 '대촌'에 관한 기사에서 나타난다. 일도, 이도, 삼도로 나뉘었던 삼도^{三徒}가 하나로 합쳐 대촌을 이루게 된다. 북두칠성으로 이루어진 '칠성도대촌^{七星圖大村}'이 바로 그것이다.

이처럼 탐라가 보여주는 풍경은, 그 속에 천문을 이해하고 그것을 설계하여 구현할 수 있는 나름대로 전문성을 갖춘 집단이 존재했음을 뜻한다. 이는 탐라사회의 전체를 통솔할 수 있는 지배층과 커다란 칠성대를 구축할 수 있는 탐라 내부의 축적된 역량이 갖추어져 있었다는 말이기도 하다.

이를 뒷받침하는 증거들은 산지항과 용담동 무덤유적에서 출토된 유물을 통해 기원을 전후한 시기의 탐라 모습과 함께 서서히 나타나기 시작한다. 1928년 제주항 축항 공사를 하면서 한대漢代화폐 18점과 구리거울 등이 출토되었다. 이들 화폐는 주조 시기가 기원 1세기로 한정되어 유통되었다는 점에서 당시 탐라의 해상활동을 뒷받침하는 유물이다.

특히 주목할 만한 대상은 사적 522호로 지정된 용담동 무덤유적이다. 이곳에서는 적석積石목관묘에서 철제 장검과 단검, 철제 도끼류, 철제창, 유리구슬 등이 나왔다. 이들 무덤의 축조 시기는 A.D. 200~500년으로 추정되고 있다. 그렇다면 한반도의 삼국에

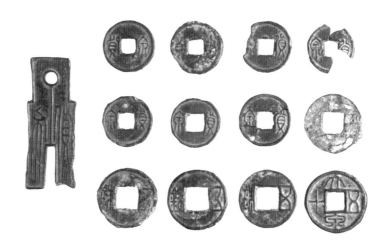

건입동 산지항 출토 화포, 화전, 대천오십, 오수전(1928)
이들 화폐는 주조시기가 기원 1세기대로 한정되어 있기 때문에 유적의 연대를 추정하는 데 있어 중요한 자료로 취급된다.(국립제주박물관 제공)

개국의 기운이 퍼져나갈 때 탐라에도 그들 못지않은 철기로 무장된 세력이 있었음을 보여주고 있다.

철이 생산되지 않았던 탐라에 이와 같은 장검을 비롯한 여러 가지 무기와 심지어 장식용 유리구슬까지 존재했던 것은 외부에서의 반입을 의미한다. 교역을 통해 들어왔는지, 아니면 일단의 세력들이 그런 무기를 갖고 들어왔는지는 아직 확실치 않다. 그러나 용담동 무덤유적은 적어도 당시 탐라사회에 큰 영향력을 행사하는 지배세력이 존재했음을 암시하고 있다.

용담동 무덤유적의 주인, 최초의 성주일까

이에 대해 진영일[1993]은 "고대 탐라가 외부세계와 국제무역을 했다는 것은 탐라사회가 이런 무역을 조직하고 관리할 수 있는 어떤 계층이 있는 진보된 사회였음을 말해 주는 것"이라고 말했다. 즉, 산지항과 용담동 무덤유적에서 출토된 유물들은 당시 탐라가 무리 또는 부족사회단계를 넘어서 위계질서와 조직을 가진 사회, 그러나 국가단계까지는 이르지 못한 추장(酋長: Chiefdom)사회의 모습을 보여준다는 것이다.

김경주[2009]의 시각은 좀 더 구체적이다. 이들 유물은 제주에서는 보기 힘든 것으로, 탐라 소국(耽羅 小國)으로 통합한 최고지배층의 부장품으로 보고 있다. 용담동 무덤유적은 계층구조의 불평등화가 심화되는 최고조의 과정에서 등장한 지배계층의 출현을 의미한다. 따라서 이 무덤의 주인공은 바로 탐라 소국小國을 처음으로 건국한 존재임을 시사하고 있다. 표현은 조심스럽고 완곡하지만 그것은 탐라 성주星主의 신분을 갖춘 지배층이 출현하였다는 말과 다르지 않다. A.D. 200~500년 어느 지점을 살며 탐라국의 기초를 놓았던 것으로 추정되는 최초의 성주星主가 베일을 벗고 서서히 우리 앞에 나타나고 있는 것이다.

이러한 고고학적 해석은 칠성대의 축조 시기에 관한 연구에도 중요한 시사점을 안겨준다. 사실 그동안 칠성대에 관한 연구는 초창기의 궁벽한 상황을 탈피하지 못하고 있다. 그럼에도 몇몇 연구자

제주시 용담동 무덤유적에서 출토된 장검과 도끼 등의 철제류 유물들
(국립제주박물관 소장)

혼인지
삼을라가 벽랑국의 세 공주를 배필로 맞이하여 혼례를 치렀다고 전해지는 곳이다.

들에 의해 시작된 칠성대 연구는 탐라사를 재조명하는 데 핵심적인
자료가 될 것으로 기대된다. 칠성대에 관한 기록은 삼을라 신화의
속편과 같은 성격을 내포하고 있기 때문이다. 따라서 칠성대는 텅
빈 곳간처럼 비어 있던 탐라사를 다각적으로 연결하는 구실을 할 것
으로 판단되기도 한다. 더구나 탐라개국설화는 신화적 성격이 강한
데 비해 칠성도 기록은 보다 구체적이며 사실적이다. 비록 지금은
사라졌지만 유적으로도 최근세까지 오랫동안 전해왔기 때문이다.

　1979년에 칠성대에 관한 논고를 《탐라성주유사》에 기고한 만농
홍정표^{작곤}는 처음으로 탐라의 칠성대에 관한 탐색에 나섰던 인물
이다. 그는 칠성대가 어떤 존재인지에 관해 자신의 견해를 피력하

면서, 칠성대의 설치 시기를 7세기 중반 이후로 추정하는 글을 남긴 바 있다. 이는 옛 기록의 "신라 성시^{盛時}에 탐라왕 15대손^{厚, 淸, 季} 삼형제가 신라에 입조하고 성주^{星主}, 왕자^{王子}라는 작위를 받았다." 는 기사를 근거로 삼고 있다. 신라가 삼국을 통일한 시기에 탐라의 왕자들은 한반도의 패권을 쥐게 된 신라와 새로운 관계를 모색하기 위해 신라에 입조하게 되었다. 이때 신라의 천문박사들은 객성^{客星}이 남방 하늘에 나타나 운행하는 것을 보고 귀한 손님이 신라에 입조할 것으로 점쳤다고 전해진다. 이에 신라왕은 맏이인 고후를 성주^{星主}, 고청을 왕자^{王子}, 막내를 도내^{徒內}라 불렀다. 따라서 탐라사회는 이를 칠성신의 섭리로 여겨 칠성대를 세우게 되었다는 것이다.

5세기 중반 이전에
칠성대 축조된 듯

그러나 홍기표는 문헌적 자료를 토대로 탐라 칠성대의 축조 시기를 추론하며, 이를 반박하고 있다. 그는 앞서 홍정표가 언급한 칠성도 축조의 주체가 고후 일행이라는 점, 그리고 축조 시기가 7세기 중반 이후라는 근거는 어디에서도 찾을 수 없다고 밝히고 있다. 고후 일행의 신라 입조가 백제 문주왕 이전임을 미루어 볼 때 굳이 축조의 하한선을 설정한다면 최소한 백제 문주왕 이전으로 보아야 한다고 말한다. 즉, '5세기 중반 이전'

또는 '삼국시대 이전'이라는 기술이 더 합리적임을 피력하고 있다.

결국 칠성도 축조 시기는 ▷고후 일행의 신라 입조 이전이고 ▷백제 문주왕 이전에 이미 축조되었는데 ▷시기의 최대 하한선은 백제 문주왕 이전으로, 5C 중반 이전이며, ▷'통일신라 이후'가 아닌 '삼국시대 이전'으로 보는 것이 타당하다는 결론을 내리고 있다.

이러한 칠성대가 5세기 이전에 축조되었다는 문헌학적 고증은 앞으로 고고학적 연구를 통해 보다 구체적으로 구명되어야 할 것으로 보인다.

고대국가에서는 새로운 왕조가 세워질 때 왕성의 축조와 같은 기념비적 토목사업이 이루어져 왔다. 이를 통해 국가의 이념과 신앙을 대내외적으로 과시하거나 선언하는 상징으로 삼았다. 이러한 사례는 동·서양의 역사에서 흔히 찾아볼 수 있다. 그렇다면 탐라도 그런 자취를 남겼으며, 그게 바로 칠성대라 추정해도 무리한 해석은 아닐 것이다.

칠성대는 삼을라 집단이 탐라를 건국할 때 축조되었으며, 그 시기는 문헌적으로는 5C 중반 이전으로 보고 있다. 고고학적으로는 용담동 무덤유적의 피장자가 A.D. 200~500년의 어느 시기를 살다 갔을 것으로 보고 있는데, 최초의 탐라왕에 버금가는 이 인물은 칠성대를 축조한 성주였을 가능성이 높다. 그렇다면 칠성대 축조 시기는 홍기표의 그것보다 더 앞당겨질 개연성도 높다. 즉, 문헌적 해석인 5C 중반 이전보다 더 앞당겨 해석할 필요가 있다.

북두칠성으로
탐라를 연 북방민족

섬은 바다로 둘러싸인 고립된 공간
이다. 그러나 섬은 늘 바다를 향해 열려 있다. 새로운 문물은 바다
를 통해 들어온다. 어떤 것은 오래 머물며 토착화되고, 어떤 것은
퇴화하거나 고사한다. 제주 섬의 동북쪽 조그만 섬에 오랜 세월
버티고 있는 문주란이나 서북쪽 한림읍 월령리 지경 돌무더기 사
이에 자생하고 있는 선인장도 그런 경우다. 이들 문주란과 선인장
은 처음에 몇몇 개체만 우연히 해류에 밀려 표착했을 것이다. 그
러나 오랜 세월을 거치며 이제는 제주섬 전역에서 볼 수 있다.

식물만이 아니다. 탐라는 개벽설화에서부터 이주민의 정착 과
정을 몇 편의 아름다운 그림으로 그려내고 있다. 벽랑국에서 배를
타고 건너온 세 공주는 삼을라와 혼인한 뒤 후손들을 길러냈다. 이
들이 원조 토착 성씨가 되었다. 오늘날 수십 개에 이르는 나머지

제주시 화북동에 세워진 삼사석비(三射石碑)
삼을라가 활을 쏘아 일도·이도·삼도를 정했다는 신화의 현장이다.

성씨들은 외부에서 이주해 온 입도조의 후손들이다. 입도조入島祖
중에는 제주에 내려온 기록을 남긴 이들도 있지만 그렇지 않은 성
씨들도 많다. 그렇더라도 그들 후손은 제주 속에 뿌리를 내리고
제주인의 일원으로서 삶을 살아가고 있다.

　삼성신화는 삼을라가 땅에서 솟아 나왔다고 전한다. 어느 날 모
흥혈毛興穴에서 세 신인이 용출湧出한 뒤 벽랑국碧浪國 또는 일본국으
로부터 온 세 공주를 맞아 배필을 정하여 활을 쏘아 살아갈 곳을
정하였다고 고사는 전한다. 그 후 그들은 세 공주가 갖고 온 오곡
종자를 뿌리고 가축을 기르며 탐라의 새벽을 일구어 왔다는 것이
이 신화의 주요 줄거리이다.

삼을라가 땅에서 솟아났다는 삼성혈로 진입하는 입구
사진 왼쪽에 '탐라국 발상지'라고 새겨진 표석이 눈길을 끈다.

어떤 이들에게는 그냥 듣고 흘려버리는 옛 이야기에 불과할 수
도 있다. 그러나 삼성三姓의 후예들은 물론 제주의 역사를 구명究明
하고자 하는 이들에게는 의미가 다르다. 행간에 담긴 의미를 살피
고 문맥을 분석하는 관련 연구자들에게는 탐라의 고대사를 찾아
가는 나침반과 같은 자료이기 때문이다.

어떤 사실을 구명하려면 육하원칙六何原則, 다시 말해 '언제, 어디
서, 누가, 무엇을, 어떻게, 왜'라는 물음을 충족시켜야 명백한 사실
이 드러나게 된다. 특히 역사적으로 중요한 문제에 관해서는 기본
적인 유적·유물, 문헌자료는 물론 시대적·문화적 배경 등을 폭넓
게 고찰해야 한다. 탐라 칠성대에 관한 연구도 다르지 않다. 비록

최근에는 20여 종의 관련 자료들이 수집되고 있긴 하지만 더 많은
자료와 연구가 필요하다.

오랜 천문 관측이
낳은 산물

칠성대를 탐색하면서 늘 궁금했던
것 중 하나는 칠성대가 어느 집단에 의해 설계되고 축조되었
느냐 하는 문제였다. 다시 말해 그것을
주도한 세력이 누구냐는 물음인데,
이는 탐라개국의 주체가 누구인지를
뜻하는 것이기도 하다. 칠성대 축조가
탐라 내부의 역량에 의한 것인지, 외부
에서 들어온 세력에 의한 것인지 판단
하기 어렵다. 그렇다면 다른 접근방법
도 있을 것이다. 칠성대는 단순히 돌
무더기를 쌓은 것이 아니다. 북두칠
성을 모방해 일곱 개의 칠성대를
쌓고 세 부족이 분거했다는 기록

첨성대

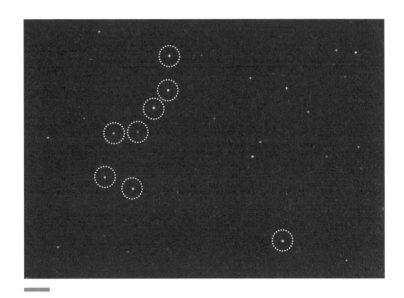

북극성과 북두칠성
2013년 5월 16일 오후 10시경 제주별빛누리공원에서 촬영한 사진으로, 탐라 칠성대
의 별자리가 있었던 형태를 닮고 있어 흥미롭다. (박성홍 촬영)

을 주목할 필요가 있다.

　이처럼 북두칠성의 형태를 모방해 도읍을 정한 사례는 한반도
는 물론 동북아에서도 찾아보기 힘들다. 북두칠성을 보며 그 형태
를 모방해 대를 축조했다면 오랜 천문 관측 경험과 그에 따른 문
화적 역량이 축적된 집단이라고 볼 수 있다. 그래야 지상에 구축
하는 일이 가능해진다. 그게 칠성대 축조를 지휘한 세력을 파악하
는 감별법鑑別法이라고 판단된다.

　칠성대는 천문을 우러르며 셀 수 없이 많은 별자리 중 하나인 북
두칠성을 모방해 세웠다. 이는 천문을 관측하며 익힌 북두칠성을
모델로 삼아 지상地上에 옮겨놓은 구축물이 바로 칠성대라는 뜻이

다. 여기에는 많은 이들이 별을 관측하며 별들과의 거리와 위치 등을 면밀히 살피는 작업부터 시작되었을 것이다. 단지 세 부족이 분거한 지역의 경계를 나타내기 위한 용도만은 아니었음이 분명하다. 그럴 의도라면 작은 돌무더기를 쌓아도 될 일이다. 그런데 《매일신보》에 나타난 칠성단^臺 한 기^基의 규모는 지름이 20m에 이를 정도로 결코 작지 않다.

그렇다면 다른 중요한 의도가 칠성대에 숨겨져 있다고 여겨진다. 북두칠성은 북극성을 주축으로 운행하는 별자리이다. 그래서 둘은 불가분의 관계로 얽혀 있다. 북극성과 북두칠성은 천문의 기본체제로서 고대에 이미 통치철학의 기본개념으로 자리 잡았다. 탐라를 함께 개국한 세 부족은 삼성혈을 북극성으로 설정한 뒤 칠성대 축조에 나선 것으로 이해된다.

고대국가의 성곽이 우주를 모델로 축성되었음은 널리 알려진 사실이다. 중국을 비롯한 많은 고대국가에서 세계는 원^圓뿐만 아니라 정방형^{正方形}으로 표현되었다. 이것은 원^圓의 신비를 지상에 표현한 것으로 이해되었다. 원은 하늘의 정신세계를 상징하고, 정방형은 지상의 물질세계를 상징했다.

이처럼 중국을 비롯한 고대국가의 도시^{성곽}는 천문을 모방해 조성되었다. 그러나 탐라의 도성처럼 북두칠성의 모형을 도시 속에 반영한 사례는 거의 없다. 밤하늘의 엄청나게 많은 별자리에서 탐라인들이 북두칠성의 모양을 선택한 이유는 무엇일까. 이는 칠성대를 축조한 집단은 북두칠성에 대한 관심이 높은 문화권이나 칠성의 신앙권을 공유하고 있었음을 짐작하게 한다. 적어도 칠성도

축조 세력들은 북두칠성의 운행원리와 하늘의 중심 별자리가 된다는 점을 충분히 이해하고 있었다고 해석된다.

사실 한반도에 자리 잡은 고구려, 백제, 신라 등 고대국가들은 일찍부터 천문 관측을 담당하는 전문부서와 관리를 두어 천문을 관측해 왔다. 서기전 1세기부터 공식적으로 천문 현상을 관측해 왔을 정도로 그 역사는 오래되었다.

그러나 삼국시대 별 문화를 가장 앞서 개척하고 꽃피운 나라는 고구려였다. 조선왕조 초에 돌에 새긴 〈천상열차분야지도〉도 고구려의 천문본을 본떠 새겨졌다. 더구나 서기 400년 무렵부터는 별자리를 고분 벽화로 그려내고 있다. 이에 비해 백제와 신라의 무덤양식은 대개 별자리 그림 벽화를 그릴 만한 공간이 없는 구조였다. 고구려의 덕흥리 고분에는 네 벽면에 사계절 별자리를 한꺼번에 그려놓고 있다. 이는 일 년 중에 나타나는 전 하늘의 별자리들에 대한 지식이 있었음을 말해준다. 박창범, 《한국의 전통과학 천문학》, 35-51쪽.

탐라에서 천문 관측이 어떻게 이루어졌는지에 관한 기록은 없다. 그러나 제주도에 분포하는 약 90여 기의 고인돌 중 바위구멍이 새겨진 고인돌 10여 기가 확인되고 있다는 점에서 별에 대한 관측이 오래전부터 있어 왔다고 볼 수 있다. 하지만 아직 이에 관한 연구 결과가 없어 그 속에 깃들어 있는 별 문화를 파악하기 어려운 상태이다.

제주섬에도 고인돌에 새겨진 성혈을 찾아볼 수 있다. 다만 이 성혈이 다산과 풍요를 뜻하는 성혈(性穴)인지, 무수한 별자리를 의미하는 성혈(星穴)인지에 관한 연구는 이루어지지 않고 있다.

반면 창세설화에는 별에 대한 탐라인들의 인식이 보다 구체적으로 드러나고 있어 주목된다.

> 천지혼합(天地混合) 시절, 하늘과 땅이 금(경계)이 없어 네 귀가 캄캄한 가운데 천지가 한 덩어리가 되었다. … 갑을동방(甲乙東方)인 동쪽 하늘이 밝아 왔다. 이어 하늘에 별이 먼저 반짝이며 나오더니 갑을동방(甲乙東方) 견우성(牽牛星)이 뜨고, 경진서방(庚辰西方)에 직녀성(織女星), 남방국에 노인성(老人星), 해자북방(亥子北方)에 북두칠성이 차례로 떴다. 이어 하늘에는 낮에 일광(日光)이 둘이 뜨고, 밤에는 월광(月光)이 둘이 뜨게 되었다. 이처럼 해와 달이 각각 두 개씩 떠오르니 만민백성들은 낮에 뜨거워서 죽고, 밤에는 얼어 죽게 되었다. 그 무렵 옥황상제 천지왕은 총명부인을 얻어 대별왕과 소별왕을 낳았는데 대별왕과 소별왕은 천근 활과 백근(百斤)이나 되는 살(矢)로 뒤에 오는 일광(日光) 하나 쏘아 동해에 바치고, 밤에는 월광(月光) 하나를 쏘아 서해에 바치니 낮에는 뜨거워서, 밤에는 얼어 죽어갔던 백성들이 살기 편한 세상이 되었다.

- 현용준, 제주 큰굿 초감제, 《제주도무속자료사전》, 2007.

하늘에 견우성東方, 직녀성西方, 노인성南方, 북두칠성北方이 솟아나며 자리 잡고 있는 배치를 방위별로 나타내고 있다. 이러한 별자리에 대한 위치 인식은 상당히 정확성을 띠고 있다. 더구나 이들 별들은 창세설화를 구성하는 주요 화소로 등장하고 있다는 점에

서 탐라인들의 천문에 대한 관측의 경험과 더불어 관심도를 보여
주는 구술내용이라고 볼 수 있다.

고구려 등 북방 부족일
가능성

그러나 별자리를 바라보며 어디에
위치하는가를 인식하는 것과 그것을 도형화해 지상에 구축하는
작업은 차원이 다른 문제라고 본다. 탐라 칠성대는 단순히 별자리
만을 표현하는 게 아니다. 그 속에 삼을라 부족의 분거지와 칠성
신앙의 성소, 삼을라의 통치이념 등을 상징적으로 담아내야 한다.
여기에 취락과 용수, 농지, 하천 문제 등도 종합적으로 고려해야
한다. 천문에 관한 지식을 바탕으로 제반 요인들을 고려해 도시계
획 속에 조형적으로 한꺼번에 표현해야 하는 것이다. 이처럼 칠성
대는, 천문 관측은 물론 고도의 정치적·종교적 문제를 종합적으로
고려한 구축물이라고 볼 수 있다. 이러한 칠성대 축조를 주도한
세력은 누구인가. 앞서 언급하였듯이 그것을 구현할 능력을 갖춘
집단은 고구려를 비롯한 북방 민족들이었다고 판단된다.

고구려는 대외 팽창이 활발해지면서 3~4세기 무렵 북조(北朝)지
역과 접촉이 활발해졌다. 이러한 교류를 통해 전통적인 묘장 풍
습 대신 흙으로 봉분을 올리고 내부는 석실을 만드는 봉토석실묘

일제강점기에 촬영된 제주 중산간 지역 주민들의 겨울 복장
동물 가죽으로 만들어진 옷을 입고 있는데 주로 들판의 마소들을 돌볼 때 입었다. 김
인호는 이들 복식을 북방계의 흔적으로 보고 있다.

가 유행하기 시작하였다. 그와 더불어 벽화무덤양식이 새로이 전래되며 그 후 300년간(4세기~7세기) 100여 개가 넘는 벽화무덤을 조성하였다.

이들 고구려 벽화무덤의 모든 방은 네모나게, 천장은 둥글게 만들었다. 이는 천원지방(天圓地方)으로 고대인들의 우주관을 표현하고 있다. 별자리가 그려진 천장구조는 모두 해와 달이 동서방위로 배치되어 있고, 북두칠성이 북쪽을 차지하고 있다. 이러한 벽화고분의 천장부는 우주의 재현을 위한 주 무대로 정교하게 꾸며졌다. 놀라운 점은 덕흥리 고분(408년)에 그려진 그림이다. 거기에는 은하수를 사이에 두고 소를 끌고 가는 견우와 그 뒷모습을 애절하게 바라보며 소매로 눈물을 훔치는 직녀의 모습이 담겨져 있다.

- 김일권, 《고구려 별자리와 신화》, 2008.

이러한 벽화고분은 오랜 세월에 걸친 천문 관측에 의해 축적된 지식과 고구려인들의 상상력이 빚어낸 신화, 그것을 구현해낼 수 있는 기술이 함께 만들어낸 결합체라고 볼 수 있다. 이와 같은 사례는 탐라 칠성도 축조에 고구려를 비롯한 북방계의 영향이 직·간접적으로 미쳤음을 짐작하게 한다.

제주문화에 북방문화의 요소가 짙게 깔려 있다고 본격적으로 다룬 연구자는 김인호[작고]였다. 그는 《한국 제주 역사 문화 뿌리학》[1998]이라는 저술을 통해 제주의 재래식 변소를 일컫는 '통시'가 북부여는 물론 예[濊]·맥[貊]에도 널리 분포했음을 들어 제주를 '북방의

1세기 전으로 추정되는 제주인들의 복식
북방민족 복식의 분위기를 자아내고 있는데, 표정에서 제주인들의 강인함과 평화로운 심성을 읽을 수 있다.

통시문화권'으로 보았다. 언어, 의식주, 오름 지명, 기마호복^{騎馬胡服} 차림의 선비족^{鮮卑族: 제주의 선주민으로 지칭됨} 등에 나타난 제현상^{諸現像}을 북방적 시각으로 재해석하기도 하였다. 나아가 제주의 옛 국명으로 불렸던 '섭라^{涉羅}'에 대해 이는 제주도에 최초로 건국된 나라이고, 이것을 세운 역사 주체가 5세기의 고구려였다고 보고 있다.

2001년 신용하^{전 제주사정립사업추진협의회장, 서울대 교수}는 〈탐라국 건국의 신연구 / 탐라사 연구의 새로운 관점〉이라는 논문을 발표하였다. 이 논문에서 제기한 북방 민족의 탐라 건국설은 학계에도 관심을 불러일으켰다. 논문의 요점을 간추리면 다음과 같다.

세 부족의 연맹체를
상징하는 구축물

▷ 탐라국은 B.C. 3세기~A.D. 1세기 경 요동반도와 압록강 이북 만주지방과 한반도 북부를 중심으로 전개된 고대국가들의 영토확장 경쟁과 권력투쟁 과정에서 남방으로 이동한 철기문화를 가진 양맥족^{良貊族}, 고구려족^{高句麗族}, 부여족^{夫餘族}에 의해 건국된 고대국가이다. 그들의 신분은 귀족과 무사층이었다.

▷그들은 제주에 들어와 정착을 시도했고 양맥족의 군장^{양을라}과 고구려족의 군장^{고을라}, 부여족의 군장^{부을라}이 연맹하여 3부족 연맹 국가를 건국하였다. 3부족 연맹의 종합양식은 가족제도에서 유추한 '형제결합'의 양식이었다.

이러한 북방계 부족의 탐라 건국설은 기존 학계에서 다루지 않았던 관점이라는 점에서 논란이 있다. 건국 연대도 고고학계의 탐라 성립시기와 다소 차이가 있다. 김인호는 5세기로, 신용하는 B.C. 1세기~A.D. 1세기로 편차가 크다. 고고학계^{김경주}는 탐라성립기^{B.C.300~A.D.300}와 탐라시대^{A.D.300~A.D.900}로 구분하고 있다.

탐라 건국을 주도한 것으로 보이는 인물이 장검 등을 부장품으로 남긴 용담동 무덤유적은 A.D. 2세기~5세기에 축조된 것으로 추정하고 있다. 또한 장검 등과 같은 부장품도 고구려가 아닌 제주와 가까운 지역에서 유입된 것으로 보고 있다. 이러한 탐라 개국 시기에 대한 논란은 당분간 지속될 개연성이 높다. 명백한 문헌자

북두칠성

료와 고고학적 발굴 결과가 없는 탓이다.

　김인호와 신용하의 주장에 따르면 북방부족이 기원 전후의 시기에 탐라로 이동해 왔으며, 그들은 선진 철기 등으로 쉽게 탐라를 제압할 수 있었을 것으로 해석된다. 철이 생산되지 않았던 탐라의 원주민들이 철제무기로 무장하고 숱한 전투 경험을 가진 집단과 대적한다는 것은 애당초 어려운 일이다. 더구나 그들은 일반 피난민과 달리 한때 자신이 속한 부족을 이끌거나 지켰던 귀족·무사층이었다. 그들은 무기만이 아니라 문화적으로도 선진적인 지식과 소양을 겸비한 엘리트집단이라고 볼 수 있다.

　탐라로 이동해 온 시기는 다르다 하더라도 소수인 그들은 곧 의기투합해 연맹체제를 구축하고, 건국에 나섰을 것으로 보인다. 그것은 이미 이전 자신들이 속했던 국가에서 익힌 제도와 체제를 적절히 갖추는 일부터 시작하였을 것이다. 비록 어느 곳에도 그에 관한 기록이 없지만 충분히 상상할 수 있는 범주의 일들이다.

탐라의
칠성대 정신

숱한 역경을 넘나들며 탐라섬에 안착한 이들은 어떤 생각을 하였을까. 그들은 먼저 자신들이 평화롭게 살아갈 수 있는 땅과 거처를 확보하게 된 데 대해 안도했을 것이다. 그리고 전쟁과 권력투쟁으로 인해 피폐해진 과거의 악몽을 씻고 새로운 삶과 나라를 만들자는 데 의기투합했다고 본다. 별을 우러르며, 그것의 의미를 지상에 구현하며 평화롭게 살고자 하는 마음으로 '도원결의桃園結義'하였을 것이다. 그것이 세 부족 연맹체였으며, 이를 바탕으로 새로운 나라인 탐라를 세우자는 무한한 함의를 간직한 상징적 구축물이 칠성대라고 할 수 있겠다. 이러한 시각으로 본다면 세 부족이 연맹체적인 정신으로 탐라를 일구어 왔음은 칠성대의 축조형태에서도 뚜렷이 나타나고 있다.

이는 삼성신화에도 반영되고 있다. 활을 쏘아 삼을라의 거소居所를 정하는 사시복지射矢卜地의 삽화도 이러한 과정을 압축해 설명하는 장면이라고 할 수 있다. 활을 쏘아 서열과 거처를 정하고 있음에도 갈등과 번복의 흔적을 찾아볼 수 없다. 정정당당하게 시합에 응하고 결과에 깨끗이 승복하는 정신과 태도를 엿볼 수 있는 것이다.

이를 탐라의 칠성대 정신으로 부르면 어떨까. 북두칠성은 일곱 개의 별이 하나의 별자리로 이루어진 존재다. 흩어져 있는 존재이면서도 북극성을 중심에 두고 움직이는 북두칠성의 원리는 오늘을 사는 세대에도 시사하는 바가 크다. 탐라를 개국한 세 부족이 칠성대를 쌓고, 이를 통해 하나의 목적을 향해 나아가는 연맹체 정신을 보여줬다는 점이 무엇보다 중요하다. 이를 탐라의 건국이념으로 부를 수도 있다. 작지만 아름다운 탐라의 정신을 역사 속에서 되찾아야 할 때다.

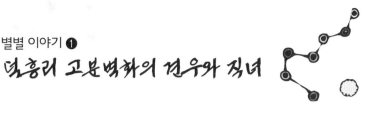

덕흥리 고분벽화의 견우와 직녀

　견우와 직녀의 오작교 이야기는 어릴 적부터 들어왔다. 소를 키우는 목동 견우와 옷감을 짜는 여인 직녀는 갓 결혼한 신혼 부부였다. 이들은 신혼 초기의 황홀함에 몰입한 나머지, 제 일은 제쳐놓고 본분을 깜빡 잊어 옥황상제의 노여움을 사게 되었다. 그 결과, 일 년에 단 한 번만 만날 수 있도록 엄명이 내려졌다. 이를 안타깝게 여긴 까치들이 사랑의 다리를 놓아 일 년에 한 번 만나게 되는데, 그게 칠월칠석七月七夕 날이다. 신기하게도 칠월칠석 날이면 어김없이 비가 내리곤 하였다. 기상학적으로는 해명이 되고 있겠지만 그 원인을 굳이 알고 싶지는 않다.

　정작 놀라운 것은 지금부터 1,600년 전인 서기 425년에 조성된

견우와 직녀의 이야기를 담아낸 고구려 덕흥리 고분벽화
그림은《고구려의 별자리와 신화》(김일권)에서 인용

고구려의 고분에 '견우와 직녀' 이야기가 벽화로 그려졌다는 사실이다. 벽화 그림에는 '견우牽牛'와 '직녀織女', 그리고 두 마리의 동물, 소와 개가 등장한다. 이들은 은하수를 의미하는 굴곡진 선을 가운데 두고 양쪽에 배치돼 있다. 견우 그림 앞에는 친절하게 '牽牛之像견우지상'이라는 글이 써 있고, 직녀 앞에는 '之像지상'이라는 글자만 보인다. '견우지상'의 글자가 나타나는 것으로 보아 '織女직녀'라는 이름이 지워진 것임을 알 수 있다.

그림은 옥황상제의 불호령을 받은 직후의 정황을 묘사하고 있다. 이는 견우의 하늘 위에 노기 어린 표정의 옥황상제를 추상적으로 표현하고 있어 짐작하기 어렵지 않다. 그림의 왼쪽은 은하수를 가운데 두고 황급히 소를 몰고 떠나며 손을 들어 직녀에게 작별의 인사를 나누는 견우의 모습을 그리고 있다. 오른쪽은 직녀가 견우를 슬픈 표정으로 배웅하는 장면이다. 견우가 고삐를 쥐어 끄는 소는 네 발이 급하게 뛰어가는 동작을 그리고 있어 바삐 떠나가는 상황을 묘사하고 있다. 직녀 뒤에는 삽화처럼 개가 들어가 있는데 어리둥절한 표정이 나타난다. 그래서 견우와 직녀의 별리別離를 바라보는 감상자들의 마음을 더욱 아리게 하는 극적 효과를 자아낸다. 1,600년 전의 덕흥리 고분벽화는 견우와 직녀의 줄거리 중에서 가장 핵심적인 이야기를 한 폭의 그림으로 그려내고 있다.

고대 동아시아에서 견우와 직녀의 전설은 일찍부터 퍼져 있었다. 그중에서도 고구려인들은 그 이야기를 고분에 벽화로 남길 만큼 별에 대한 관심과 감수성이 남달랐던 우리의 조상이었다.

칠성도 대촌에 세워진
일곱 별자리 석축

칠성대는 1926년 5월 11일자에 보도된 《매일신보毎日申報》의 사진과 기사를 볼 때 당시까지 최소한 향교전에 하나는 남아 있었음을 알 수 있다. 또한 김석익金錫翼, 1884~1956의 《파한록》1921년은 칠성대가 위치해 있던 7개소를 일일이 적시하며, 칠성대가 지금도 잘 남아 있다고 하였다.

칠성도(七星圖): 칠성도는 제주성 내에 있다. 세상에 전하기를 삼을라(三乙那)가 개국하여 삼도(三徒)로 자리 잡을 때 북두칠성을 모방하여 쌓은 것이라고 한다. 대(臺)의 터는 지금까지 질서정연하게 남아 있다. 하나는 교전(校田)에 있고, 하나는 향후동(鄕後洞)에 있고, 하나는 외전동(外前洞)에 있고, 하나는 두목동(頭目洞)에 있고, 세 개는 모두 칠성동(七星洞)에 있는데, 그중에 두 개는 길 오른쪽에 있고, 하나는 길 왼쪽에 있다. 오른쪽에 있는 것 하나는 일본 사람의 집 담장에 들어 있는데, 일본 사람이 평지로 만들어 버렸다.

- 김석익, 《파한록》

이 기록은 한말 제주의 대표적 한학자로서 칠성대의 의미와 중요성, 그리고 일곱 별자리를 파악하고 있던 지식인이 남긴 글이라는 점에서 사료적 가치가 높다. 이와 함께 홍종시洪鍾時가 간직했던 〈제주성내고적도〉는 성안에 산재해 있는 칠성대의 위치를 그림으로 그려내고 있다. 이러한 사료들을 토대로 2011년 (사)한라산생태문화연구소는 《탐라칠성도에 관한 학술적 연구》라는 보고서를 펴낸 바 있다. 이어 제주시는 이 보고서를 근거로 칠성대가 위치해 있었을 것으로 추정되는 7개소에 표석을 설치하게 되었다. 그러나 이 표석들은 지번에 의한 적확한 위치에 세워진 것은 아니다. 그런 점에서 위치 고증의 문제가 제기될 여지가 있다. 그러나 문헌적 자료를 볼 때 표석이 설치된 7개소의 위치는 사실에 부합한다.

이러한 형용모순이 나타나는 것은 무엇 때문인가. 칠성대의 위치를 기록으로 남긴 이들 자료는 구체적인 지번을 표시하지 않았다. 대신 지명과 동洞 이름으로 위치를 설명하고 있다. 이는 제주도에 대한 첫 지적측량의 결과물인 지적도가 일반에 널리 공개되기 이전에 쓰여진 기록과 지도이기 때문이다. 그래서 지명 등에 의해 세워진 칠성대 표석은 실제 지번과 다를 수 있는 것이다. 따라서 사료에 나타난 일곱 개의 위치와 북두칠성의 형태를 바탕으로 세워진 칠성대 표석은 앞으로의 연구를 통해 정확한 위치를 밝혀야 할 과제를 남겨두고 있다.

눈 앞에서 사라진
탐라 최고最古의 유적

　　　　　　　　　　　일제강점기는 민족문화의 유산을 철저히 훼멸한 통한의 시기였다. 그때의 상처는 광복 후 70여 년이 지난 이 시점에도 치유되지 않고 있다. 그러면 해방으로 국권을 회복한 뒤의 상황은 어떠했는가. 4·3의 광풍에 이어 발발한 한국전쟁으로 사회적 최대 관심은 사회질서의 확립과 민생의 안정이었다. 1950년대 후반부터 시작된 도시개발은 행정의 의도와는 관계없이 제주도시의 옛 모습을 급속하게 지워나가는 결과를 초래했다. 문화는 뒷전으로 밀려났다.

　안타까운 것은 탐라시대부터 1,500년간 전해온 칠성대의 자취를 해방 이후에 완전히 잃어버린 것이다. 1980년대까지만 해도 많은 고로古老들은 칠성대가 있었던 장소를 기억하고 있었다. 1991년 필자에게 칠성대의 존재를 알려준 노인 역시 그랬다. 1960년대에 제주의 문화유적에 대한 행정의 시책, 전문가와 언론의 관심이 있었다면 탐라의 핵심적 유적은 보존되거나 정확한 위치를 파악할 수 있었을 것이라는 아쉬움을 떨칠 수 없다.

그나마 다행인 것은 앞선 시대에 칠성대의 중요성을 간파한 선인들이 한말 또는 일제강점기에 남긴 몇몇 자료들이 있다는 점이다. 20세기 초 제작된 것으로 추정되는 홍종시의 〈제주성내고적도〉는 칠성대의 위치를 66개의 주요 유적·건물과 함께 하나의 그림판에 담아내고 있다. 제주 성안 일곱 곳에 칠성대 위치를 점선으로 뚜렷하게 그려놓은 이 그림을 보면, 칠성대가 어느 한쪽에 치우쳐 세워진 것이 아니라 옛 제주성내의 중심부를 남북으로 관통하듯이 세워졌음을 알 수 있다. 도로 표시는 없지만 지금의 동문로 북쪽에 분포한 일도동에 세 개의 별자리, 한짓골을 가운데 두고 동쪽의 이도동과 서쪽의 삼도2동에 각각 두 개의 별자리가 위치해 있음도 알 수 있다. 이 그림은 기존의 칠성대 위치를 기술한 문헌자료와 흡사한 형태로 그려진 그림 자료라는 점에서 그 가치가 높다.

더구나 이 그림을 제작·소장했던 홍종시는 한말에 초대 제주읍장을 지냈는가 하면 1890년대 말 제주에 유배온 김윤식전 외무대신 등과 귤림시회를 만들어 교유했던 인물이다. 당시는 칠성대가 온전히 남아있던 시대여서 이 〈제주성내고적도〉는 상당히 신빙성이 있는 지도라고 볼 수 있다.

일제강점기인 1914년 제작된 지금의 원도심권을 담은 지적도는 제주의 도시화가 본격화되기 직전의 모습을 담아내고 있다. 즉, 탐라개국 이래 1500년간 지속되어 온 탐라의 원풍경이 지적도상에 고스란히 남아 있다. 이 지적도를 보면 제주성안 취락은 칠성대가 있었던 지역을 중심으로 밀집된 주거형태를 보여주고 있다. 마치 꿀 바른 가지에 벌들이 모여든 모습이 연상된다. 이는 탐라인들이

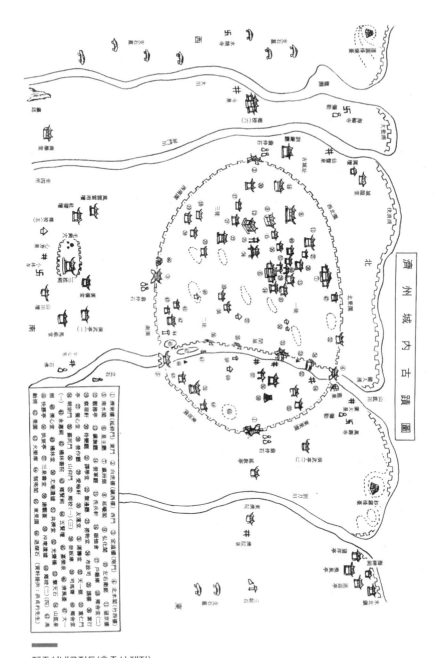

제주성내고적도(홍종시 제작)
성안에 주요 고적과 함께 발자국 형태로 일곱 개소의 칠성대(둥근 점선 안)를 그려 넣고 있다. 1900년을 전후한 시기에 제작된 것으로 추정된다.

개국 당시부터 일제강점기까지 칠성대를 중심으로 취락을 형성하며 살아왔음을 보여준다.

이들 자료를 토대로 본다면 《신증동국여지승람》에 수록된 칠성도 기록처럼 지금의 칠성로 일대에 일도가 형성되었고, 이도와 삼도는 한짓골을 사이에 두고 동·서로 분거分據하였음을 알 수 있다. 이를 북두칠성의 별자리로 보면 자루 부분인 세 개의 별자리는 일도지역이, 주걱 부분의 4개 별자리는 이도와 삼도가 각각 두 개씩 차지하고 있는 형태이다. 이는 1702년 이형상 목사의 기록, 즉 "전해오는 칠성대를 통해 마을의 경계를 알 수 있다."는 기사를 떠올리게 한다.

북두칠성을 모방해
형성된 대촌^{일도·이도·삼도}

칠성대는 어디에 세워졌을까. 김석익의 《파한록》은 1920년대까지 칠성대가 온전하게 전해 내려온 사실과 더불어 어느 곳에 위치하고 어떻게 처음 파괴되었는지를 기록으로 남기고 있다. 이 글은 뒤에 그의 감수를 거쳐 펴낸 것으로 알려진 담수계의 《증보탐라지^{增補耽羅誌}》에 다시 언급되고 있다.

칠성도 = 제주읍내에 돌로 쌓은 옛 터 7개소(칠성동 3곳, 향교동 1곳, 위아 앞 1곳, 향청 뒤 1곳, 두목동 1곳)가 있다. 고양부 삼을라가 일도, 이도, 삼도를 나누어 차지하고 북두칠성 모양을 본떠 대를 축조하여 나누어 살았다. 그 때문에 대촌이라 부른다.

문헌 기록으로
본 칠성대 위치

          칠성대와 관한 조명과 연구에서 가장 중요한 초점은 칠성대가 어디에, 어떤 형태로 세워져 있었는가에 관한 문제이다. 이는 칠성대의 복원과 자원화를 위해서도 대단히 중요한 사안이다.

  옛 문헌에는 주성 내 "본주 읍성 안에 일도, 이도, 삼도에 북두성의 모양을 본떠 칠성대를 세우고"^{이원진의《탐라지》고적조} 또는 "칠성도는 성안에 흩어져 있다."^{김정의《노봉문집》}는 정도로 간결하게 언급돼 있다. 《증보탐라지》보다 31년 앞선 1923년에 펴낸 김석익의 《파한록》은 칠성대가 제 위치에 뚜렷하게 남아 있던 시대의 기록이라는 점에서 매우 중요하다. 내용을 보면 "칠성도는 제주성 내에 있다. 삼을라가 개국하여 삼도^{三徒}로 자리 잡을 때 북두칠성을 모방하여 쌓은 것이라고 세상에 전해진다. 대^臺의 터는 지금까지 질서정연하게 남아 있다. 하나는 향교전^{鄕校田}에 있고, 하나는 향후동^{鄕後洞}에 있고, 하나는 외전동^{外田洞}, 하나는 두목동^{頭目洞}에 있고, 세 개는 칠성동^{七星洞}에 있는데, 그중에 두 개는 길 오른쪽에 있고, 하나는 길 오른쪽에 있다. 오른쪽의 것 하나는 일본 사람의 집 담장에 들어있는데, 일본 사람이 평지로 만들어버렸다."고 기록하고 있다.

  1955년 담수계^{淡水契}가 펴낸 《증보탐라지》에 실린 칠성도의 위치는 《파한록》과 거의 일치하는데, 다만 《파한록》에 비해 위치해 있던 곳의 지명이 보다 구체적이다. 즉, "칠성도: 제주읍내에 석축구

지石築舊址 7개소가 있는데 칠성동七星洞 3, 향교동鄕校洞 1, 위아衛衙 앞 1, 향청鄕廳 뒤 1, 두목동斗目洞 1"이라고 지명과 함께 개수를 소개하고 있다. 이는《파한록》과 비교할 때 ▶향교전鄕校田 → 향교동鄕校洞 ▶향후동鄕後洞 → 향청鄕廳 뒤 ▶외전동外田洞 → 위아衛衙 앞 ▶두목동頭目洞 → 두목동斗目洞 ▶칠성동七星洞 → 칠성동七星洞으로 지명 일부를 바꿔 표기하고 있다. 여기에서 가장 차이 나는 지명은 '외전동外田洞'인데 외전동의 정확한 지명과 위치는 좀 더 추적이 필요하다고 여겨진다. 그러나《증보탐라지》는 권두사에 "석학 김석익의 간곡한 지도와 격려로 인하여 불만不滿하나마 본 편찬을 완료케 되었다."고 언급하고 있고, 서문序文을 김석익이 직접 쓰고 있다. 이런 점을 볼 때《증보탐라지》는 심재의 지도로 각종 사료가 정리·감수됐고, 칠성대 지명 역시 자신이《파한록》에서 언급한 칠성대 지명을 정정, 보완한 것으로 해석된다.

이 밖에《탐라성주유사》에는 주성 내의 북두칠성 7개소에 대해 "주걱 1은 대로서大路西: 한짓골 서쪽을 말함, 2는 남문동南門洞, 3은 보통학교北초등학교 동남쪽, 4는 가락천 서북쪽에 있으며, 자루에 해당하는 1은 칠성동七星洞, 2는 불당佛堂 뒤, 3은 두목동斗目洞 부근"으로 언급하고 있다. 또 홍순만은 앞서 소개한 글 '주성고州城考'에서 칠성단臺이 소재했던 위치를 현재의 지번과 함께 구체적으로 밝히고 있다. 즉, 1. 제주시 일도동 1308번지金濟汝댁, 2. 일도동 1345번지李東日醫院, 3. 일도동 1390번지舊姜世篤家, 4. 일도동 1379번지平和旅館, 5. 삼도동 93번지金榮珍댁, 6. 삼도동 159번지趙藥局, 7. 이도동 1481번지金芳勳댁로 가리키고 있다. 그러나 이들 기록은 북두칠성의 형태를 갖추지 않고 있어 자료로서의 의구심을 자아내게 하고 있다.

한편 18세기 이전에 그려진 것으로 보이는 목판본〈제주도濟州圖〉와 19세기 초엽에 그려진 것으로 추정되는 남원 양씨 족보의〈제주도전도濟州島全圖〉도 참고할 필요가 있다. 이들 지도는 다른 지도와 달리 모흥혈, 삼성사, 삼사석 등의 위치를 중점적으로 그려놓고 있다. 또 관덕정과 제주목관아, 주성의 문루門樓 등도 그려 넣고 있는데, 관덕정과 목관아를 에워싸는 형태로 칠성대와 월대를 그림으로 표시하고 있다. 이는 그 후의 기록, 즉《증보탐라지》나《파한록》에서 기록한 위치와는 큰 차이가 있다. 이는 칠성대의 존재를 알리기 위해 한곳으로 모아 표현한 것으로 이해된다. 다만, 칠성대와 월대가 제주목관아와 관덕정을 옹위하는 형태를 보여주고 있다는 점은 주목할 만하다.

칠성대의
위치 비정

칠성대의 소재지에 관한 여러 자료에도 불구하고 정확한 위치 비정은 김석익의《파한록》과《증보탐라지》를 토대로 고증돼야 할 것으로 판단된다. 김석익은 역사학자로서 1918년에 제주도 연구의 필독서라고 평가되는《탐라기년耽羅紀年》을 펴낸 인물이다.《파한록》에 "칠성대의 터는 지금까지 질서정연하게 남아 있다."고 언급되어 있는 것을 보면, 그는 온전하

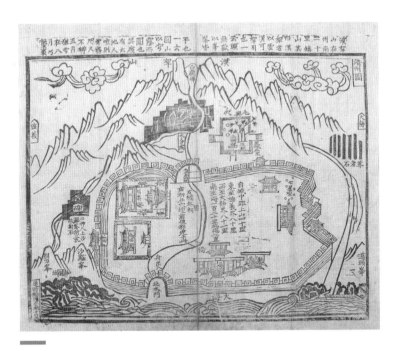

남원 양씨 족보에 그려진 〈濟州圖〉
삼을라와 연관된 고적을 중심으로 그려졌는데, 관덕정 북쪽에 칠성대를 한곳에 모아놓은 형태로 표현하고 있다. 이는 흩어져 있는 칠성대를 한곳에 모아 놓은 형태일 뿐 실제 위치는 아니다.

게 보전된 칠성대의 모습과 그중 하나가 일본인에 의해 평지로 훼철된 사례를 목격한 것으로 보인다. 《증보탐라지》의 편찬에 참여했던 담수계 회원들 역시 칠성대가 사라질 무렵인 1930년대에 30~40대의 연령층이면서 향토사 연구에 관심을 갖고 있던 인물들로서 칠성대의 의미와 위치를 충분히 파악하고 있었을 것으로 여겨진다.

그러나 칠성대의 정확한 위치를 고증하려면 이들 자료만으로는 부족하다. 현 지번地番에 근거한 정밀한 소재지가 파악되어야 한다. 이를 위해서는 옛 선현들의 북두칠성에 관한 이해를 전제로 살펴보아야 할 것이다.

고대인들에게 하늘의 별자리는 개인과 사회, 나라의 현재와 미래를 점치는 대상이었고, 특히 바다를 항해하는 이들에게 북두칠성은 나침반과 같은 구실을 했다. 사면이 바다인 섬에서 살았던 탐라인들은 북두칠성의 위치와 형태에 관한 지식이 깊었다고 볼 수 있다. 따라서 북두칠성을 모방해 칠성대를 쌓았다면 그것은 북두칠성과 거의 흡사할 정도의 형태로 세웠을 것으로 추정된다.

북두칠성 형태의 칠성대 위치를 파악하려면 먼저 어디를 중심으로 칠성대를 나열했는가를 검토할 필요가 있다. 칠성대 관련 기록에 이에 관한 언급은 거의 찾아볼 수 없다. 다만《한국민족대백과사전》[1992]을 보면 "우리나라에서는 예부터 북두칠성의 별자리를 천추天樞, 천선天璇, 천기天璣, 천권天權, 옥형玉衡, 개양開陽, 요광搖光으로 불러왔다. 그리고 앞의 4별을 주걱이라 하고 뒤의 3별을 자루라고 불렀다."고 소개하고 있다. 또 북극성과 북두칠성과의 관계에 대해서는 "주걱에 해당하는 첫째와 둘째 별의 거리만큼 첫째 별자리 방향으로 직선거리 5배 정도 떨어진 자리에 북극성이 있으며, 북두칠성은 북극성을 중심으로 원을 그리며 운행한다."고 되어 있다. 이는 현대과학에 의한 천문자료와도 일치한다.

《탐라성주유사》에 실린 〈주성내州城內의 주요 유적〉에는 칠성대를 소개하며 "삼성혈이 북극성 자리가 되는 칠성도의 시점始點으로서 이를 중심으로 큰 고을이 발달하게 되었다."고 언급하고 있다. 이것은 삼을라 세 부족이 모흥혈에서 용출해 일도, 이도, 삼도에 분거한 뒤 북두성 모양을 모방하여 칠성대를 쌓았다는 기록을 고려할 때 설득력이 있다. 칠성대가 세 부족이 분거한 일도, 이도, 삼도를 잇는 형태로 배열되었다면 세 부족의 뿌리인 삼성혈을 하나의 북극성과 같은 대상으로 설정했을 것이기 때문이다. 또한 여전히 북두칠성의 첫 번째 별인 천추성은 북극성을 주축으로 운행하는 별이라는 점과 세 부족의 근원지를 북극성으로 설정했을 개연성이 높기 때문이다.

이러한 천문자료와 칠성대 기록을 바탕으로 칠성대와 북극성, 그리고 월대^{月坮}의 위치를 다음과 같이 도상^{圖上}에 그려볼 수 있다.

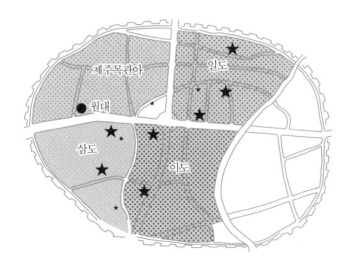

삼성혈

북두칠성과 북극성 위치 추정도
제주읍성이 확장되기 이전의 일도·이도·삼도와 제주목관아로 구획된 원도심. 칠성대는 삼성혈을 북극성으로 설정해 축조된 형태를 보이고 있다.

최근에 발굴된 1926년 당시의 칠성단에 관한 사진과 기사에 "갑자의숙甲字義塾 뒤편에 칠성단이 위치해 있다."는 내용도 중요하다. 향토사학자인 김찬흡 등에 따르면 갑자의숙은 지금의 중앙로 부근 불교포교당 자리에 있었던 것으로 보고 있다. 이 골목은 '생깃골'로 불리고 있는 지역으로, '생깃골'은 향교가 있었던 지역이라는 지명 유래, 즉 향꼿골을 뜻한다. 이는 《증보탐라지》에 언급한 '교동校洞'을 의미하며, 《파한록》의 '향교전鄕校田'과도 맥을 같이한다. 그렇다면 '갑자의숙의 뒤편'이라고 했을 때 갑자의숙이 어떤 방향으로 터를 정했었는지를 파악해야 하는 문제가 남는다.

갑자의숙과 네 번째 별자리

- 향교전 칠성대는 어디에 있는가

1926년《매일신보》는 칠성단에 관한 기사를 두 차례⁵월 11일자, 6월 14
일자 게재하고 있다. 5월 11일자에는 '제주시민의 철시성복, 비장한
봉도식' 제하의 기사를 통해 대한제국의 마지막 황제인 순종임금
이 승하하자 '제주도에서는 이달 5월 5일 시민일동이 소복으로 차
려 입고 갑자의숙^{甲子義塾} 후면 칠성단^{七星壇}에 운집하여 근엄하고 비
장한 봉도식을 봉행했다.'는 사실을 '제주망곡식' 제목의 사진을 곁
들여 '제주발^發'로 전하고 있다.

이 신문은 또 같은 해 6월 14일자에 다시 후속기사를 내보내고
있다. "순종임금의 인산^{因山}일을 맞아 제주도내 각 관공서 등에서
는 일제히 조기를 게양, 관내 유지 및 각 단체대표들이 제주도청^濟
^{州島廳} 후정^{後庭}에서 망곡식을 거행했고, 청년단체와 시민들은 같은
날 오후 갑자의숙 후원^{칠성단}에 봉결단^{奉結壇}을 차리고 추도행사를 지
냈다."는 내용이다. 이러한 기사 내용은 일제강점기에 훼철되기
직전까지 칠성단이 뚜렷하게 남아 있었음을 확연히 보여주고 있
다. 아울러 칠성대가 삼을라 부족의 경계표시만이 아니라 국태민
안을 기원하고, 제주인들을 결속시키는 제단과 같은 신성한 장소
로 여겨져 왔음을 뒷받침하고 있다.

동문수산시장 주차장
향교전의 네 번째 별자리가 있었던 곳으로 추정된다.

《매일신보》의 기사를 보면 순종임금의 승하와 관련된 두 번의 기사를 다루고 있다. 이들 기사에 등장하는 칠성단은 '갑자의숙甲子義塾 후면'에 있다고 했다. 그러면 갑자의숙은 어디에 있었을까. 김찬흡은 갑자의숙을 포교당 건물 부근에 있었다고 한다. 또한 송지옥송두옥의 형의 손자인 송재용은 "갑자의숙은 작은할아버지의 소유로 포교당 앞에 갑자의숙을 지어 교사로 제공한 것으로 안다."고 말하고 있다. 향교전鄕校田이 불하되며 토지대장에 등재된 소유자는 송두옥宋斗玉으로 나타난다. 그는 한말에 제주판관, 정의·대정 군수를 역임하였고, 당대의 최고 부호로 알려진 인물이다.

1914년 제작된 토지대장을 제주시 지적계강성보 주임의 도움을 받아 어렵게 찾아냈다. 이 대장을 보면 이도리 1349번지 3,045평은

1913년인 대정大正 2년 8월 1일자로 사정査定에 의해 일도리一徒里에 주소를 둔 송두옥의 소유로 나타난다. 이처럼 구체적인 주소도 없이 토지대장에 등록된 이 땅은 7년 뒤인 1921년대정 9년 11월 3일자로 소유자의 주소일도리 1423번지가 등기된다. 이러한 사례는 송천택의 소유지와 바로 동쪽에 면해 있는 일도리에 주소를 둔 김문희金汶熙 소유이도리 대 367평에서도 나타난다.

1913년은 일제의 지적도가 만들어지기 1년 전의 상황이다. 그렇다면 향교의 부지로서 공공용지였던 향교전은 이때 일제에 의

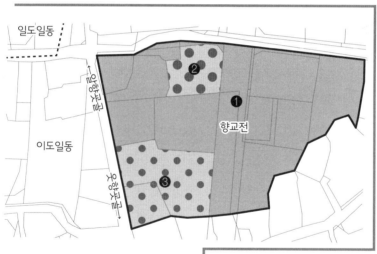

1914년 지적도 부분 확대
① 향교전
   (송두옥의 소유, 이도리 1349번지 외
    3천여 평)
② 갑자의숙 추정 터
③ 향교전 내 칠성대 위치 추정지
   (현 제주시 소유 주차장)

해 민간에 불하된 것임을 알 수 있다. 성안의 요지였던 3천5백 평 정도 되는 땅을 민간에 매각한 이유는 무엇일까. 이에 관한 연구가 없어 확실하지는 않지만 이듬해인 1914년에 우생당 앞에서 동문로터리로 이어지는 원정로 확장과 북신작로의 개설에 필요한 자금을 조달한 것으로 추정된다.

다시 향교전 앞에 있었다고 《매일신보》가 보도한 갑자의숙의 위치를 추적해보자. 김익수 선생이 정리한 제주시 원도심에 분포한 옛 지명을 도면에서 보면 송천택의 소유로 되어있는 향교전은 원래 김문희 소유로 된 토지를 포함해 하나의 필지였다. 대략 5천 평정도 되는 것으로 보인다. 향교전 서쪽 경계를 중심으로 남쪽지역은 웃생깃골생굣골·향굣골, 북쪽 동네는 알생깃골로 불렸던 것으로 나타난다. 향교를 두고 윗동네, 아랫동네로 구분하고 있는 것이다.

그런데 1913년의 토지대장을 보면 이 땅은 서남쪽과 북동쪽, 동남쪽을 제외한 나머지 지역은 모두 필지들이 분할되어 있는 형태를 보이고 있다. 일제의 지적측량이 이루어지기 이전에 도로에 면해 있는 땅들은 민간의 소유로 되어 있음을 알 수 있다. 그렇다면 넓은 면적이면서도 성안 중심에 자리 잡은 향교전의 주 출입지역은 1349-18번지로 추정된다. 이는 나머지 동남쪽은 산지천과 접해 있고, 동북쪽은 성안에서 한쪽 변두리에 속하는 지역이어서 주출입구로 볼 수 없기 때문이다.

《매일신보》에 등장하는 칠성단대은 향교전에 있는 4번째 별자리로 파악되고 있다. 성안 사람들이 모여 망곡제를 지내는 별자리라면 일도, 이도, 삼도 주민들이 편하게 출입할 수 있는 곳이라고 상정할 수 있다.

향교전의 칠성대가 위치해 있었을 것으로 비정되는 곳과 갑자의숙은 어떤 형태로 자리 잡고 있었을까. 1914년 당시 향교전은 송두옥^{1349 외 22필지}과 김문희 소유¹³⁶²⁻¹로 크게 나누어져 있다. 이들 토지의 경계를 이루는 지점에는 3개의 소규모 토지가 작은 도로를 따라 위치해 있다. 그 동쪽에는 1349-21의 토지가 자리 잡고 있다. 필자는 이곳을 갑자의숙이 있었던 자리로 비정하고 있다. 김찬흡의 주장^{포교당 근처}과 송재용^{송두옥의 형의 손자}이 주장과 거의 일치하는 지

1913년 송두옥의 토지대장
제주성안의 중심부에 있는 제주시 이도동 1349번지 향교전 토지 약 3,500평은 1913년부터 송두옥의 소유로 이전되었다. 그는 당시 제주의 으뜸 부호로 손꼽혔다. 4번째 별자리인 향교전 칠성대는 이 부지에 있었다.

1926년의 제주읍성 풍경
성안에는 이아(貳衙)(왼쪽)를 비롯한 주요 관아 건물이 남아 있었고, 집에는 일장기(日旗)가 걸려 있다. 이 사진은 순종 임금이 돌아가신 뒤의 모습으로, "그 해 가을 이아터가 헐렸다."고 김석익의 《탐라기년》에 기록되어 있어 1926년의 사진으로 추정된다.

점이기 때문이다. 더구나 향교전의 주 출입구가 있는 1349-18번지 일대는 네 번째 별자리에 해당하는 향교전의 칠성단(대)이 있었던 자리로 추정되고 있다. 이 땅오현길 81은 현재 제주시 동문시장 상설주차장으로 활용되고 있다. 앞으로 후속적인 추적을 통해 밝혀내야 할 대상이다.

《매일신보》로 해석하는
칠성대의 형태

칠성대는 어떤 형태로 세워졌을까.
너비와 높이는 어느 정도였고, 전체적인 외형은 어떠했을까. 칠성
도는 자료가 부족해 현재로서는 외형을 완벽히 파악하는 데 적지
않은 어려움이 있다. 다행스런 일은 18세기 전반 노봉 김정이 칠
성대를 수축한 짧은 기록이 남아 있다는 점이다. 최근에는 1926년
《매일신보》에 실린 칠성단 사진까지 발굴되어 최소한 조선시대
'옛터' 모습은 어느 정도 재현할 수 있는 근거를 확보하게 되었다.

《신증동국여지승람》은 북두칠성을 모방해 칠성대를 세웠다고
했다. 이는 일곱 별로 이루어진 칠성의 배열 형태로 7개소에 세워
졌음을 의미한다. 이처럼 칠성대가 성안 7개소에 위치해 있었음
은 여러 자료를 통해 밝혀진 사실이다.

당시 탐라의 인구는 어느 정도 되었기에 대규모의 칠성대를 축

조할 수 있는 노동력 확보가 가능했을까. 지난 1993년에 발간된 《제주도지》濟州道誌 권1에 수록된 〈인구와 취락〉 편에는 서기 원년의 제주 인구는 당시의 사회·경제적 상황에 의한 인구 증가율을 적용할 때 약 2만 명 정도가 될 것으로 추산하고 있다. 또한 이청규는 〈제주도 고고학 연구〉라는 논문에서 서기 1~3세기경 제주도의 인구 혹은 호구 규모는 수백 년 뒤인 7세기경에 탐라에 8천의 호구가 있다는 기록으로 미루어 볼 때 2만 명을 넘기 어려웠을 것으로 추정하고 있다.

이로 미루어 볼 때 칠성대가 세워졌을 것으로 추정되는 5세기경 2만 명에 가까운 인구가 있었다면, 대촌三都·三徒에도 수천 명이 거주했다고 볼 수 있다. 그러나 이들만의 노동력으로 모든 칠성대를 세웠다고 보기는 어렵다. 모든 생업을 물리치며 칠성대 축조에 나설 수는 없기 때문이다.

1730년대 김정 목사가 칠성대 수축

수백 년 뒤의 기록이기는 하지만 조선시대 정의현 읍성은 제주섬 내의 백성들을 대상으로 한 총동원령이 내려진 끝에 7주야 만에 마무리했다는 기록을 남기고 있다. 그렇다면 칠성대는 대촌만이 아니라 주변 지역의 노동력까지 끌어모아 축조하지 않았을까 여겨진다.

노봉 김정¹⁶⁷⁰⁻¹⁷³⁹은《노봉문집^{廬峰文集}》에 〈월대^{月臺}와 칠성대^{七星臺}를 수축하고〉라는 글과 함께 시 한 편을 남겼다. 노봉은 1735년 제주목사로 도임한 뒤 3년간 재임하며 많은 치적을 남겼다. 노봉은 이 문집에 한 편의 시와 함께 이 시를 쓰게 된 배경과 심회를 간략히 적고 있다. 즉, "월대^{月臺}는 관덕정 뒤에 있고, 칠성도^{七星圖}는 성안에 흩어져 있는데 모두 축석누토^{築石累土}한 것이다. 그러나 무너져 남아 있지 않아 겨우 그 터를 알 수 있을 뿐이기에 수축하도록 명을 내렸다."는 내용이다. 당시 어떤 과정을 통해 수축했는지에 관한 기록이 없지만 노봉이 칠성대를 수축한 뒤 한 편의 시를 남기고 있어 다행스럽다.

　　　　옛 도읍의 유적 날로 황량한데
　　　　근처에 사는 사람들 모두 헐어무너뜨렸네
　　　　평평한 언덕처럼 마구 다녀 한번 이치를 밝히니
　　　　성안 가득 별과 달 다시 빛을 발하네
　　　 - 노봉 김정의 〈월대와 칠성대를 수축하고〉

　　이 글을 통해 칠성대를 수축하게 된 배경과 축조방식, 칠성대의 읍성 내 분포 상태를 일별할 수 있다. 이 글은 칠성대가 '성안에 흩어져 있으며', '축석누토^{築石累土}한 것'이라고 했다. 이는 기단을 석축으로 두른 뒤 그 위에 흙을 쌓은 형태를 의미한다. 그러나 칠성대의 전체적인 형태와 규모에 대해서는 따로 기술하고 있지 않다.

　　《신증동국여지승람》의 기록에 따르면 '방북두형^{倣北斗形}', 즉 북두

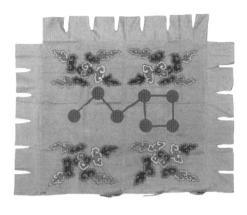

—
별을 원형으로 표현한 우리나라의 전통문양들
우리나라에서는 전통적으로 별을 원형으로 표현하고 있다. 조선시대 장군기(왼쪽)
와 무구(巫具) 등에도 별은 원형의 모습을 띠고 있다.

칠성을 모방해 세웠다고 한다. 이는 노봉의 '성안에 흩어져 있으
며'라는 기록처럼 칠성대의 별자리도 북두칠성처럼 흩어져 있는
형태로 배치되었음을 의미한다. 그러나 칠성대의 전체 배치만이
아니라 칠성대 자체도 별을 모방한 형태로 쌓아졌을 것으로 보는
게 자연스럽다. 우리나라에서는 전통적으로 별을 어떻게 표현하
고 있는가.

너비 20m, 높이 3~4m의
반구체半球體로 추정

               김일권의《고구려 별자리와 신화》
를 보면 5세기경 고구려 덕흥리 고분벽화에 그려진 북두칠성을

비롯한 모든 별은 원형의 형태를 취하고 있다. 서양의 다이아몬드 형태와는 전혀 다르다. 서양의 별 그림이 별빛을 나타내고 있다면 우리는 별의 둥그런 본체本體를 표현하고 있다. 이러한 전통은 조선시대로 이어져 영조시대의 대장군기는 물론 무구巫具 등에도 일관된 형태로 표현되고 있다.

그렇다고 칠성대를 별의 본체인 원형으로 만들 수는 없다. 그래서 반달과 같은 반구체半球體로 만든 것은 아닐까 여겨진다. 이는 제천례를 지냈던 원구단을 천원지방天圓地方의 고대 천문관天文觀에 의해 세우면서도 형태는 반구체半球體로 만든 것과 다르지 않다. 첨성대를 축조한 선덕여왕의 무덤과 유사한 형태로 만들어졌을 것으로 추정할 수 있다.

이에 관해서는 1926년 5월 11일에 실린《매일신보》의 기사와 사진을 참고할 필요가 있다. 이 사진을 보면 신라의 왕릉보다는 작고, 제주의 무덤보다는 훨씬 거대한 칠성단 앞에서 망곡식을 거행하는 전경이 들어있다. 칠성단七星臺은 노봉 김정의 시에 표현된 칠성대의 모습과 흡사하다. 축석누토築石累土, 즉 돌로 둥그렇게 기단을 조성하고 위에는 흙으로 봉긋하게 쌓아올린 형태다. 칠성단 위에는 장막 속에 8폭 병풍이 세워져 있다. 보통 제의는 병풍 앞에서 지낸다는 점을 감안하면 제관祭官들은 칠성단 위에서 제를 지내고 일반인들은 칠성단 앞에서 참례參禮하였던 것은 아닐까 여겨진다.

규모는 어느 정도였을까. 이 사진을 보면 앞줄에는 15~20명 정도가 앉아 있는 듯하다. 한 사람당 0.8~1m 정도의 간격으로 떨어

《매일신보》에 실린 칠성대 관련 사진과 기사
1926년 5월 순종 임금이 승하하자 시민들이 갑자의숙(甲子義塾) 뒤에 있는 칠성단에 모여 망곡제를 지냈다는 기사를 내보내고 있다.

져 앉아 있다고 가정할 때 전면의 너비는 대략 12~20m가 될 것으로 추정된다. 그러나 사진에는 칠성단의 우측 일부가 잘려 있기 때문에 정확한 너비는 더 늘어날 것으로 보인다. 칠성단 높이는 대략 3m 남짓하게 보인다. 그러나 김정의 시에서 언급한 것처럼 사람들이 평편한 언덕처럼 마구 다녀 흙더미가 무너졌던 전례를 감안해 볼 필요가 있다. 《매일신보》의 칠성대 모습은 김정이 수축한 후 약 200년 정도 지난 시점이다. 따라서 실제 높이는 이보다 최소한 1~2m 정도는 더 높았을 것으로 추정된다.

합동 제례 장소는 중심 별자리인
향교전 칠성단으로 추정

칠성대^壇는 무엇에 제를 지냈던 제단이었을까. 칠성대는 탐라의 도성 중앙에 세워졌다. 따라서 칠성대는 삼성혈과 더불어 삼을라의 권위와 통치를 위한 상징 틀인 동시에 삼을라 지배층의 종교인 칠성신앙을 전파하기 위한 제단으로 축조된 것으로 보인다. 이처럼 도성^{都城} 안에 칠성대를 세웠다는 것은 탐라국이 백성들에게 칠성신앙을 국교^{國敎}로 반포했던 것과 다름이 없다.

기술형식은 다르지만, 홍정표의 관점도 같은 맥락으로 읽힌다.

삼을라가 대촌(七星圖 大村)에 거처를 나누어 정하고 북두칠성의 배열된 형태를 본받아서 칠성대를 쌓았다. 북두칠성에 대한 봉제의 제단이니 삼을라의 추장이 중심이 되어 치제(致祭)하는데 각 부족의 번영과 아울러 탐라국의 기반을 튼튼히 하고 융성함을 기원한다. … 이와 같이 하여 세시(歲時)에 삼을라 씨족이 칠성대에서 치제하였으나 연구(年久)함에 따라서 자손들이 자못 번창하게 되었으므로 한 도가(都家)에서는 협소하게 되었고, 또 전역에 널리 분산하여 살게 되면서부터 거리와 불편을 참작하여 차차 각기 호호(戶戶)마다 뒤뜰에 자그마한 칠성단(七星壇)을 만들고, 제 처소(處所)에서 제(祭)를 게을리하지 않았다.

- 홍정표, 〈탐라사에 관한 기고〉, 《탐라성주유사》, 1979, 645쪽.

이 글은 어떤 근거자료를 제시하고 있지는 않다. 그러나 집에 설치된 칠성단칠성눌의 뿌리를 거론하고 있다는 점에서 의미 있는 글이다. 사실 집집마다 설치한 칠성단의 형태를 보면 바닥은 돌로 둥그렇게 쌓거나 두른 다음 그 안에 주쟁이를 얹어놓은 형태로 만들어진다. 이는 칠성대의 모양, 즉 바닥을 둥그렇게 석축으로 두른 뒤 위에는 흙을 쌓아놓은 모습을 연상시킨다. 이는 뒤에서 상술하겠지만 형태적 상징만으로 보면 소우주를 상징하는 돔dome의 또 다른 표현이라고 할 수 있다.

홍정표는 칠성대臺를 북두칠성에 대한 봉제奉祭의 제단으로 보고 있다. 그러나 7개소 모두에서 치제하였다는 것은 어색하다. 이는 각 부족들이 가까운 곳에서 칠성에 기원하던 성소라고 이해하는 게 옳을 듯하다. 다만 삼도, 즉 대촌 백성들이 세시歲時에 함께 치제할 필요가 있을 때는 한곳에 집결하여 제를 지낸 것으로 보인다. 그곳은 북두칠성의 중심별인 4번째 별자리가 있는 향교전鄕校田으로 나타나고 있다.

실제로《매일신보》에는 제주의 망곡제가 '향교전에 있는 칠성단'에서 치러진 것으로 보도되었다. 향교전 칠성대는 일곱 별자리 중 4번째, 위치상으로 도성의 중심에 해당한다. 이는 김석익의《파한록》에서 칠성대를 첫 번째 별자리부터 순서대로 언급하지 않고, 가장 먼저 향교전의 4번째 별자리를 언급한 데서도 엿볼 수 있다.

탐라에서도 천제天祭를 지냈을까. 그랬다면 제단은 어느 곳에 마련되었을까. 제천례祭天禮는 중국을 비롯한 동아시아 고대국가에서 시행했던 대표적인 제천祭天행사로서 왕이 하늘의 천신에게 올렸던 제사의례이다. 한국의 역사에서 제천례는 단군 때부터 시작된 것으로 알려지고 있으며, 삼국시대에 고구려, 백제, 신라는 모두 제천례를 거행했다. 이외에도 부여, 예濊에서도 제천례를 지냈다. 김문석 외, 《왕실의 천지제사》, 2011.

탐라에서도
제천祭天의례를 지냈을까

그렇다면 이들 삼국과 교류하며 나름대로 작은 왕국王國의 기틀을 형성해 나갔던 탐라도 제천례를 지냈을 개연성이 높다. 제천례는 본래 원구제圜丘祭라고 했다. 이는 제단인 원구단에서 올리는 제례라는 의미이다. 우리나라에서는 조선 초 논란 끝에 제천 의식이 중단되었으나 이후에도 간헐적으로 시도되었다. 고종황제 때 환구단圜丘壇을 세우며 본격적으로 제천례를 거행했는데, 명칭도 환구제로 불렀다. 환구는 원구와 같은 의미로 이해되고 있는데, 원구단은 이름에서 보듯이 돔dome의 건축양식을 띤 둥그런 형태였다. 후대에는 건축형태로 바뀌었지만 상고시대에는 언덕 위에서 제를 올렸던 것으로 여겨진다.

남단南壇은 조선시대 역대 왕들이 행차해 국가의례인 제천 행사와 기우제를 거행했던 장소다. 원구단圜丘壇으로 불렸으나 조선 중기 이후 원구제가 폐지되면서 '남단' 또는 '풍운뇌우단風雲雷雨壇'으로 칭하게 된다. 제후국인 조선에서 제천례를 지내는 것을 반대해 논쟁도 있었으나 조선 역대 왕은 틈틈이 남단을 찾아 제를 올렸다. 대표적인 인물이 개혁군주 정조다.

이러한 정조의 정책은 지방 관아로 퍼져 나가며, 제주에도 풍운뇌우단이 다시 설치되었다. 당시 제주목사였던 김정은 이형상 목사가 훼철한 풍운뇌우단을 다시 복원한 뒤《노봉문집》에 기우문祈雨文을 남긴다.

> 근엄한 영단(靈壇)이 있으면, 그 아래에서 감히 제사를 지내지 않으리까. 1천년 고도(古都)에 오랫동안 지켜온 유제(遺制)를 고치도록 청하는가 하면, 따르기를 청하기도 하나, 각각 개인적인 식견일 뿐입니다. … 일을 내어 석실(石室: 神主를 모시는 방)을 그럭저럭 완비하였사오나 조만간에 잠시 고쳐 편안하게 됨을 청하겠나이다.

김정 목사는 가뭄이 심하자 사직단社稷壇을 찾아가 비가 내리길 기도한다. 사직단 기우문祈雨文 역시 위 책에 실려 있다.

> 조그만 해국(海國)에 태초에 사람이 없었는데 삼신(三神)이 구멍에서 나와 도읍을 건설하고 단(壇)을 세워 신에게 의지한 지 일천여 년, 백성들은 밭 갈고 우물을 파 마시면서 보새(報賽: 신에게 추수 감사하는 것)를 어기지 않았다고 합니다.

김정 목사의 기우문에는 영단靈壇: 풍운뇌우단이 1천년 고도古都에서 오랫동안 지켜온 유제遺制임을 밝히고 있다. 이는 탐라시대부터 천제天祭를 지내왔음을 의미하고 있다. 또한 사직단 기우문에서도 '삼신이 구멍에서 나와 도읍을 건설하고 단을 세워 신에게 의지한 것도 1천여 년'의 세월이 되었다고 쓰고 있다. 이는 천제를 의미하는 풍운뇌우단과 사직단 모두 1천여 년 전 탐라시대에 만들어진 단壇임을 뜻한다.

목사 이수동李壽童이 모흥혈毛興穴 안에 돌담을 쌓고 홍문紅門을 세

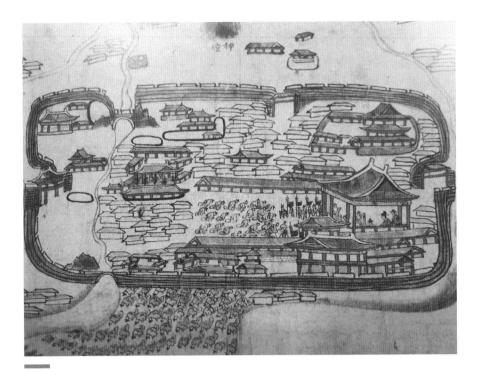

《탐라순력도》 중 사직단
《탐라순력도》의 건포배은(巾浦拜恩)에는 제주읍성 남서쪽에 사직단을 그려넣고 있다. 한라일보와 제주시가 세운 '사직단 터' 표석이 교보문고 빌딩 곁에 위치해 있다.

우고 삼신인三神人의 후손들에게 봄과 가을로 제사를 지내게 한 것은 1526년중종 21이었다. 그러면 탐라국의 국가의례인 제천의례는 어디에서 지냈던 것일까.

광양당은 천제를 올렸던 남단南壇인가

이에 관한 기록은 찾아보기 어렵다. 전통적으로 남단은 남교南郊에 위치해 왔다. 그렇다면 성 밖 남쪽에 위치해 있으면서 모흥혈 바로 북쪽에 있는 광양당廣壤堂이 아닐까 여겨진다. 지금 이도2동 주민센터가 있는 바로 남동쪽에 광양당 터라는 표석이 세워져 있다. 이곳은 한라호국신인 광양왕의 사당 터로서 김석익의 《탐라기년》에는 고려 '예종 어느 해1111~1117'의 일임을 밝히며 다음과 같은 글을 남기고 있다.

… 호종단이 이곳의 지기(地氣)를 누르고 배를 타서 돌아가다가 한라산호국신이 매로 변하여 돛대 위로 날아가자 곧이어 북풍이 크게 불어 종단이 탄 배는 서쪽 지경 비양도 바위 사이에 침몰되었다. 조정에서 그 영험함을 포상하여 식읍을 하사하고 광양왕(廣壤王)으로 봉하여 해마다 향과 예물을 내려 제사하게 하였다. 본조(조선)에서는 본읍(제주)에서 제례를 치르도록 했다고 전한다.

광양당 터

　고려 예종 때라면 탐라국의 잔영이 짙게 깔려 있던 시대라고 볼
수 있다. 그런데 광양당에 식읍을 하사하고 광양왕으로 봉해 제사
를 지내도록 한 것은 새로 광양왕을 모시는 사당을 만들어 제를 지
냈다는 의미로 해석하기 어렵다. 기존에 탐라에서 중요한 제천례
를 행하던 제단에 한라호국신을 모시며 광양왕으로 칭했다는 뜻
으로 읽힌다. 이는 광양당이 모흥혈과 인접한 곳에 위치해 있다는
점에서 고려시대의 유적이 아닌 탐라국과 관련된 제단으로 여겨
지는 것이다.

　표석이 세워진 곳은 하천 쪽으로 급경사를 이룬 곳이어서 나라

가 한라호국신을 위해 제를 지내라고 한 터로서는 부적합한 지형이다. 이는 후대에 이형상 목사가 광양당을 없애며 주변 귀퉁이로 밀려난 탓이라고 보인다. 원래는 지금의 이도2동 주민센터가 있는 부근에 광양당이 있었던 것이 아닌가 한다. 이곳은 북쪽에서 볼 때 우뚝 솟아있는 지형을 이루고 있음은 물론 모홍혈과 바로 인접한 곳이다. 탐라시대에는 모홍혈 경내에 속한 지역이라고 볼 수 있다. 탐라도성에서 바라보면 바로 성 남쪽 교외에 있는 제단, 즉 남단南壇에 해당하는 지점으로 볼 수 있다.

홍미로운 사실은 조선시대 제주성에는 두 개의 남문을 두었다는 점이다. 이는 곽흘 목사가 동성을 확장할 때 설치한 것이다. 하나는 제주성의 중심을 이루는 한짓골에서 직선으로 뻗어나간 지점에 있는 남문南門·정원루이다. 또 하나는 정원루에서 동쪽으로 300여m 지점인 지금의 오현단의 남성南城과 제이각制夷閣을 잇는 곳에 있었다. 이곳의 문루명門樓名은 전하는 기록이 없어 알 수 없다. 주민들의 출입에 편이를 주기 위해 이곳에만 두 개의 문을 두었다고는 볼 수 없다. 그렇다면 치제致祭를 위해 오가는 사람들의 출입을 위한 협문挾門으로 추정된다. 앞으로 연구를 통해 밝혀지기를 기대할 수밖에 없다.

칠성대 복원을 위한 단상斷想

칠성대는 탐라국의 핵심 유적으로 1천여 년간 전승되어 오다 1920년대 이후에 사라졌다. 그런 점에서 탐라국 시대에 설치된 칠성대와 월대는 국가적으로도 중요시되어야 할 민족유산이다. 지방정부 입장에서는 더욱 그렇다. 특별자치도인 제주도로서는 팔을 걷어붙이고 제주다운 정체성을 찾고 확립해 나가는 일에 나서야 옳다.

그렇다고 일곱 별자리인 칠성대를 당장 복원하자는 것은 아니다. 먼저 칠성대 7개소의 위치를 지번에 의해 찾아내고, 칠성대의 발굴을 통한 복원작업을 서둘러야 한다. 이미《매일신보》의 사진을 통해 높이와 길이 등 칠성대의 전체적인 형태는 어느 정도 파악된 상태다. 형태상의 학술적 고증 문제는 해결 단계에 있다. 칠성대는 대부분 현재의 원도심 속에 위치해 있는 것으로 파악되고 있다. 이를 감안하면 그중 하나를 복원하거나 조형물로 축조하는 방안도 강구할 필요가 있다.

최근에 새롭게 조성된 '산짓물광장'을 활용하는 것도 하나의 현실적 방책이 될 수 있다. 그곳은 공공용지여서 새로 예산을 들여 매입할 필요가 없는 데다 일곱 번째 칠성대가 있었음을 알리는 표석이 세워져 있는 곳이다. 순종 임금이 돌아가셨을 때 제주시민이 칠성대에 운집하여 망곡례를 지냈다는 기사를 볼 때 시민광장의

경상북도 경주시 보문동에 있는 신라 27대 선덕여왕 능
칠성대도 이와 유사한 반구체(半球體)의 형태로 축조된 것으로 추정된다.

시설 목적과도 합치된다. 이곳에 칠성대 조형물을 설치한다면 칠성대의 가치를 가시적으로 보여줄 수 있으며, 이는 광장의 활용도를 높이는 길이기도 하다. '산짓물광장'은 당초 '탐라광장'의 일환으로 조성되었다. 그 후 북수구와 인접한 곳에 위치해 있어 이름도 그에 따른 '북성교광장'으로 붙이려고 하다 갑자기 '산짓물광장'으로 바뀌었다. 그렇게 보면 아쉬운 부분도 있지만, '산지천'이라는 이름에도 역사성이 깃들어 있으니 그것으로 위안을 삼을 수도 있겠다.

산짓물광장의 녹지공간을 활용하면 칠성대 조형물을 세우는 것은 어려운 일이 아니다. 그다음에는 탐라시대의 제천례를 복원해 시행했으면 한다. 제례형식을 유식으로 할 것인지, 무식巫式으로 할 것인지는 추가적인 논의가 필요하다. 이 또한 고증이 가능한 형태를 취해 결정해야 할 일이다.

칠성대에 숨겨진
축조 원리와 기능

　　　　　　　　　　　　　탐라인들은 왜 칠성대를 축조했을
까. 칠성대는 단순히 경계를 나타내는 축대가 아니라 탐라국의 정
치적·종교적 이념의 상징물로 축조되었다고 보인다. 그렇다면 칠
성대 속에 내재된 정치적 의미는 무엇일까.

　《신증동국여지승람》 등의 사료에 의하면 "칠성도: 삼성^{三姓}이 처
음 나와 삼도^{일도, 이도, 삼도}를 나누어 차지하고 북두성^{북두칠성} 모양을 본
떠 대를 쌓아 나누어 살았다."라고 기술하고 있다. 이는 삼성^{삼을라}
이 처음 나온 뒤 삼도를 나누어 차지해 분거하며 부족사회를 형성
하였을 무렵 북두칠성의 형태로 7개소에 칠성대를 축조하였다는
뜻으로 해석된다.

　탐라 지배층이 단순히 고을의 경계를 표시하기 위해 칠성대를
쌓는 대역사를 벌였다고는 보기 어렵다. 천제^{天祭}를 지낼 수 있는

제단이 필요하다면 한 군데 적당한 지점에 세우면 될 일이다. 그럼에도 북두칠성의 형태를 모방해 7개소에 칠성대를 쌓았다는 것은 그 속에 내재된 뚜렷한 목적의식이 있었기 때문으로 해석된다.

그게 무엇일까. 칠성대가 북두칠성을 모방하고 있다면 그 속에 함축된 의미도 고대인들의 천문관을 통해 유추할 수밖에 없다. 동아시아 고대국가에서 가장 주목받았던 하늘의 별자리가 북두칠성이었음은 널리 알려진 사실이다.

고대 중국의 여러 천문학적 현상을 정리해서 설명한 《사기史記》 천관서天官書는 북두칠성이 어떤 존재의 별자리로 인식되어 왔는지 상세하게 설명하고 있다. 즉, "북두칠성은 통치자의 전차로 그것은 하늘의 중앙 주위를 돌고, 4방위를 방문하여 질서를 정하고, 밝음과 어둠을 나누고, 4계절을 설정하고, 5요인을 균질화하고, 시기와 정도를 조정하고, 그리고 이들 모든 것이 〈북두칠성〉과 관계가 있다."고 설명하고 있다. 이 때문에 북두칠성은 전통농업사회에서는 '시간과 운명의 천체 다이얼 목록'으로서 오랫동안 중요시되었다.

칠성대는 복합적 목적을
내포한 상징물

　　　　　　　　탐라인들이 북두칠성을 상징하는
일곱 개의 대壘를 세운 것은 복합적이면서 여러 목적을 수행하기 위한 상징적 구축물이었다고 판단된다. 그 의도를 파악하기 위해서는 천문적 관점을 통해 추적할 필요가 있다. 이는 북두칠성과 북극성과의 관계를 이해하는 데서부터 출발해야 한다.

　동양의 고천문학을 앞서 개척한 중국은 최초의 통일제국을 열었던 진한秦漢대부터 우주 최고의 지고신至高神으로 북진성北辰星, 곧 북극성을 내세웠다. 천상의 모든 별이 하나의 정점을 중심으로 움직이듯이 지상의 천자도 그와 같음을 북극성 신학神學을 통하여 천명하려 했던 것이다. 이때부터 동양의 하늘에서는 북극성을 우주의 중심으로 내세우려는 정치사상 또는 철학사상 체계가 발달하였고, 이는 파문처럼 주변으로 퍼지게 되었다.

> 이때 하늘의 별과 지상의 정치를 같은 관점에서 바라보고 통치이론을 제시한 이가 바로 공자(孔子)였다. 공자는《論語》〈爲政〉편에 "군주가 덕으로 정치하는 것을 일러, 비유컨대 북진성(北辰星: 北極星)이 그 자리에 있어 뭇별을 아우르는 것과 같다."고 하였다. 이러한 개념에서 북진성 동서남북에 각 7개씩 배치된 28수(宿)의 별자리들은 제후 또는 중신 관료로, 그 외의 뭇별은 백성들로 해석해 왔다. 그 결과 천문의 관측과 해석이 제왕학(帝王學)의 핵심으로 자리 잡게 되었다.
>
> - 김일권,《고구려 별자리와 신화》, 2008, 24~25쪽.

　이러한 고대 천문관과 실제 칠성도의 배열형태를 볼 때 이를 주도했던 삼을라 지배세력이 칠성도를 세운 목적은 분명해 보인다.

이는 모흥혈을 북극성으로 설정, 삼을라 부족들을 북극성을 중심으로 운행하는 북두칠성과 같은 존재로 부각시키기 위한 것으로 이해된다. 그럼으로써 천체를 이 땅에 구현하면서 모흥혈과 삼을라 부족의 지배층을 신성시하려는 의도를 읽을 수 있다. 실제로 칠성대는 지금의 원도심 중심부를 남북으로 관통하며 삼성혈^{모흥혈}을 향하는 형태로 세워져 있음이 확인된다. _{김태일·강문규, 〈지리정보시스템으로 본 제주시 원도심의 칠성대 위치 비정〉, 2014.}

북극성과
북두칠성과의 관계

북두칠성은 각각 별개의 일곱 별이면서도 북극성을 중심으로 운행하는 하나의 별자리와 같은 존재이다. 삼을라 부족도 각기 다른 부족으로 나뉘어 있으면서도 북극성^{모흥혈}을 중심으로 움직이는 하나의 별자리라는 의미를 부여했다고 여겨진다. 일도, 이도, 삼도로 흩어져 있는 듯하면서도 그들은 칠성대를 통해 언제나 하나로 연결된 존재임을 상기시키는 장치인 것이다.

동·서양을 막론하고 문명이 배태된 고전적인 도시와 사원은 천문학과 천상모델의 영향을 받았다는 사실은 수많은 역사적인 사례를 통해 밝혀지고 있다. 그리고 그 천상모델이 도시를 비롯하여 고을, 마을, 사원, 그리고 거주지의 배치에 의례적으로 영향을 끼쳤다고 한 것은 엘리아드[Eliade, 1959, 49쪽 재인용]이다.

그렇다면 삼을라 집단은 무엇 때문에 칠성대를 축조하면서 북극성과 같은 존재인 모흥혈에는 아무런 축대를 세우지 않은 것일까. 수백에서 수천 명이 동원돼 칠성대 축조를 위한 대역사를 벌이면서 정작 북극성과 같은 모흥혈에 아무런 시설을 하지 않은 것은 이해하기 어렵다. 오히려 가장 먼저, 그리고 가장 규모가 큰 별자리로서 성역화가 필요한 대상인 점을 감안하면 더욱 그렇다.

이러한 의문 역시 천문적 시각으로 접근할 필요가 있다. 동아시아 역사상 최초의 문헌기록으로 기재된 별자리인 한대漢代의 천극성天極星은 북극성 자체를 의미하기도 하지만 주변의 세 별을 합친 천극4성天極四星이라는 뜻을 지니기도 한다. 이 천극성은 현재 우리가 관측할 수 없는 별이다. 세차歲差운동으로 이미 역사 속으로 사라졌기 때문이다.

모흥혈의 세 혈穴을
북극삼성으로 비정한 듯

우리나라에서 가장 앞선 천문의 역사를 간직하고 있는 고구려 고분벽화 속에는 북두칠성과 더불어 나란히 묘사한 삼성三星 별자리가 자주 발견된다. 김일권은 이 별자리를 바로 고구려의 북극성좌, 즉 '북극삼성北極三星'으로 해석하고 있다. 이러한 북극삼성의 별자리 형태는 고려시대에도 이어지고 있다. 이처럼 우리나라에서는 삼국시대부터 북극성을 북극삼성으로 인식해 왔음을 알 수 있다.

이러한 우리나라의 전통적인 고대 천문관념을 바탕으로 다시 모흥혈과 칠성대와의 관계를 살펴보자. 앞서 언급한 것처럼 칠성대의 첫 번째 별자리는 모흥혈이 위치한 방향을 향하고 있다. 북극성은 북두칠성의 첫 별자리인 천추성天樞星과 제2성 선旋을 직선으로 연결하면 두 별자리의 5.5배에 해당하는 지점에 있다. 칠성대역시 대략 그러한 형태로 세워졌다고 보인다. 삼을라가 세운 북두칠성이 북극성으로 비정한 삼성혈과 방향과 거리 면에서 어느 정도 일치하는지는 추후 정밀조사가 필요해 보인다.

북극성 자리라고 비정되는 모흥혈에는 삼성신화에 세 신인이 용출하였다는 세 개의 혈穴이 품品 자 형태로 지금도 남아 있다. 칠성대를 설계한 삼을라 집단은 이를 북극삼성 또는 삼태성三台星으로 해석하였을 것으로 추정된다.

《천문유초天文類抄》에 따르면 삼태성은 "태미원太微垣에 속하는 별로서 병란兵亂이 없게 하고 삼공三公의 지위이니 주로 덕을 베풀고 임금의 뜻을 널리 펴는 일을 하며 수명과 종실宗室·병사를 주관한다."고 하였다. 이는 삼태성이 천제天帝의 뜻을 받들어 덕을 널리 베풀고 종사·병사 등을 주관한다는 점에서 모흥혈의 상징과 부합한다.

이러한 고대의 천문관으로 본다면 삼을라 집단은 모흥혈의 세 구멍을 북극삼성北極三星 또는 삼태성三台星으로 해석한 것으로 보인다. 따라서 모흥혈에 북극성을 나타내는 구축물을 설치하지 않은 이유는 명확해 보인다. 이는 모흥혈의 세 구멍이 오히려 자신들의 신성성을 더욱 강조하는 상징이 될 수 있다는 천문적 해석에 따른 것으로 풀이된다. 다시 말해 삼성혈은 하늘의 북극삼성과 같은 존재이다. 고대인들은 하늘의 형상을 이 땅에 합치·구현하려고 해왔다. 따라서 삼성신화의 용출신화는 단순히 땅에서 솟아난 세 신인의 의미보다 더 나아가 북극성과 같은 모홍혈에서 생겨난 세 개의 별, 즉 북극삼성과 같은 의미를 띠고 있다고 해석된다. 탐라를 개국하였다는 통치 사상과 북두칠성처럼 흩어져 있는 삼을라 집단에 대한 신비성을 갖도록 하고자 하는 판단의 결과물로 보인다. 탐라왕의 호칭을 '별나라의 국주國主'를 의미하는 '星主성주'로 부르게 된 배경과도 무관치 않다.

세 부족이 결의한
'연맹체의 정신' 상기 장치

칠성대를 세운 탐라의 지배층은 어떤 사람들이었을까. 그들은 한마디로 천문에 해박하고, 도시설계자로서도 탁월한 안목과 전문성을 갖춘 집단으로 여겨진다. 더불어 칠성신앙의 숭배자였다고 말할 수 있다. 그들은 7개의 별자리 중 자루 부분인 세 개의 별은 일도一都에 배치함으로써 우두머리 집단의 거주지임을 나타내고 있다. 또 이도二都와 삼도三都는 주걱 부분의 4개의 별을 두 개씩 나누어 갖는 형태를 취하고 있다. 그러면서도 칠성대의 별자리는 북극성인 모홍혈을 지향하도록 함으로써 세 신인神人의 후예라는 결속의식을 칠성대로 나타내고 있다.

이를 신용하의 시각으로 보면 양맥족·고구려족·부여족의 군장이 연맹하여 탐라를 건국한 것을 기념하면서 한편으로는 세 부족의 결의로 약속한 연맹체의 정신을 상기시키는 상징탑으로도 해석할 수 있다.

또한 백성들이 거주하는 3개소삼도에는 별을 뜻하는 칠성대를 세우면서, 성주청이 있는 관부에는 달을 의미하는 월대月坮를 배치하고 있다.

이는 제3부에서 후술하게 될 '우주를 상징하는 탐라도성 안에 별과 달을 품은 형태'로 설계되었음을 보여준다. 그야말로 천문을 모방해 세운 왕성王城이었던 것이다.

칠성대와 삼성혈의 관계

칠성대가 별처럼 흩어져 있는 제주시 원도심을 산책하다 보면 바다가 펼쳐진다. 일곱 번째 별자리가 있는 지점으로 추정되는 곳은 해발 10m 정도의 낮은 지대다. 고개를 돌려 한라산 쪽을 보면 화산 분출이 빚어낸 해발 50m 정도 되는 높은 지대에 모흥혈이 자리 잡고 있다. 삼성혈과 일곱 번째 별자리의 거리는 2km 정도 된다.

탐라도성에 세워졌던 북극성과 북두칠성의 위치를 보면 탐라인들은 먼저 모흥혈을 북극성으로 설정한 뒤 북두칠성 자리를 배치한 것으로 이해된다. 이는 북극성^{모흥혈}과 북두칠성과의 거리를 먼저 산정한 뒤 일곱 개 별들의 거리를 일정한 비율로 조정하며 세웠음을 뜻하는 것이다.

멀리 있는 산은 수평적 시각으로도 볼 수 있지만 가까운 거리의 언덕은 고개를 들어야 한다. 이는 북두성을 우러러 보듯이 모흥혈에 대해서도 그런 경배의 태도를 유도하는 듯하다.

칠성대는 1500여 년 전 설계하고 축조한 시설이다. 일곱 개의 별자리가 옹기종기 모여 있는 형태가 아니다. 김태일이 GIS지리정보시스템을 적용해 측정한 결과, 별자리와 가까운 것은 130m, 멀리 떨어진 것은 180m 정도가 되었다. 일곱 개의 별자리 위치가 정확히 규명되면 거리상의 오차는 나타날 수 있다. 하지만 칠성대 간의 거리가 어느 정도 떨어져 배치되었는가를 파악할 수 있는 유의미한 자료이다.

그 아득한 시절, 북두칠성과 북극성, 칠성들과의 거리는 어떻게 측정하고, 이를 실제로 도성 속에 어떻게 구현해낼 수 있었는지 놀라지 않을 수 없다. 여기에 칠성대의 분산 배치를 통해 부족 간 위계를 나타내면서도 삼을라의 결속을 지향하는 상징탑을 설치하려는 구상은 어떻게 탄생한 것인지 놀랍기만 하다. 또한 칠성신앙의 숭배자이자 찬양자로서 종교적 이념을 확산시키는 장치로도 활용하였다. 오늘날 이와 같은 도시를 설계할 수 있는 이들은 얼마나 될 것인지 궁금해진다.

한라산에 남아있는
또 하나의 칠성대

탐라국이 개국할 무렵에 도성에 세
워진 칠성대처럼 한라산에도 칠성대가 있었음을 뒷받침하는 기록
들이 몇몇 고지도와 함께 전해지고 있다. 한라산 칠성대에 관한
첫 기록은 김상헌의 《남사록》에서 볼 수 있다. 그는 1601년 안무
어사로 파견된 뒤 그해 9월 24일과 25일에 한라산 산신제를 거행
하기 위해 등반한 뒤 이에 대한 기록을 남겼다.

칠성대(길가에 높은 바위가 늘어선 것이 흡사 북두칠성과 같다.)
와 좌선암(坐禪巖)(또한 바위 하나가 있는데 흡사 앉아 있는 승
(僧)과 같다고 한다.)을 지났다. 중봉 이상은 소나무가 없고 오직
단향과 철쭉 밑에 눈과 같은 흰 모래를 볼 수 있을 뿐이다.

이 글은 한라산 등반 중 길가에 북두칠성처럼 늘어선 높은 바위들과 승(僧)과 흡사한 바위를 지나자, 소나무는 없고 단향목과 철쭉 밑에 깔린 흰 모래를 볼 수 있을 뿐이었다는 내용이다. 필자는 수년간 1998~2008년 '한라산대탐사'로 이들 지대를 여러 차례 탐사한 바 있다.

여러 기록에 등장하는
한라산의 칠성대

칠성대로 지칭되는 돌탑은 한라산 정상부의 서남쪽 '선작지왓'으로 불리는 드넓은 평원에 위치해 있

한라산의 칠성대
한라산 정상체 바로 아래 펼쳐진 '선작지왓'에 남아있는 칠성대로 이에 대한 조사연구가 요구된다.

다. 지금은 폐쇄된 영실靈室의 옛 남쪽 등반로를 따라 '선작지왓'에 이르면 커다란 돌무더기와 마주하게 된다. 어떤 것들은 무너져 내려 있어 그 수가 7~10개 정도로 종잡을 수 없다. 이들 칠성대를 지나 남벽으로 가는 길에는 약간 회색빛이 감도는 하얀 자갈층을 볼 수 있으며, 그 밑에는 부서진 '선작지'들이 하얀 모래와 자갈처럼 깔려 있다. '선작지'는 제주 방언으로 '덜 익은 자갈'이라는 뜻이다. 현무암처럼 까맣지 않아 덜 익은 자갈 정도로 보았던 것 같다. 김상헌이 말한 '하얀 모래'는 이곳을 묘사한 것으로 이해된다.

남벽 가까이 다가서면 중간 지점에 장삼을 걸친 듯한 승僧을 닮은 큰 바위를 만날 수 있다. 남벽에는 거의 나무가 자라지 않는데 듬성듬성 단향목檀香木이 보이다가 정상인 백록담에 이르게 되면 못 주위에 촘촘히 자라고 있음을 볼 수 있다. 따라서 김상헌의 글에서 칠성대가 늘어선 지대는 지금의 '선작지왓' 일대임을 미루어 짐작할 수 있다.

칠성대에 관한 기록은 1609년 제주판관으로 도임했던 김치金緻.1577~1625의 한라산 등반기에서도 찾아볼 수 있다.

수행동을 지나서 10여 리를 가자 칠성대에 닿았다. 칠성대로부터 5리쯤 가자 석벽이 깎아 세워지고 반공(半空)에 기둥처럼 지탱하는 것을 보았는데, 곧 상봉(上峰)이었다.

김치 판관이 언급한 수행동修行洞은 영실 동남쪽 1500고지 부근에 있는 석굴을 말하는데 수행굴修行窟이라 부르기도 한다. 수행굴에 대한 첫 기록은《신증동국여지승람》의 〈제주목 불우조〉에 등장한다.

> 존자암(尊者庵)=한라산 서쪽 능선에 있는데 그곳 동굴에 마치 스님이 도를 닦는 것과 같은 돌이 있어 세상에 수행동이라 전해졌다. (尊者庵=在漢拏山西嶺 其洞有石 如僧行道狀 諺傳修行洞)

이 수행굴은 조선시대 한라산을 등반했던 관리와 문인들의 등반기에도 종종 거론되고 있다. 이는 수행굴이 조선시대까지 한라산의 몇 안 되는 등반로였기 때문이며, 뜻하지 않은 폭우와 폭설을 만날 경우 대피할 수 있는 작은 동굴이었기 때문이다.

1901년 서양인으로서 한라산을 등정한 뒤 한라산의 존재를 서양에 최초로 알린 사람은 독일인 지그프리트 겐테이다. 그는 한라산의 영실 등반로를 이용해 산행에 나섰을 때 20여 명의 호위병들과 함께 이 석굴에서 두 번 야영한 바 있다. 그때 그가 쓰다가 버린 것으로 보이는 '싸이포Saifor'라는 상호가 새겨진 잉크병과 깨진 술병DRY을 남기기도 했다. 한라산 등반로의 하나인 영실코스는 지금의 영실 북서쪽에서 오르내리는 것과는 달리 영실의 동남쪽으로 오르내리는 길이었다.

영실은 한라산의 가장 빼어난 경승을 간직하고 있는 최고의 경관지이면서 탐라시대부터 하늘에 기원을 드리는 신앙처라고 여겨진다. 이러한 사실은 1577년 제주에 내려온 뒤 제주섬을 둘러보고 한라산을 등정했던 백호 임제의《남명소승南溟小僧》에서 찾아볼 수

있다. 그는 이듬해 2월 지금의 영실인 오백장군동五百將軍洞을 둘러
보았다.

> 오백장군동은 일명 영곡(靈谷)이라고도 하는데 층층의 봉우리들
> 이 하얗고 깨끗하여 옥병풍을 친 듯 빙 둘러 있다. 그 사이에 옛
> 단(壇)이 있고, 단 위에는 한 그루 복숭아나무가 있는데 섬 중에
> 제일로 치는 동천(洞天)이다.

임제가 말한 '옛 단壇'이 언제부터 있어 왔는지는 확실치 않지만
'옛 단'이라고 쓴 것으로 보아 탐라시대부터 이곳에 제단을 설치하
여 제를 지내왔음을 짐작할 수 있다. 이와 관련해 또 하나의 제사

지그프리트 겐테 박사
독일의 지리학자이자《쾰른신문》의 동아시아 특파원으로 1901년 제주를 방문한 뒤
한라산을 등정해 한라산의 높이를 처음으로 측정,《쾰른신문》에 보도한 인물이다.

한라산 칠성대
한라산에도 칠성대가 존재한다는 기록은 선인들의 등반기, 옛 지도, 그림에도 등장하고 있다. '선작지왓'의 흐드러지게 피어난 드넓은 철쭉꽃밭에 칠성대가 흩어져 있다.

유적이라고 볼 수 있는 것은 존자암의 국성재國聖齋이다. 김상헌의 《남사록》에도 언급되어 있는데 제사 관련 유적이라고 추정될 뿐 기록이 없어 확실치 않다. 조선시대 중엽이 지날 무렵에도 한라산은 조정에서 중요한 산으로 인정받지 못했다. 이는 백두산도 마찬가지였다. 자신들이 사는 거점을 중심으로 산의 가치를 해석한 탓이다. 아무튼 한라산이 제사를 드릴 만한 산으로 조정에서 인정되기 이전에도 존자암에는 국성재가 있었다. 그렇다면 국성재는 탐라시대에 축조된 제사 유적이 아닐까 해석되지만, 고증은 할 수 없으니, 후일을 도모할 수밖에 없다.

한라산 정상 아래
'선작지왓' 일대에 분포

옛 영실 등반로를 따라 30~40분 정도 오르면 동남쪽에 수행굴^{修行窟}이 위치해 있다. 여기에서 다시 10여 리$^{약 4km}$를 동남쪽으로 곧바로 거슬러 올라가면 한라산 '선작지왓' 일대 7~10여 개소에 커다란 돌무더기들이 흩어져 있다. 첫 번째로 만나게 되는 커다란 돌무더기를 속칭 '탑궤'라고 부른다. 거대 돌탑처럼 이루어진 탑 안에 1m 남짓 들어간 공간이 있어 붙여진 이름이다.

〈탐라십경도〉의 서귀진
작자 미상의 이 그림은 서귀진에서 바라본 한라산의 칠성암을 뚜렷하게 그리고 있다. 이 그림에서 칠성암은 백록담을 북극성으로 비정해 그렸음을 짐작하게 한다.

128

한라산 칠성대의 하나로 여겨지는 탑궤는 육안으로 볼 때 높이 3~4m, 너비 4m, 길이 6~7m 남짓한 규모다. 대형 돌무더기는 탑궤를 시작으로 남쪽으로 이어지다 다시 한라산 정상체가 있는 동쪽으로 향하는 형태로 배열되어 있다. 이러한 배열형태를 볼 때 한라산 칠성대는 백록담을 북극성으로 설정한 것임을 알 수 있다.

한라산 칠성대에 관한 글은 1702년 이형상 목사의 등반기에 다시 언급되고 있다. 이형상의 글에는 "영실 위쪽에 수행동이 있다. 동에는 칠성대와 좌선암이 있다 한다."고 하였다. 이는 직접 확인하지 않고 앞서 언급한 김상헌의 《남사록》이나 김치의 등반기를 인용한 것으로 해석된다.

이러한 기록들은 칠성대가 수행동과 함께 조선시대 한라산을 찾았던 관리들에게 중요한 명소로 인식되고 있었음을 암시한다. 이는 작자 미상의 그림지도인 〈탐라십경도〉를 통해서도 엿볼 수 있다. 〈탐라십경도〉 중 '서귀진' 그림은 서귀진에서 한라산을 바라보며 그린 것이다. 우뚝 솟은 한라산 정상부에 '백록담'이라고 표기된 아래에는 돌무더기들이 위아래로 나열되어 있는데 이를 '칠성암七星岩'이라고 적고 있다. 그림 오른쪽 상단에는 '한라산 후면後面'이라고 표시하고 있다. 이는 제주목에서 볼 때 한라산 뒤쪽인 남쪽에 있다는 의미이다. 이 칠성암의 주격 방향도 한라산 정상부를 향하고 있다. 따라서 칠성암을 북두칠성으로, 그리고 백록담은 북극성으로 이해하며 그렸음을 알 수 있다. 당대 지식인들의 한라산 칠성대에 대한 인식을 반영하는 그림이라고 할 수 있다.

옛 지도 속에 한라산 칠성대를 표기하거나 그려낸 자료는 많지 않지만 몇 종의 지도가 남아 있다. 가장 이른 시기의 것은 17세기 후반에 편집된 것으로 추정되는《동여비고》를 들 수 있다. 이 지도에서 제주성은 군현 이름에 하얀 띠 모양으로 표현하고 있는데, 특히 '七星圖 大村 在城內'라고 하여 칠성도와 대촌이 제주 성안에 있음을 밝혀 놓았다. 지도에도 '칠성도 대촌'이라 표기된 것은 조선 전기에도 중앙의 시각에서 칠성도를 중요한 대상으로 인식하고 있었음을 시사하는 것이다.

인공구조물인가,
자연석축인가

　　　　　　　　한라산의 칠성도에 관해서는 제주를 찾아왔던 관리나 학자들의 시문이나 등반기를 통해 언급되어 왔다. 중앙에서 그려진 지도 속에 나타나는 것은 1861년 제작된 김정호의《대동여지도》를 들 수 있다. 이 지도에서는 제주도가 오늘의 모습과 유사한 형태로 그려져 있다. 또한 한라산을 중심으로 오름들이 지맥으로 서로 연결된 형태로 그려지고 있는 것이 특징이다. 한라산 정상 부근에는 혈망봉穴望峰과 십성대十星臺가 표시되어 있다. 혈망봉은 문헌 기록에는 간혹 산 정상을 나타내는 봉우리로 기록되기도 하였는데 정확한 위치는 알 수 없다.

《대동여지도》에 표시된 십성대에 대해서는 칠성대의 오기誤記로 보는 시각이 많다. 그러나 실제 '선작지왓'의 칠성대는 10개 정도

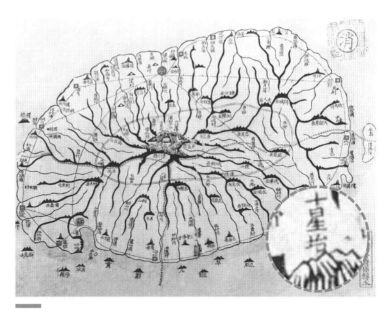

김정호의《대동여지도》중의 제주지도(서울대학교 규장각 소장)
한라산 정상부인 백록담 남쪽에 '십성대(十星垈)'를 표기해 놓고 있다.

로 보이기도 해서 헷갈리게 한다. 이에 대한 의문은 오상학의 연
구를 통해 십성대가 칠성대의 오기임을 밝히게 되었다. 그러면 김
정호가《대동여지도》에 한라산 칠성대를 넣게 된 것은 어떤 연유
에서인가.

… 김정호가 앞서 1834년에 제작한《청구도》에는 한라산 칠성대
의 모습이 보이지 않는다. 그러나《대동여지도》제작의 저본 지
도라 알려진《동여도》와《대동여지도》에는 동일하게 백록담 옆
에 십성대 즉 칠성대가 표시되어 있다. 이는 무엇 때문인가. 이에
의문을 두고 김정호의 다른 지도와 저서를 검토한 결과 그에 관

한 단서를 찾았다. 김정호가 말년에 저술한 전국 지리지인《대동지지》가 그것이다.

《대동지지》에는 칠성대와 관련된 기록이 수록되어 있는데 즉, "수행동을 지나서 10여 리를 가자 칠성대에 닿았다. 칠성대로부터 5리쯤 가자 석벽이 깎아 세워지고 반공에 기둥처럼 지탱하는 것을 보았는데, 곧 상봉이었다."는 기록이 있다. 이는 앞서 소개했던 김치 판관의 한라산 등반기에 쓰여진 내용과 일치한다. 김정호는 뒤늦게 김치 판관의 기록을 접한 뒤 이를 보고 그대로 자신의 책에 옮겨 적었고, 이것이 지도에도 반영되었다.

- 오상학,〈천문도와 지도로 보는 제주의 별문화〉, 탐라별문화 학술세미나, 2016, 62~69쪽.

이처럼 한라산에 칠성대가 존재한다는 사실은 관련 문헌과 지도 등의 자료를 통해 확인할 수 있다. 그럼에도 이들 한라산 칠성대가 인공적으로 쌓은 석축물인지, 화산분출에 의해 쌓여진 돌무더기인지는 여전히 판단하기 어렵다. 앞으로 이에 관한 조사연구가 필요하다.

산이나 골짜기 등지에 북두칠성처럼 형성된 지형을 '칠성대'로 일컬었던 사례는 전국적으로 적지 않게 분포하고 있다. 황해도, 경상도 해인사, 충청도 속리산, 강원도 금강산, 평안도 효성산, 서울 도봉산 등지에도 칠성대라는 지명이 전해오고 있다. 대부분 산 위의 돌 무더기 혹은 선돌이 여럿 중첩되어 있을 때 신성시된 것들이다. 하늘과 가장 가까운 산정의 돌이 별신앙과 만난 자리로 보인다. 한라산의 칠성대도 다른 지역처럼 산정에 마련된 별 신앙처로 해석할 여지가 많다.

그러나 한라산 칠성대는 좀 더 신중한 접근이 요구된다.《신증동국여지승람》에 칠성대는 탐라시대에 삼을라가 삼도三都를 분거할 때 북두칠성의 형태를 모방해 축조되었다고 한다. 이는 칠성신앙만이 아니라 도읍을 설계하고 나아가 삼을라 집단의 결속을 도모하는 상징으로 세워졌다는 해석이 가능하기 때문이다. 대촌에 세워진 칠성대는 석축누토石築累土의 방식으로 쌓아졌는데 규모는 너비가 20m, 높이는 3~4m 정도로 추정되고 있다. 이 또한 당시로서는 대규모의 노동력이 투입된 토목공사라고 볼 수 있다. 이는 북두칠성에 대한 탐라지배층의 숭배의식이 강했음을 보여준다.

그렇다면 한라산에도 칠성대를 쌓았을까. '한라산학술탐사'를 통해 칠성대가 분포한 '선작지왓' 일대는 넓적한 바위들이 주변 수만 평의 대지 위에 깔려 있음을 확인할 수 있었다. 이는 칠성대와 같은 석조물을 구축하려 할 경우 재료를 쉽게 구하고 운반할 수 있다는 뜻이기도 하다.

또한 탐라인들이 1500년 전 대촌大村에 축조한 칠성대 규모를 볼 때 공사의 난이도는 차이가 있지만 불가능한 일은 아니라고 여겨진다. 이는 그보다 훨씬 이전에 축적된 고인돌 축조기술도 감안하지 않을 수 없다. 그럼에도 판단은 전문가들의 현지 조사를 통한 연구결과를 지켜볼 수밖에 없다.

백록담을 북극성으로
비정한 한라산 칠성대

중요한 관점은 한라산의 칠성대가 인위적 조형물이든 화산분출의 산물이든, 왜 이들 돌무더기가 사람들에 의해 칠성대로 의미부여되었는가 하는 점이다. 이는 탐라인들의 신앙이나 정신세계와 맞물려 해석할 필요가 있을 것이다.

하늘과 땅과 인간을 하나로 여기는 천天·지地·인人 사상이 배태된 것은 상고시대부터이다. 고인돌 위에 자신의 소원을 빌며 성혈星穴

한라산
하늘에는 북극성과 북두칠성, 한라산(땅)에는 백록담을 북극성으로 삼은 칠성암(대), 인간세계인 탐라성 안에는 삼성혈을 북극성으로 비정한 칠성대가 세워졌다. 그야말로 탐라는 天·地·人이 일체가 되는 별 나라였다고 할 수 있다.

을 새겼던 탐라인들도 시대가 바뀌며 외부와의 교역을 통해 하늘과 땅과 인간은 하나라는 천지인 사상도 함께 습득, 탐라사회에 퍼져 나갔을 것이다. 더구나 성주 집단은 천문에 밝은 이들이면서 성신 숭배자들이라고 추정된다.

그들은 먼저 지금의 원도심인 탐라왕성에 칠성대를 세우고, 이어 한라산 칠성대 쌓기에 나섰는지도 모를 일이다. 인간들이 사는 탐라도성의 칠성대는 삼을라의 뿌리이자 구심체인 모흥혈^{삼성혈}을 북극성으로 먼저 설정한 뒤 칠성대를 쌓았다고 추정된다.

하늘의 북두칠성이 북극성을 중심으로 운행하듯이 한라산의 칠성대는 제주땅의 중심인 한라산 정상부를 북극성으로 설정하여 축조되었을 개연성이 높다. 이러한 인식은 후대의 일이기는 하지만 '서귀진'에서 바라보며 그린 한라산의 칠성암 그림에도 나타나고 있다. 이처럼 탐라인들은 하늘의 칠성, 땅^{한라산}의 칠성, 인간세계^{탐라도성}의 칠성을 조형적으로 체계화하며 북두칠성의 이미지를 제주의 온 섬에 흩뿌려 놓았다.

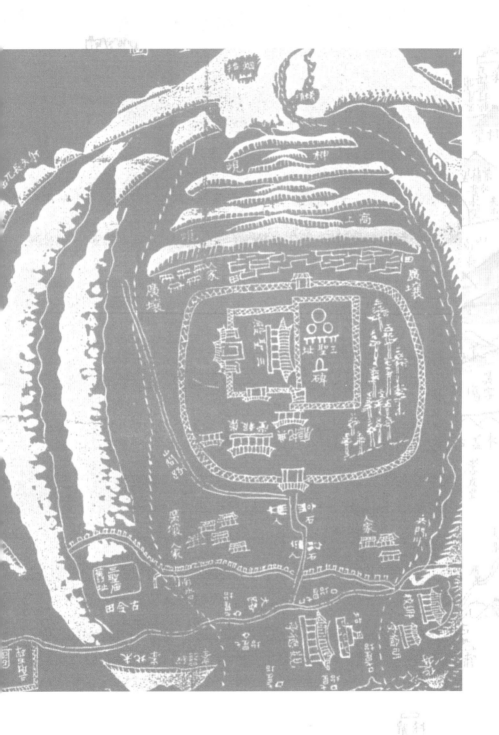

일곱 개의 별과 달을 품은
탐라 왕국

제2부
—
탐라의
별 문화

오늘의 제주문화는 어디에서 왔을까. 당연히 탐라시대로부터 면
면히 전해져 왔다. 그러나 어떤 것들은 2,000년을 헤아리는 세월
속에 잠시 제주 섬에 머물거나 사라졌고, 어떤 것들은 끈질긴 생
명력으로 척박한 땅에 뿌리를 내리며 전해 내려 왔을 것이다. 시
대의 바람은 문화의 형태와 색채도 바꾸어 놓았을 것이다. 그래서
각양각색으로 전해오는 제주문화가 언제, 어디에서부터 어떻게
변해 왔는지를 파악하는 것은 결코 쉬운 일이 아니다. 더구나 옛
풍경을 들여다볼 수 있는 사진이나 그림, 나아가 문헌 기록을 찾
아보기 어려운 상황이고 보면 더욱 그렇다.

사건을 쫓는 형사들은 현장에 남겨진 하나의 지문, 한 개의 담배
꽁초에서 사건을 해결하는 단서를 발견하기도 한다. 탐라사에 관
한 연구도 크게 다르지 않다. 한 줄의 기록, 한 곳의 발굴 현장에서
탐라사 연구를 크게 진전시키는 자료가 나오기도 한다. 인문학적
상상력도 필요하다. 합리적 추론을 통해 단절된 탐라문화의 맥을
이어나가는 노력도 필요하다. 집을 지으려면 거푸집이 먼저 세워
져야 하듯 탐라의 역사와 문화 규명에도 가설은 유용한 방법론이
될 수 있다. 문헌기록이 없다고 탄식만 해서는 안 된다. 탐라사 연
구는 가야 할 길이 멀고, 전통문화의 곳간에는 채워 넣어야 할 과
제가 많다. 제주의 전통문화는 아직도 배고프고 목이 마르다. 배고
픈 자가 먹을 것을 찾고, 목마른 자가 우물을 판다고 했다. 이 글이
목마른 이들에게 한 모금의 물이 되기를 기대한다.

'별떼목 星槎'을
타고 오갔던 탐라

밤하늘 서쪽에 펼쳐지는 은하수는 옛날이나 지금이나, 지구촌의 동쪽 마을에서나 반대편 서쪽 마을에서나, 밤하늘을 바라보는 이들에게 무한한 상상력을 별빛처럼 뿌려주었다. 지구촌 곳곳에 흩어져 있는 은하수에 관한 이야기는 숱하게 퍼져 있겠지만 그것을 다 파악할 수는 없다. 그러나 그중에서 우리는 몇 개의 빛나는 이야기를 기억하고 있다.

"넌 저 별들 이름을 잘 알 테지?"

"아무렴요, 아가씨. 자! 바로 우리들 머리 위를 보세요. 저게 '성 쟈크의 길(은하수)'이랍니다. 프랑스에서 곧장 에스파니아 상공으로 통하지요. 샤를르마뉴 대왕께서 사라센 사람들과 전쟁을 할 때에, 바로 갈리스의 성 쟈크가 그 용감한 대왕께 길을 알려 주기 위해서 그어놓은 것이랍니다.

좀 더 저쪽으로 '영혼들의 수레'와 그 번쩍이는 굴대 네 개가 보이지요? 그 앞에 있는 별 셋이 '세 마리 짐승'이고, 그 셋째 별이 바로 곁에 다가붙은 아주 작은 꼬마 별이 '마차부'이고요. 그 언저리에 온통 빗발처럼 내리 떨어지는 별들이 보이죠?"

… 우리 주위로 별들이 큰 무리를 지은 양떼처럼 조용하고 얌전히 그들의 운행을 계속하고 있었습니다. 그 순간 나는 이런 상상을 했습니다. 저 많은 별들 중에서 가장 아름답고, 가장 빛나는 별이 길을 잃고 헤매다 내 어깨에 내려 앉아 잠시 잠들어 있다고.

은하수
미항공우주국(NASA)이 홈페이지를 통해 공개한 우주 속에 펼쳐진 은하수의 경이로운 광경

이 정도의 줄거리만 들려주어도 이 글이 학창 시절 읽었던 '알퐁스 도데'의 〈별〉 이야기임을 금방 알아챘을 것이다. 그리고 프로방스 지방에 사는 어느 목동과 주인집 딸인 스테파니 아가씨를 떠올리며 학창 시절의 아름다운 기억들을 잠시 곱씹게 될 것이다. 순수함으로 빛나던 우리의 그 시절은 이제 방울 소리만 울리며 세월의 저편으로 사라졌다. 하지만 '알퐁스 도데'의 〈별〉 이야기는 언제나 우리들 마음 한 구석에 별과 같은 존재로 남아 있다.

이 글에서 흥미로운 점은 같은 별무리, 즉 은하수를 보면서 우리는 은빛으로 빛나는 강으로 인식하는 데 비해 프로방스 지방의 사람들은 그것을 마차가 다니는 우윳빛 길로 전혀 다른 상상을 하고 있다는 점이다. 그들은 그 길을 보며 '샤를르마뉴'라는 대왕이 '사라센' 사람들과 전쟁을 할 때의 전설을 풀어놓고 있다. 그리고 세 개의 별을 마차를 끄는 짐승, 또 하나의 별은 마부馬夫로 부르고 있다.

제주에도 별 이야기들이 전해온다. 견우와 직녀의 오작교 전설은 누구나 알고 있다. 여름밤이면 제주의 중산간 마을에서는 들녘에서 베어 온 촐꼴을 마당에 깔고 그 위에는 멍석을 펴 잠자리를 만들었다. 어머니는 팔베개로 아들을 안고 하늘의 별을 가리키며 '저 별은 누구 별, 그 옆에 있는 것은 누구 별'이라고 부르며 자장가 삼아 들려주곤 하였다. 그러면 멍석 밑에서 퍼지는 신선하고 향긋한 풀내음과 함께 별 이야기를 듣다 잠들곤 하였다.

다시 별 이야기로 돌아가자. 한라산의 이름은 은하를 어루만지거나 끌어당길 수 있는 산이라는 뜻이다. 단지 높은 산이라는 의미만 있는 것은 아니다.《정조실록正祖實錄》18년1794 4월 21일 기록을 보면 과거를 보기 위해 한양에 올라온 제주 유생들이 임금을 알현하는 장면이 나온다. 이들은 문곡성 등 제주에서 1차 과시에 급제한 선비들로 본과를 보러 상경했었다. 유생들을 만난 임금은 제주도 전반에 관한 궁금증을 토로하며 하문下問한다. 이때 "운한雲漢은하수을 잡을 것 같다 하여 진산의 이름을 한라산이라 붙였다 하니 (은하수를 타고) 이 산에 내려온 신선은 몇이나 되는가."라고 묻는 대목이 나온다. 당시만 해도 한라산은 신선들이 은하수를 타고 천상을 오르내리는 사다리와 같은 존재로 여겨졌던 것이다.

제주를 오갔던 이들은 한라산에 드리워진 은하수를 타고 육지로 건너가는 연륙의 교통수단으로서 '별뗏목槎'이라는 심상을 그려냈다. 그러면 '별뗏목槎'은 무엇을 뜻하며, 어디에서 유래한 것일까.

장사(張槎)는 장건(張騫)의 뗏목이란 뜻으로, 한 무제(漢武帝) 때 장건이 사명을 받들고 서역(西域)에 나갔던 길에 뗏목을 타고 황하(黃河)의 근원을 한없이 거슬러 올라가다가 한 성시(城市)에 이르러 보니, 한 여인은 방 안에서 베를 짜고, 한 남자는 소를 끌고 은하(銀河)의 물을 먹이고 있으므로, 그들에게 "여기가 어느 곳인가."라고 묻자, 그 여인이 지기석(支機石) 하나를 장건에게 주면서 말하기를, "성도(城都)의 엄군평(嚴君平)에게 가서 물어보라."고 하므로, 과연 그가 돌아와서 엄군평을 찾아가서 지기석을 보이자, 엄군평이 말하기를, "이것은 직녀(織女)의 지기석이다. 아무 연월일에 객성(客星)이 견우(牽牛), 직녀를 범했는데, 지금 혜

아려보니 그때가 바로 이 사람이 은하(銀河)에 당도한 때였도다."

라고 했다는 전설에서 온 말이다.

- 임정기 역, 한국고전번역원, 2005.

이 내용을 보면 성사는 장건張騫의 고사에서 비롯된 것으로, 장사
張槎는 장건張騫의 뗏목을 뜻하고 있다. 또 성사는 장건이 황제의 명
을 받아 뗏목을 타고 황하은하수를 한없이 지나갈 때 은하銀河의 물을
먹이는 견우牽牛와 베를 짜는 직녀織女를 만났다는 전설에서 나온 것

제주의 뗏목
연안에서 어로나 해조류를 채취할 때 사용되는 배다. 바다를 건너는 제주 고유의 전
통배 '테우(뗏목)'처럼 하늘 위에는 은하수 위를 타고 제주를 오갈 수 있는 '별뗏목'을
상상해 냈다.

임을 알 수 있다. 따라서 성사는 은하수를 타고 가는 별뗏목이라는 뜻과 황제의 명을 받고 신하가 떠나는 사행使行의 의미를 함께 갖는 중의적 표현이라고 할 수 있다. 그러면 성사別뗏목라는 말은 어떤 경우에 쓰였을까. 그런 궁금증에 대한 답은 조선시대 문인들이 남긴 시문에서 실마리를 찾을 수 있다.

> 아득한 방장산(註: 영주산의 오기) 바다는 하늘과 잇닿았느니
>
> 인간 세상에서 이 길은 삼천리나 먼 곳
>
> 가을바람 속 옥절은 봉래산 저 편으로 가고
>
> 팔월이라 성사(星槎)는 여기 한강 가에 떠 있어라
>
> 맑은 새벽 구름을 제치고 절정에 올라서
>
> 요단에 벽옥을 올리고 신선들에게 절하리
>
> 돌아올 때는 자세히 금단의 비결을 배워
>
> 나의 고단한 인생 만겁의 인연을 씻어주오

> 方丈茫茫海接天 人間此路隔三千 秋風玉節蓬山外 八月星槎漢水邊
>
> 淸曉披雲登絕頂 搖壇奠璧拜群仙 歸時細學金丹訣 洗我勞生萬劫緣

이 시는 선조시대1567~1608년 안무어사로 탐라에 파견되는 김숙도金叔度를 보내며 스승인 월하月下 선생이 쓴 시 두 편 중의 하나다. 이때 제주에 역옥逆獄이 발생하자 조정에서 특명을 내려 위무하러 오게 된 것이다.

성사가 사행을 뜻한다면 한양에서 다른 지역에 어사를 파견할

때도 성사가 등장하는가. 자료를 검색해 보면 임금의 명을 받아 육지부의 다른 지방으로 떠날 때 성사라는 글이 사용된 용례는 찾아볼 수 없다. 그러나 제주와 관련되어 쓰인 사례는 몇 편의 글에서 찾아볼 수 있다. 이는 우리나라의 지리적 여건을 볼 때 배를 타고 먼 바다를 건너가야 하는 제주를 오갈 때만 쓰인 것으로 이해된다.

그런 점에서 1601년 안무어사로 제주를 찾아왔던 김상헌金尙憲이 남긴《남사록南槎錄》과 그 속에 수록된 시문은 소중한 자료다. 먼저 책의 제목부터 예사롭지 않다.《남사록南槎錄》은《南(星)槎錄》의 준말이라고 볼 수 있다. '임금의 명을 받아 사행使行을 떠났던 기록'이라는 의미와 '남쪽으로 별뗏목星槎을 타고 갔던 기록'이라는 두 가지 의미를 내포하고 있다. 이는《남사록南槎錄》에 실린 시에서도 엿볼 수 있다.

하늘 끝 해 저물고 양생일(陽生日)이 되었는데
바다 밖 제주에서 이 사람은 향수병 일어나네.
하얀 목에 새로 나는 흰 머리 막을 길이 없으니
반가운 눈빛으로 옛 친구를 어찌 마주 보겠는가.
고사(孤槎)는 환하게 우두성(牛斗星)에 다가서고
왕교(王喬)처럼 이 내 몸 임금 계신 궁궐과 멀리 떨어졌네.
서글퍼라 이 좋은 날 홀로 의지할 데 없으니
술잔 앞에 한번 웃고 서진(西秦)을 향하네.

이 시에 나오는 '고사孤槎: 외로운 뗏목'에 대해 여기서는 '별뗏목'을 지칭하며, 우두성牛斗星은 견우성과 북두칠성을 의미한다고 풀이하고 있다. 윤치부,《제주관련 표해록에 나타난 해양인식》, 2016.

따라서 청음은 《남사록南槎錄》의 제명을 성사星槎의 두 가지 의미로 함께 표현한 것으로 보인다. 이러한 용례는 제주를 다녀간 신광수申光洙의 《탐라록》에 구체적으로 보인다.

남루(南樓)에 달 밝고 파도소리 요란한데

하늘 저 밖에 누가 알랴, 이 섬에 있는 줄을

방아 찧는 여인들의 구슬픈 노랫소리 성가퀴에 메아리치는데

수군(水軍)의 고각소리에 영문(營門)이 닫히네

성사(星槎)* 타고 온 한양 사신 돌아갈 기약 없이

가죽 옷에다 남방의 어지럽고 괴이한 언어

서울소식 오지 않아 자주 북쪽 바라보며

장기(瘴氣)로 어두침침한 봄 절기를 반이나 견뎌왔네.

南樓明月海濤喧　　天外추 知此島存

春女悲歌搖石堞　　水軍孤角閉營門

星槎漢使無歸日　　皮服蠻方雜異言

京信不來頻北望　　可堪春半瘴昏昏

이 책은 조선조 영조 때 시인 석북石北 신광수申光洙: 1712~1775가 1764년 의금부도사로 죄인을 압송하고 제주에 왔다가 풍랑으로 40여

일을 머물며 동행한 이익李瀷, 서리 박수희朴壽喜와 함께 읊은 시들을 모은 것이다.

《탐라록》에 실린 시에는 구체적으로 '성사'가 등장하고 있다. 이는 임금의 명을 받아 사행에 나섰던 이가 쓴 시문이라는 점에서 주목할 만하다. 즉, '별뗏목을 타고 온 한양 사신'이 돌아갈 기약 없이 서울 소식을 기다리며 자주 북쪽 바다를 바라보고 있다는 뜻이다.

탐라를 오갈 때만 '성사星槎'라는 표현이 등장하는 것은 무엇 때문인가. 그것은 탐라가 멀리 떨어지고 파도가 거세 쉽게 오갈 수 없는 험한 지리적 요인에 기인한다고 보인다. 이와 더불어 문장가로서 글을 맛깔스럽게 묘사하려는 의도에서 쓰인 것으로 여겨진다. 더구나 탐라는 은하수를 어루만지고 끌어당길 수 있는 한라산이 펼쳐지고, 신선들이 은하수를 사다리 삼아 오르내리는 곳이 아니던가. 탐라는 한때 독립왕국이었던 곳으로 한반도의 또 다른 이역異域이었다. 그렇다면 탐라는 장건이 황제의 명을 받아 뗏목을 타고 황하은하수를 끝없이 헤쳐 나갔던 고사와 너무나 절묘하게 맞아떨어지는 무대가 아닐 수 없다.

탐라는 한양에서 3천 리 떨어진 절해고도로서 쉽게 찾아갈 수 없는 험한 해역이었다. 자칫 거센 파도에 밀려 자신의 안위를 담보할 수 없는 위험 가득한 사행임을 모르지 않는다. 그러나 그곳은 누구나 한 번쯤 모험을 하며 찾아가고 싶은 묘한 매력이 넘치는 이역異域이기도 했다. 여기에 한라산은 은하수를 어루만지고 끌어내릴 수 있는 산이라고 하지 않는가.

산방산 위의 은하수
제주 사람들은 한라산 위에 드리워진 은하수를 보며 '별뗏목'을 타고 육지부를 오가
는 모습을 심상 속에 그려냈다.

  제주 사람들은 한라산을 어떤 시각으로 바라보았을까. 강사공^姜^{師孔}의 시를 통해 당시 제주 선비들의 한라산에 대한 심상^{心想}을 읽을 수 있다. 강사공^{1772~1863년}은 대정향교 훈장을 역임하는 등 대정 유림 발전에 힘을 쏟았으며, 문장이 뛰어났다고 한다. 대정에 유배 와 있던 추사^{秋史} 김정희^{金正喜}를 찾아가 '의문당^{疑問堂}'이란 해서체의 글씨를 받아 대정향교의 동재^{東齋} 현판으로 걸어놓은 인물이다. 다음은 강사공의 장편 시 〈한라산부^{漢拏山賦}〉의 일부분이다.

  한라(漢拏)라고 한 것이 그럴듯하지 않은가

  맑은 은하수가 스스로 가까워서

  한라산과 그 상이는 한 치도 못 되어서

직녀가 머리를 감고

앉아서 쪽 지을 수 있을 듯한 것은

저 은하수가 낮게 있는 것이 아니라 이 산이 높기 때문이라네.

- 강사공의 〈한라산부(漢拏山賦)〉 중에서, 오문복 역.

놀라운 상상력이다. 직녀가 강물처럼 흐르는 은하수 가에서 머리를 감고 앉아서 쪽을 짓는 모습을 심상으로 그려내고 있으니 말이다. 마치 은하수가 흐르는 곳에 한라산을 디딜팡^{디딤돌} 삼아 은하수물에 머리를 감는 여인을 연상하고 있다. 이는 장건이 은하수 가에서 소에게 물을 먹이는 견우를 만나는 장면과 오버랩된다. 어마어마한 상상력을 천연덕스럽게 표현하고 있다. 그래서 한라산은 그 기

한국해양문학의 백미라고 상찬받는 장한철의 표해록과 그 내용
오른쪽은 《신증동국여지승람》에 실려 있는 한라산에 관한 설명으로 "한라산: 주 남쪽 20리에 있는 진산(鎭山)이다. 한라(漢拏)라고 말하는 것은 운한(雲漢·은하)을 나인(拏引: 끌어당김)할 만하기 때문이다."라는 글이 실려 있다.

슭에서 살아온 제주인들이나, 삼천리 건너 구중궁궐에 사는 이들 누구에게나 상상력을 펴게 했던 공간이며 끝없는 사유의 지평이었다.

장한철張漢喆의 《표해록》에도 성사에 관한 글이 등장한다. 1770년영조46 12월 25일 장한철張漢喆과 김서일金瑞一 등은 과거를 보러 서울로 가다가 풍랑을 만나 유구琉球의 호산도虎山島에 표착하였다. 그 뒤 안남安南을 거쳐 다시 청산도에 표착하는 등 우여곡절 끝에 서울에 도착하지만 과거에 낙방하고 고향에 돌아온다. 고향 제주에 돌아온 장한철은 이 표류 사실을 《표해록》으로 남기고 있다.

> 바다란 것은 그 크기가 겉이 없을 정도여서 하늘과 땅을 삼키듯 싸고 안고, 해와 달을 거꾸로 세우며 주애천허(朱崖天墟: 중국의 남쪽 끝에 있는 해남도의 동반부 이름)로써 남북의 애안(崖岸)으로 삼고, … 나로 하여금 만약 장건(張騫)의 뗏목만 얻게 한다면, 그것으로 가히 강의 근원으로 거슬러 올라가 은하(銀河)에 도달할 수 있겠고, 만약 산옹(山翁)의 잎을 얻어 탄다면 가히 만 리를 눈 깜짝할 새 달려 고향에 닿을 수 있겠으나 어찌 그런 이치가 있으리요. 어찌 그런 술책이 있으리요. 오직 꼼짝하지 못하고 죽음을 기다릴 뿐이다.

눈길을 끄는 것은 지구의 남쪽과 북쪽 끝을 '주애천허'로 보고 있으며, 동쪽과 서쪽 끝을 '석목 유사'로 보고 있다는 점이다. 이는 천원지방天圓地方, 즉 하늘은 둥글고 지구는 평평한 것으로 보는 인식이 당대 지식인들에게 남아 있었음을 드러내는 것이다. 뿐만 아니라 한무제漢武帝 때 장건張騫이 사명을 받들고 서역에 나갈 때의 고사를 꺼내고 있다. 뗏목을 타고 황하의 근원을 한없이 거슬러 올라가다가 은하수에 올라가 견우와 직녀를 만나고 지기석支機石을 가지고 돌아왔다는 이야기를 사공들에게 들려주고 있다. 이는 성사에 관한 고사가 당시 제주의 선비들 사이에 공유되고 있었음을 보여주는 것이다.

조선시대 왕의 어명을 받아 떠나는 배를 성사라고 불렀던 용례는 탐라를 오갈 때만 쓰였던 것으로 보인다. 그것은 탐라가 아득히 먼 곳에 있는 미지의 영역인 데다 은하수를 끌어당길 수 있다는 의미의 이름이 붙어 있는 한라산이 있기에 오랜 생명력을 갖고 선비들의 마음 속에 남아 있을 수 있었다. 실제로는 배를 띄워 거친 제주해협을 오가면서도 심상 한 구석에는 한라산과 육지를 잇는 은하수를 따라 별뗏목성사을 타고 건너가는 이야기를 상상으로 풀어내 왔던 것이다.

그러나 과학의 발달과 더불어 연륙 교통수단이 다양화하면서 신비로움은 봄눈 녹듯이 베일을 벗었고 한라산, 탐라에 관한 신화와 전설을 보는 성정도 팍팍해지고 있다. 그런 세태를 안타까운 시각으로 보았던 이들의 눈빛을 기억할 필요가 있다. 한말 비운의 시대를 살다 간 제주 선비인 경암敬庵 오방열吳邦烈: 1853~1911이 남긴 시 '은하銀河'가 바로 그렇다. 그는 장건張騫을 장선張仙이라 부르고 있다.

　　푸른 하늘 맑기가 티 없는 물과 같고
　　또렷한 은하줄기 하얗기는 은과 같아

가엾어라 장선이 돌아가버린 후엔

뗏목 타고 은하 오를 사람 다시 누구던가

靑天如水澹無塵

倬彼河流白似銀

可惜張仙婦去後

乘槎上漢更何人

- 백규상 역, 동양문화연구소 번역총서 5 《삼오시집》, 제주문화, 2003.

때때로 밤하늘을 보면 거친 풍랑처럼 휘감아 달려드는 구름을 헤치며 나아가는 별들이 보인다. 어릴 적 즐겨 불렀던 '반달' 속에 나오는 '푸른 하늘 은하수'를 타고 가는 하얀 쪽배도 이러한 밤하늘을 보며 떠올린 착상인지도 모른다. 돛대도 아니 달고 삿대도 없이 떠가는 쪽배가 초승달이든 별들이든 그것은 하늘의 은하수를 타고 흘러가는 '별뗏목星槎'들이다.

프로방스 지방의 사람들이 그것을 마차나 전차戰車가 다니는 우윳빛 길로 상상할 때 탐라를 오가는 선비들은 '별뗏목'이 오가는 은하수로 여겼다. 이러한 상상력은 성사를 통해 한양에서 내려온 관리들과 제주의 선비들에게 오랫동안 공유되며, 우리들에게 전해지고 있다.

이는 탐라도성을 북두칠성의 형태로 설계하였음을 보여주는 칠성대와 은하를 끌어당겨 '별의 나라'를 만들고자 했던 열망이 빚어낸 한라산이라는 이름처럼 별과는 특별한 인연이 있는 제주섬에 유산으로 남겨졌다는 점에서 놀랍고 기쁜 일이다.

이제 별뗏목을 타고 은하수를 건너갔던 그 하늘에는 비행기가 구름을 헤치며 날아간다. 이 시대의 또 다른 별뗏목들인가. 비행기를 타고 제주로 오는 이들에게 성사를 소개하는 짧은 글을 나눠 준 뒤 이런 멘트는 어떨까. "여러분을 모시고 가는 별뗏목은 잠시 후 '별나라'인 제주국제공항에 도착하게 됩니다~."

〈문전본풀이〉는
탐라의 칠성신화인가

아득히 먼 옛날부터 사람들은 밤하
늘에 빛나는 별에게 삶의 무사안녕과 복을 기원하고 앞으로 다가
올 미래의 길흉을 점쳐 왔다. 이러한 별에 대한 특별한 관심과 기
원은 인류의 보편적 문화현상이었다.

우리 조상들이 특별히 아꼈던 별자리로는 북극성·북두칠성·삼
태성·문창성·남두육성·노인성·견우성·직녀성 등 다양하다. 이러
한 별에 관한 관념은 제주의 창세본풀이에도 그대로 반영되고
있다.

… 천지혼합으로부터 말하자. 천지혼합부터 말하자면 천지혼합
시 그 시절에는 하늘과 땅이 경계가 없어 사면이 캄캄하여 있을
때 천지가 한 묶음이 되어 있습디다. 천지가 한 묶음이 되어 있을

때 개벽을 하게 되었는데 비로소 세상의 시초가 되옵니다. 개벽
의 시초부터 말하자. 개벽의 시초 때 하늘은 자방으로 열리고, 땅
은 머리를 열어올 때는 갑자년 갑자월 갑자일 갑자시였는데, 하
늘 땅 사이가 떡징같이 틈이 벌어졌습니다. 삼경이 넘어 천지가
시작될 때를 말하면, 하늘에서 청이슬이 내리고 땅에서 흑이슬,
중앙에서는 황이슬이 내려 서로 합해질 때, 천지인황이 시작됨을
말하자. 인황이 시작됨을 말하니, 하늘에서 동으로 청구름, 서로
는 백구름, 남으로는 적구름, 북으로는 흑구름, 중앙에서는 황구
름이 떠올 때에 수성이 시작되었음을 말하자. 이 하늘에서 천황
닭이 목을 틀고, 인황닭이 꼬리를 칠 때, 갑을동방이 잇몸을 들어
먼 동이 틀 때 동쪽에서 별이 시작됨을 말하자. …

　　탐라 선인들은 탁월한 상상력을 가졌던 이들이었다. 개벽의 새
날이 오기 전 하늘과 땅은 경계가 없이 한 묶음처럼 엉겨 붙어 있
었다. 어떻게 세상이 처음 열리는 상황을 이렇게 환상적으로 그려
낼 수 있단 말인가. 눈을 감으면 그때의 풍경이 그려질 듯하다. 하
늘에선 청이슬, 땅에서는 흑이슬, 중앙에서는 황이슬이 떨어지더
니 곧이어 낮은 곳으로 흘러내리며 합류하기 시작한다. 흐르는 물
은 깊은 골짜기를 이루고 하늘과 땅 사이가 마치 시루떡처럼 곱^경
^{계와 구분}이 생겨나며 천지인황도 이때부터 시작되었다. 천지개벽은
장엄한 오케스트라처럼 시작된다. 하늘에는 동·서·남·북, 중앙에
다섯 가지의 구름이 생겨나 흐르더니 곧 천황 닭이 목을 틀고, 인
황 닭이 꼬리를 치며 개벽을 알리게 된다.

초감제의 본풀이는 계속 이어진다.

　　… 이 하늘은 청청 맑은 하늘이었습니다.

　　땅은 백사지(白沙地) 땅이었습니다.

　　밤도 껌껌한 일목궁(日目宮)이 시절이었습니다.

　　제토성(諸土星)도 없던 시절이었습니다.

　　해와 달이 없던 시절이었습니다.

　　제토성(諸土星)이 솟아나기 시작하는데

　　동에는 동산 새별 부풀어 오르고

　　서에는 하얀 별이 부풀어 오릅니다.

　　남방에는 노인성(老人星)이,

제주 큰굿
성읍민속마을에서 재연되었던 제주 큰굿의 한 장면

북에 가니 북두칠성이 부풀어 오릅니다.

원성군, 진성군, 목성군,

강성군, 기성군, 개성군,

대성군 가운데

삼태육성, 섬이성, 직녀성,

타광성, 녹디성, 박옥성, 황토성,

밤중 새별 이십팔수

스물여덟 토성

도읍(都邑)으로 제이르자

천지음양 도읍으로 제이르자

…

　제주는 별에 관한 사유가 많은 섬이다. 제주 큰굿에서 구연되는 초감제 본풀이는 탐라인들의 심상으로 그려낸 창세의 그림이며, 탐라시대부터 불렸던 대 서사시의 흔적들이다.

　탐라시대에 축조된 칠성대와 그 앞에서 치러졌던 탐라국제耽羅國祭도 탐라의 지배이념이나 신앙을 대중에게 전파시키는 장치이자 연희였을 것이다. 조선시대에 모든 의례를 유교식으로 바꾸어 나갔던 것처럼 탐라시대에도 지배계급의 칠성신앙을 백성들에게 퍼뜨려 나가기 위한 유사한 발상과 행위가 있었을 것이다. 지금도 제주의 명절과 제사에 전승·재연되는 문전제門前祭는 탐라와 조선시대의 제의가 어떻게 바뀌며 제주사회에 수용되었는지를 보여주는 사례라고 할 수 있다.

문전상과 명절상 차림
필자의 집안에서 치러지는 문전제의 모습으로, 본제를 지내기 전 문 앞에서 단출하게 지낸다. (왼쪽) 본제를 위한 제상이 안방에 모셔지고, 바깥에는 문전제를 지내기 위한 제물이 차려져 있다. (오른쪽)

문전제는 유교식 제의에 앞서 마루에서 문을 향해 드리는 제사다. 조선시대 이전에는 무식^{巫式}으로 치러졌을 것이다. 그러다 새로운 왕조가 들어선 뒤 강요로 도입된 유교식 의례와 합쳐져 현재에 이르고 있다고 볼 수 있다. 문전제는 가옥의 수호신인 문전신^{門前神}을 위하는 제례다. 제주속담에는 "문전신 모른 공시 엇다."라는 말이 있다. 문전신이 모르는 공사는 없기 때문에 집안에서 행하는 모든 일은 먼저 문전신에게 고^告한 뒤 하라는 뜻이다. 때문에 명절·제사 때만 아니라 혼사가 있을 때도 제물을 차려 무사히 혼례를 올리고 앞으로 꾸려나갈 가정에 복을 내려달라고 빈다. 그렇다면 문전신은 어떤 존재이며, 왜 제주에서는 문전신을 중히 여겨 왔는가. 그 신앙은 어디에서 왔는지 〈문전본풀이〉를 통해 그 의미를 추적해 보자.

《제주민속사전濟州民俗事典》에는 문전본풀이에 대해 "집안을 수호하는 문신門神에 대한 설화다. 문신에게 기원하는 제의나 집안에서 하는 굿에는 반드시 문전본풀이가 들어간다. 문전본풀이는 문신의 내력담일 뿐 아니라 조왕신·측간신·주목지신·오방토신의 내력담이기도 하다."라고 기술하고 있다.

> 문전신은 〈문전본풀이〉에 나오는 남신이다. 남선비와 여산부인의 일곱째 아들 녹디셍이는 영리하고 예시 능력이 뛰어났다. 노일저대가 어머니를 죽이고 변장하여 아버지와 나타났을 때 녹디셍이는 한눈에 척 악녀의 본색을 알아본다. 악녀에게 넘어간 아버지가 자식들을 죽이려 하자 기지를 발휘하여 구해내며, 마침내 노일저대의 악랄한 가면을 벗겨내고 징치한다. 악녀 노일저대는 변소에 목을 매어 측간귀신이 되고 아버지는 겁결에 올레로 내닫다가 죽어 정주목신이 된다. 마침내 배를 타고 형들과 함께 바다 건너에 있는 오동나라에 가서 어머니의 시신을 찾아내어 환생시킨다. 어머니의 살이 썩은 흙이 아까워서 떠내어 시루를 만들고 늘 추위를 타는 어머니를 따뜻한 부엌의 조왕할망으로 좌정시킨다. 이후 녹디셍이는 집안을 수호하는 문전신이 되고 형들은 집의 오방을 방위하는 신이 되었다.

《제주민속사전濟州民俗事典》에는 막내인 '녹디셍이'를 집안을 수호하는 문신門神으로, 나머지 형들은 오방을 방위하는 신으로 풀이하

성읍민속마을의 1980년대 걸궁놀이
매년 정월이 되면 마을의 모든 집을 찾아다니며 악귀를 몰아내고 집안에 복이 깃들기를 기원한다. (강만보 사진)

고 있다. 반면 육지부의 〈칠성풀이〉는 일곱 형제를 북두칠성으로 보고 있다. 제주에서도 일곱 형제를 북두칠성으로 여기는 또 다른 문전본풀이가 나타난다는 점을 주목할 필요가 있다. 다음은 악녀 '노일저대'에 대한 징치가 이루어진 뒤의 상황을 여무女巫 이춘아서귀읍 서홍리가 구연한 문전본풀이를 채록·정리한 내용이다.

… 결국 노일저대는 동티귀신이 되고, 여산부인은 조왕할망(조왕신), 남선비는 문전하르방(문전신), 큰아들은 올레의 주목대신(柱木大臣: 정주목신)으로 들어서게 되었고, 남은 여섯 형제는 주목신이 된 큰형의 영혼을 갖고 하늘에 올라가서 북두칠성이 되었다. …
- 진성기,《제주도 무가본풀이사전》, 민속원, 2016, 111~146쪽.

남선비가 문전신이 되고 일곱 형제가 북두칠성이 되었다는 내용은 남무男巫 신명옥표선면 표선리의 본풀이에서도 보인다. 남선비는 문전 아방, 아들 일곱은 북두칠성으로 나타난다. 이러한 다양한 본풀이가 전승되고 있다는 점에서 문전신을 녹디셍이로, 나머지 형제들은 정주목신, 오방신五方神만으로 해석하는 것은 무리가 있다. 이는〈문전본풀이〉와 유사한 서사무가인〈칠성풀이〉가 육지부에서 널리 전승되고 있다는 점에서 더욱 그렇다.

그러면 육지부의〈칠성풀이〉는 어떤 내용을 담고 있는지 간추려 옮긴다.

천상의 칠성대왕이 지상의 매화부인과 혼인하여 오래도록 자식이 없자 기자 치성을 드린 뒤 한꺼번에 아들 일곱을 낳는다. 그러나 칠성대왕은 매화부인을 소박하고 천상의 옥녀부인에게 다시 장가를 간다. 매화부인은 아들 칠 형제를 키워 글공부를 보냈다. 그런데 아이들은 아비 없는 자식이라고 놀림받자 어머니에게 물어 아버지를 찾아 천상에 가서 부자 상봉하게 된다. 옥녀부인은 전처 아들 칠 형제를 살해하려고 점쟁이와 몰래 짜고 꾀병을 앓는다. 칠성대왕이 옥녀부인의 병에는 산 사람의 간 일곱 개가 약이라는 점쟁이 말을 듣고 아들 칠 형제와 의논하여 칠 형제의 간을 꺼내려 했으나 금사슴이 대신 간 일곱 개를 주면서 옥녀부인의 동정을 살피라고 한다. 옥녀부인은 간을 받아 먹는 척만 하고 버린 뒤 병이 나았다고 큰 잔치를 벌인다. 이때 칠 형제가 나타나서 하늘의 심판을 청하자 하늘에서 옥녀부인을 응징하여 죽인다. 칠성대왕과 아들 칠 형제는 다시 매화부인을 찾아온다. 매화부인은 이미 죽었으나 일곱 형제의 도움으로 되살아나고 일곱 형제는 칠성신이 된다.

이처럼 육지부의 〈칠성풀이〉는 제주의 〈문전본풀이〉 줄거리와 유사하다. 〈칠성풀이〉는 지역에 따라 그 명칭이 〈살풀이〉, 〈성신굿〉, 〈칠성풀이〉, 〈문전본풀이〉로 각기 다르다. 하지만 이들 굿과 본풀이 간에는 친연성親緣性이 드러난다.

> 〈칠성풀이〉는 함경도에서 살을 풀어주는 유래담으로, 전라북도와 충남지역에서는 칠성신(七星神)의 유래담으로, 그리고 제주에서는 문신(門神)의 유래담으로 전승되고 있다. 그러나 문학적 측면에서 이야기를 검토하면 〈칠성풀이〉, 〈살풀이〉, 〈성신굿〉, 〈문전본풀이〉는 모두 하나의 서사 유형으로 파악된다.
>
> - 김만태, 〈성수신앙의 일환으로서 북두칠성의 신앙적 화현 양상〉, 《동방학회지》, 2012, 133~173쪽.

제주의 제사와 명절상에서 특이한 점은 떡 차림에 있다. 여기에는 우주를 상징하는 떡들이 진설된다. 땅과 밭, 해와 달, 구름 등과 함께 북두칠성을 표현하고 있는 떡들이 하나의 큰 접시에 차례로 쌓아 올려진다. 이러한 떡 문화는 육지부는 물론 일본과 중국에서도 찾아보기 어렵다는 점에서 주목할 필요가 있다.

그럼 제주의 떡들을 살펴보자. 시루에 찐 떡은 땅地을 상징한다. 사각형으로 만든 인절미는 밭田이라 하고, 쌀로 2개 붙여 찍은 절변은 해陽를 상징한다. 쌀로 둥글게 하여 반으로 나눈 것을 '반착곤

제주의 제사·명절상에 올려지는 떡들
우주 천체의 형상을 반영하고 있다. 해떡, 별떡, 반달떡(왼쪽 하단에서 시계 방향)과
함께 맨 밑에는 땅을 상징하는 시루떡이 진설되고, 가장 위에는 북두칠성을 상징하
는 일곱 개의 별떡이 올려진다. (강문규 사진)

떡'이라 하는데 달^{月}을 나타낸다. 또 쪽파에 계란이나 밀가루로 만
든 전^{煎}은 구름이라 보고, 쌀이나 찹쌀로 가장자리를 뾰족하게 만
든 것은 '지름떡'이라 부르는데 별^{星}을 뜻한다.

　떡들을 보면 형태적으로도 천체를 상징하고 있음을 알 수 있다.
시루떡은 팥고물을 얹어 땅의 형태와 색을 띠고 있다. 네모난 모양은 천원지방天圓地方 즉 '하늘은 둥글고 땅은 네모'라는 고대의 우주관을 반영하고 있다. 해와 달, 별들은 모두 동그란 구형球形이지만 해는 해무리가 해를 둘러싼 형태로, 달은 반달, 별은 가장자리에 발산하는 빛을 새김으로써 그 상징을 다르게 표현하고 있다. 떡을 진설할 때 북두칠성을 뜻하는 별떡을 맨 위에 올리는데, 창세본풀이에 등장하는 대사처럼 '별이 먼저다.'라는 의식을 반영하는 것으로 여겨진다.

이러한 제주의 제사떡이 자생적인 것인지, 외래문화의 전파수용에 의한 것인지, 외부문화의 전파수용에 의한 것이라면 그 시기가 언제쯤인지는 아직 밝혀지지 않고 있다. 중요한 점은 그것이 자생적이든, 외래문화의 수용에 의한 것이든 탐라시대부터 현재까지 천체와 관련된 제주인들의 우주관을 보여주는 또 하나의 소중한 별 문화라는 사실이다.

흥미로운 점은 떡을 고일 때 가장 위에는 일곱 개의 별떡을 올린다는 점이다. 이러한 떡 차림은 땅으로부터 하늘의 해와 달과 별을 순서대로 진설하여 우주를 형상화하고 있다. 제사·명절상이 돌아가신 조상이나 집안을 지키는 수호신을 기쁘게 하기 위해 차리는 음식이라면 떡 중에서 가장 위에 일곱 개의 별떡을 올리는 것은 흥미로운 대목이다. 그것은 일부 문전본풀이에서 집안 수호신으로 북두칠성을 이야기하는 것과 맥락이 닿아 있다고 보기 때문이다.

지금은 거의 사라진 풍경이지만 30~40년 전만 해도 시골에 가면 시루떡을 찌며 하얗게 피어나는 수증기를 볼 수 있었다. 〈문전본풀이〉에는 시루가 어떻게 만들어 졌는지에 관한 이야기도 깃들어 있다. 이는 〈문전본풀이〉의 후반부에 등장하는 삽화다.

> … 후(後)에 남선비 아들들 일곱 형제는 하늘로 올라가 북두칠성이 되어 삼천궁녀와 선녀들을 모두 내려오도록 하여 그 연못의 물을 바가지로 죄다 퍼내도록 하였다. 그들 어머니의 시체는 못 속에 뼈만 앙상히 남아 있었다.
>
> 일곱 형제는 제 어머니의 뼈를 추려 감장하고 그 밑의 흙을 긁어모아 시루를 만들었다. 일곱 형제는 차례로 한 구멍씩 시루의 구멍을 뚫으면서 어머니의 영혼에다 말하였다. "어머니는 그동안 추운 물속에서 얼마나 고생이 되셨습니까. 이제부터는 따뜻하게 부엌의 조왕할머니로 들어서시어 떡시루나 익혀 줘서 얻어 자시면서 사십시오." 이리하여 남선비 본부인은 일곱 형제나 되는 아들들의 보살핌으로 말미암아 부엌의 따뜻한 조왕할머니가 되었다.
>
> - 진성기, 《제주도무가본풀이사전》, 103쪽.

제주의 명절·제사상은 가문가례에 따라 차이가 있지만 문전제를 먼저 지내는 일은 대부분 그대로 지켜지고 있다. 문전제가 끝나면 제사 음식의 일부를 따로 마련한 뒤 조왕 할망^{부엌神}에게 먼저 바친다. 그다음 유교식 제의가 시작되는데 상은 큰 상과 작은 상으로 나누어 차려진다. 큰 상에는 본제를 치르는 음식이 차려지는데 앞서 언급한 떡과 함께 채소로 고사리와 콩나물이 올려진다.

2013년 한식 때 강인필^{서귀포시 표선면 성읍리, 2013년 당시 79세} 옹을 만나 이에 대해 듣게 되었다.

그분은 제사상에 차려진 음식과 그 의미를 알려주었는데 먼저 우주를 모방한 떡들을 올리는 이유는 조상들에게 생전에 보았던 세상을 보여주고자 하는 의미라고 했다. 제사상에 반드시 차려지는 고사리와 콩나물에 대해서도 설명하였다. 고사리는 한 곳에서 아홉 번^{열두 번을 꺾는다고도 한다}을 꺾는 것처럼 자손들이 죽어도 죽어도 계속 태어나며 이어지고 있음을 뜻하는 것이라고 하였다. 콩나물은 시루 속의 콩나물처럼 크게 가문이 번성하고 있다는 것을 나타내는 의미라고 했다. 제사 때 오신 조상^{귀신}으로서는 매우 흡족할 만한 보고^{報告}를 음식 진설로 표현하고 있는 것이다. 그래서 제주^{祭主}가 "흠향하소서."라고 고하는 것은 단지 맛있는 음식을 성대하게 차렸기 때문이 아니라 후손들이 번성하여 잘살고 있으니 기쁘게 드시라는 의미라고 덧붙였다.

이를 통해 고대부터 형성되어 온 제주 사람들의 우주관과 성신 신앙의 편린을 엿볼 수 있다. 더불어 거친 바다와 드센 바람이 부는 들녘을 가꾸는 삶 속에서도 하늘에 가정의 평안을 기원하며 살아갔던 선인들의 정신세계를 헤아려 볼 수 있는 대목이다.

칠성의 옷을 입은
제주의 뱀신앙

민속학 측면에서 칠성은 북두칠성을 신격화한 성신星神을 일컫는다. 오랜 세월에 걸쳐 도교와 유교의 천체 숭배사상과 영부靈符신화가 조화를 이루며 전래된 신격을 말한다. 도교에서 칠성은 인간의 길흉화복을 맡았다고 하여 칠성여래七星如來, 칠아성군七牙星君이라고 한다. 주로 수명장수, 소원성취, 자녀성장, 평안무사 등을 비는 신이다.

사찰 내에도 칠성신을 모시는 공간이 있다. 칠성각(七星閣)이 그것인데 칠성신이 완전히 불교적으로 토착화되었음을 보여주고 있다. 북두칠성에 관한 관심은 유라시아대륙의 거의 모든 민족들이 가지고 있지만 칠성각은 유독 한국에만 존재한다는 점에서 주목할 만하다. 중국이나 일본 같은 다른 나라 불교에서는 찾아볼 수 없는 우리만의 독특한 문화이기 때문이다.

- 강소연, 《잃어버린 문화유산을 찾아서》, 부엔리브로, 2008, 152쪽.

이처럼 사찰에 칠성각이 배치된 것은 불교가 유입될 당시에 민간에 산신신앙과 칠성신앙이 널리 퍼져 있었기 때문으로 해석된다. 불교의 토착화를 꾀하기 위해서는 무엇보다 칠성신앙을 수용해 불교로 포섭해야 할 필요성이 있었던 것이다. 칠성각을 사찰의 중심 공간인 대웅전 뒤에 배치함으로써 칠성신을 신앙하는 비불자非佛者들이 대웅전 앞으로 드나들면서 자연스럽게 불교에 동화되기를 바라는 전략적 의도에 의한 것임을 미루어 짐작할 수 있다.

칠성신은 인간의 수명과 죽음을 관장하는 신으로 여겨져 왔다.

칠성신앙
육지부에서는 장독대 곁에 칠성을 모셔 비념한다.

전통상례에서 관 위에 혹은 바닥에 칠성판을 까는 풍습도, 육신의 넋은 땅으로 돌아가고 얼은 고향인 북두칠성으로 돌아간다고 믿었던 칠성신앙의 표현이다. 칠성신을 모시는 공간도 가정을 비롯하여 마을 주변, 사찰, 의례 속에서 나타난다. 가정에서의 칠성신앙은 장독대에 정화수 그릇을 올려놓고, 자손들을 위해 칠성님께 비손하는 형태를 취한다.

제주지역의 칠성신은 육지부와는 확연히 다르다. '안칠성', '밧칠성'이라며 모시는 칠성신이 있는데, 신체神體가 북두칠성이 아닌 뱀이기 때문이다. 육지에서도 뱀구렁이은 재복을 관장하는 업신業神의 하나로 모시는 사례가 있다. 하지만 칠성신을 뱀신과 결부시켜 모시는 경우는 제주지역이 유일하다. 이것만이 아니다. '제주 큰굿' 등에서 지금도 전승되고 있는 칠성본풀이 역시 이름은 같지만 내용은 육지부의 그것과는 성격이 다르다. 육지부의 칠성풀이가 일곱 형제가 북두칠성이 되는 신화를 담고 있다면 제주의 〈칠성본풀이〉는 일곱 뱀신이 제주에 표착한 뒤 곳곳에 신으로 좌정하는 과정을 다루고 있다. 육지부와는 성격이 판이한 칠성신앙과 뱀신의 내력을 풀어내는 제주의 칠성본풀이는 어떻게 제주에 생겨난 것일까.

먼저 제주의 고문헌에 나타난 뱀에 관한 기록을 살펴보기로 하자.《신증동국여지승람》에는 제주도 사람들은 "회색 뱀만 보이면 이를 차귀신遮歸神이라 하여 죽이지 않는다."라고 했다. 김정金淨의 《제주풍토록濟州風土錄》에는 "이곳 풍속은 뱀을 몹시 두려워하여 신이라 받들고, 뱀을 보면 주문을 외고 술을 뿌리며 감히 쫓거나 죽이지 않는다."고 기록하고 있다. 또한 이건李健의《제주풍토기濟州風

^{土記}》를 보면 "섬사람들은 뱀이든 구렁이든 막론하고 그것을 보면 부군신령^{府君神靈}이라 하여 반드시 쌀과 맑은 물을 뿌려 죽이는 일이 전혀 없다."라고 기술하고 있다. 또 김상헌^{金尚憲}의《남사록^{南槎錄}》에 는 "지금 뱀신을 숭봉하는 풍속이 옛적에 견줄 만큼 심하지는 않 다."고 하고, 이형상^{李衡祥}의《남환박물지》에는, "이 지방에는 뱀, 독 사, 지네가 많은데 혹시 회색 뱀을 보면 차귀의 신이라 하여 금하 여 죽이지 않는다."고 하였다.

이러한 사료들을 통해, 제주도에 예부터 뱀이 많았으며, 오래전 부터 뱀을 무서워하면서 한편으로는 숭배해 왔음을 알 수 있다. 또 한 뱀 중에서도 회색 뱀에 대해서는 '차귀신'이라고 특별히 신성시 했음을 보여주고 있다. 이러한 뱀에 대한 숭배의식이 '고팡^{庫房}'에 '안칠성', 집 뒤뜰에는 '주쟁이^{주절이}'를 덮어 '밧칠성'을 모시는 '칠성 눌'을 만들어 숭배하는 요인이 되었다고 해석한다. 〈칠성본풀이〉 역시 뱀신의 효험과 신통력을 민간에 널리 알리고 전파하기 위해 생겨난 본풀이라 할 것이다.

그러나 앞서 살펴본 여러 문헌에 회색 뱀을 차귀신으로 모셨다는 기록은 나오지만 1700년대 초반까지 뱀신을 '칠성'이라 부른 용례는 찾아볼 수 없다. 이는 '뱀신'과 '칠성'이 결합된 시기가 언제부터였는 지에 관한 연대의 상한선을 짐작하게 한다. 다시 말해 제주의 뱀신 이 '칠성의 옷'을 입게 된 것은 18세기 이후라는 추정이 가능하다.

제주 무속에서는 왜 뱀신을 '칠성^{七星}'이라 부르게 되었으며, 뱀신 과 칠성^{七星}은 어떤 상관관계가 있는 것인가. '뱀신'이 칠성^{七星}의 옷 을 입게 된 배경이 무엇인지 궁금하지 않을 수 없다. 단순히 일곱

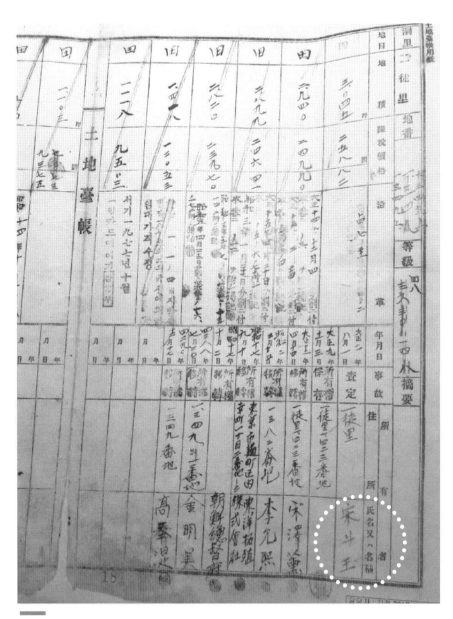

송대정(송두옥)이 향교전 3천여 평을 소유하고 있음을 보여주는 1913년 토지대장

뱀신의 화소로 등장하는 송대정은 한말에 제주판관, 정의·대정 군수를 지냈고, 당대 최고의 부호로 이름을 날렸던 실존 인물이다.

제주시 칠성로 상가
제주의 칠성신(뱀신)의 유래가 깃들어 있는 '송대정'의 본가가 있었던 곳(사진 왼쪽)

마리의 뱀이 북두칠성의 숫자와 같다는 이유에서 칠성신으로 부르게 된 것으로는 보기 어렵다. 그렇다면 겉으로 드러나지 않는 또 다른 배경과 의도가 있을 수 있다.

먼저 뱀신인 칠성신이 바다를 거너 제주에 표착한 뒤 제주성안(도성) 송대정 집에 좌정하게 되는 과정을 담은 안사인 심방(작고)의 '칠성본풀이'를 들어보자. 현재까지 학계에서 채록한 '칠성본풀이'는 7편 정도인데 내용은 대동소이한 것으로 알려져 있다. 그럼에도 안사인의 구송을 예로 드는 것은, 그가 칠성본풀이의 주 무대가 되었던 송대정이 살았던 제주성안(도성) 출신이기 때문이다.

- 현용준, 2009.

현용준이 채록한 안사인 심방의 〈칠성본풀이〉를 요약하면 다음과 같다. 옛날 장나라의 장설용과 송설용이라는 부부가 절에 불공을 드린 후 딸 아기씨를 얻게 되었다. 길을 잃어 헤매던 아기씨는 중을 만나 따라다니다가 중의 자식을 잉태한다. 그 사실을 알게 된 부모가 딸을 돌함에 담아 바다에 띄워 보낸다. 돌함은 떠다니다가 조천읍 함덕리에 표착하게 된다. 일곱 해녀가 돌함을 열어보니 임신한 아기씨가 낳은 작은 뱀 일곱이 들어 있었다. 뱀들은 자신을 학대하는 해녀들에게 병을 주었다가 모심을 받은 후 병을 낫게 해줄 뿐 아니라 부자가 되게 해준다. 뱀 일곱 마리는 제주 성안으로 옮겨와 칠성골의 송대정宋大靜 집 고팡庫房에 모셔지게 되었다. 그 뒤로 송대정은 면面의 종들까지 알게 될 정도로 천하거부가 된다. 제주 성안의 '칠성골'이라는 지명도 칠성님이 제일 먼저 송대정 집에 와서 좌정했었기 때문에 이름이 붙여졌다는 내용이다.

송대정宋大靜은 철종 1년1850에 태어나 1922년까지 제주 성안 칠성골에 살았던 실존 인물로, 이름은 송두옥宋斗玉이다. 제주 출신으로는 보기 드물게 제주판관濟州判官 및 정의旌義·대정大靜의 양 군수를 역임하는 등 지방의 고위직을 두루 역임하였다. 여러 척의 배를 거느리고 육지부와 교역을 하며 큰돈을 벌어 제주의 이름난 거부가 되었다. 그러면서도 자신의 토지를 희사해 '갑자의숙甲子義塾'을 세우기도 하여 세인의 신망을 두루 얻었다고 한다. 문화에도 조예가 깊어 한말에 제주에 유배된 전 외무대신 김윤식과 박영효, 지방 문인들과 '귤림시회'를 열며 교유할 정도였다. 김윤식은《속음청사》에 송대정은 귀중한 서화들을 많이 간직하고 있다고 적고 있다. 한

마디로 돈과 명예와 부귀를 한 몸에 안고 살다 간 전설적 인물이다. 누구나 누리고 싶은 삶을 살았기 때문에 인구에 널리 회자되었음 직하다. 이 정도의 인물이라면 당시에는 살아있는 신화와 같은 존재로 온 섬에 널리 알려졌을 법하다.

> 필자가 놀라워 하는 것은 이 인물(필자 주: 宋大靜을 지칭)이 '칠성뱀'을 모셔서 이렇게 부호가 되었다고 하여 칠성본풀이에 칠성뱀의 효험을 증거하는 삽화로 끼어들고 있다는 점이다. 그것이 오랜 옛날의 사실이면 놀라워할 것이 없지만, 조선조 말에서 1922년까지 산 사람을 삽화로 넣었다는 점이다. 이렇게 보면 칠성본풀이의 현재 형태가 그리 오랜 일이 아니라 아주 근래의 일이라는 것이요, 또 현재 제주시(도성 안)에서 근원이 발원했다는 점을 알 수가 있다.
>
> - 현용준, 《제주도 사람들의 삶》, 2009, 62~66쪽.

이 책에서는 또 '밧칠성^{칠성눌}'이 어떻게 모셔졌는지 그 내력을 짐작하게 하는 흥미로운 내용을 선행 연구자의 기록과 자신의 구술 채록을 바탕으로 기술하고 있다.

> 일제 때 서귀포시에서 아카마쯔(赤松智誠)·아키바(秋葉 隆)가 수집한 박봉춘본에는 송대정이 아니라 '송님(宋任)'으로 되어 있다. 즉 제주 성안의 송님의 외딸 아기가 물 길러 갔다가 뱀들을 발견하고 물을 긷고 오는데 뱀이 쫓아오므로 그 어머니가 큰 뱀은 창

고로 모시고 작은 뱀들은 후원(後苑)에 모셔서 잘 위하니 부자가
되었다. … 또 표선면에서 채록한 이무생본에는 성안의 송대감
집 딸이 뱀들을 발견하고 그 어머니가 "우리를 살릴 조상님이거
든 어서 오십시오." 하고, 집 뒤에 '칠성담'을 둘러 뱀들을 모셔서
부자가 되었다고 하고 있다. 이렇게 보면 제주시에서 먼 곳에는
'송님', '송대감'으로 변화되어 있고, 부자가 되는 내용은 거의 같
게 되어 있다. … 이렇게 보면 오래지 않은 근래의 사실이 그 이
름이 바뀔 정도로만 변모하면서 전도에 전파되었다는 것에 놀라
움을 금할 길 없다.

- 현용준, 같은 책, 65~66쪽.

〈칠성본풀이〉에 등장하는 뱀신이 언제, 어떤 경로로 제주에 들
어오게 되었는지는 명확하지 않다. 다만, 현용준의 고찰에서 보이
듯이 그 시기가 오래된 것으로는 볼 수 없다. 뱀신인 '칠성신'과 북
두칠성을 모시는 '칠성신'과의 친연성親緣性은 고문헌에는 나타나지
않는다. 굳이 연결 짓는다면 칠성본풀이에 ▷뱀신의 어머니인 아
기씨가 칠성신에게 빌어 태어났고 ▷아기씨가 낳은 뱀이 일곱 마
리이며 ▷이 뱀들이 처음 칠성골에 좌정했고 ▷칠성골이라는 이
름 석 자도 짓게 되었다는 내용이다.

그러나 칠성본풀이에 등장하는 칠성골의 지명 유래를 보면 그것
은 뱀신이 아닌 칠성대와 관련된 지명이라는 점에서 납득하기 어렵
다. 그럼에도 매우 빠른 속도로 〈칠성본풀이〉가 도 전역에 전파되
었다. 일부에서는 뱀신을 모시는 칠성신七星神의 제단인 칠성담칠성눌

성읍민속마을의 한 집 뒤뜰에 설치되어 있는 칠성눌(2011년 필자 촬영)

이 초가의 뒤뜰에 세워진 것으로 해석하고 있다. 과연 그런가.

칠성대는 탐라의 도성 중앙을 남북으로 가르며 세워졌다. 따라서 칠성대는 삼성혈과 더불어 삼을라의 권위와 통치를 위한 상징틀인 동시에 삼을라 지배층의 칠성신앙을 전파하기 위한 제단으로 축조된 것으로 보인다. 이처럼 탐라가 도성都城 안에 칠성대를 세웠다는 것은 탐라국이 백성들에게 칠성신앙을 국교國敎로 반포하는 행위와 다름이 없다. 홍정표의 관점도 기술형식은 달라도 같은 맥락의 관점으로 읽힌다.

삼을라가 대촌(七星圖 大村)에 거처를 나누어 정하고 북두칠성의 배열된 형태를 본받아서 칠성대를 쌓았다. 북두칠성에 대한 봉제의 제단이니 삼을라의 추장이 중심이 되어 치제(致祭)하는

육지부의 장독대에 모셔지는 칠성신(七星神)의 신체
제주의 칠성눌의 주쟁이와 흡사하다.

데 각 부족의 번영과 아울러 탐라국의 기반을 튼튼히 하고 융성함을 기원한다. … 이와 같이 하여 세시(歲時)에 삼을라 씨족이 칠성대에서 치제하였으나 연구(年久)함에 따라서 자손들이 자못 번창하게 되었으므로 한 도가(都家)에서는 협소하게 되었고, 또 전역에 널리 분산하여 살게 되면서부터 거리와 불편을 참작하여 차차 각기 호호(戶戶)마다 뒤뜰에 자그마한 칠성단(七星壇)을 만들고, 제 처소(處所)에서 제(祭)를 게을리하지 않았다. 그러나 고려 말기(高麗末期) 원시대(元時代)에 탐라국에 불교가 전래하게 되면서 사찰에 칠성단(七星壇)을 마련하게 되니 거민(居民)은 일부 불사(佛事)에 의해 칠성제(七星祭)를 올리게 되었고, 대부분 가정에서는 그대로 존속하였다. 그러나 사회의 변천과 급기야 생활의 추이에 따라 차츰 헐어내는 곳이 많아졌다.

- 홍정표, 〈탐라사에 관한 기고〉, 《탐라성주유사》, 1979, 645쪽.

　홍정표의 글은 집집마다 뒤뜰에 만들어졌던 칠성눌七星壇은, 뱀신이 아닌 칠성신七星神을 모시기 위해 설치한 칠성단이라고 기술하고 있다. 칠성단의 형태를 보면 바닥은 둥그런 돌로 둥그렇게 쌓거나 두른 다음 그 안에 '주쟁이'를 얹어놓은 형태로 만들어진다. 이는 칠성대의 모양, 즉 바닥을 둥그렇게 석축으로 두른 뒤 위에는 흙을 쌓아놓은 모습을 연상시킨다. 바닥은 돌로 둥그렇게 두른 뒤 안에는 흙 대신 원형의 주쟁이를 얹어 놓고 있다. 이는 뒤에서 상술하겠지만 형태적 상징만으로 보면 소우주를 상징하는 돔dome의 또 다른 표현이라고 할 수 있다.

제주의 집집마다 뒤뜰에 설치되었던 칠성단(눌)의 모습
가운데는 따로 엮은 주쟁이를 얹어 놓았다. (홍정표 사진)

　홍정표는 원의 지배기支配期에 불교가 들어오면서 칠성신앙이 큰
변화를 겪은 것으로 보고 있다. 민간에서는 일부 사찰에 칠성단七
星閣을 마련함으로써 불사佛事에 의해 칠성제를 드리고, 대부분의 가
정에서는 예전처럼 칠성단에서 제를 올렸다고 풀이하고 있다. 그
러나 뱀신인 칠성에 관해서는 전혀 언급하지 않고 있다.
　그렇다면 제주의 뱀신앙은 왜 '칠성七星의 옷'을 입게 되었는가.

사실 뱀신의 제주 전래를 들려주는 〈칠성본풀이〉는 북두칠성을 숭배하는 칠성신과는 별로 연관성이 없어 보인다. 그럼에도 제주의 무속신화를 대표하는 일반본풀이 중 하나로 남게 되었다. 이처럼 뱀신蛇神의 내력담인 〈칠성본풀이〉가 칠성신앙을 밀어내고 제주의 전역에 퍼져 나가며 일반본풀이의 하나로 자리 잡게 된 배경은 무엇일까.

근본 요인은 탐라국의 몰락과 관계가 있을 것이다. 칠성신앙을 강력하게 신앙하던 탐라가 고려에 복속되고, 원元의 지배를 받으며 칠성신앙의 근간이 급속히 약화되면서 비롯된 현상이라고 해석된다. 김두봉의 《제주도실기濟州島實記》도 원의 제주 지배로 요동치는 탐라사회의 단면을 상징적으로 보여주고 있다.

> … 슬프다. 나라(탐라)의 위신은 없어지고 백성의 생활은 날로 곤궁하였는데 원나라 사람들은 사방에서 춤추며 생산 작업을 차지하게 되었다. 종교는 불교 신교(神敎)로 사방에 사찰을 건립하고 불경 외우는 소리가 천지에 가득하고, 각처에 신당(神堂)을 세워 뱀을 위하니 탐라국 백성들은 그 같은 음사(淫祠)에 침혹(浸惑)되었다. 그때에 불경을 외우고 뱀을 위하는 자를 신사(紳士)라 부르니 불교와 신교는 더욱 세력을 떨쳤다. …
>
> - 김두봉, 《제주도실기(濟州島實記)》, 우당도서관 국역본, 1936, 97쪽.

이 글은 원의 지배기에 불교와 신교蛇神가 전래되었고 백성들이 이를 추종하면서 급속히 확산되었음을 보여주고 있다. 조선시대 초기에 집필된 충암의 《제주풍토록》에 나오는, 제주 사람들은 뱀을 몹시 두려워하고 모시는 풍토가 몽골 지배기부터 형성되었다는 내용을 시사하는 글이기도 하다.

이러한 역사의 격변기에 탐라의 권력이 해체되고 불교가 들어와 칠성단을 사찰에 설치하게 되면서 칠성신앙도 점차 쇠락의 길로 접어들게 되었다고 볼 수 있다. 그런 와중에 바다 밖에서 들어온 뱀신은 〈칠성본풀이〉에서 보이듯이 민간의 저변에 깔려 있는 칠성신을 주목하였을 것이다. 이는 불교가 처음 전래되었을 때의 전략과 다름이 없다. 불교가 민간의 칠성신을 끌어들이기 위해 사찰에 칠성각을 세웠다면, 뱀신은 칠성의 옷을 입음으로써 칠성을 신앙하는 민중 속으로 쉽게 들어갈 수 있었을 것이다. 더구나 뒤뜰의 칠성단칠성놀을 '밧칠성'을 위하는 뱀신앙의 신체로 활용함으로써 탐라시대부터 전해온 민간의 칠성신앙을 뱀신앙으로 끌어들일 수 있었던 것으로 보인다.

그러나 홍정표의 시각으로 보면 집집마다 장독대 가까운 뒤뜰에 설치되었던 칠성단칠성놀은 북두칠성을 신앙하는 가정의 작은 성소였다. 이러한 사례는 육지부의 장독대에서 칠성신에게 기원하는 형태와 유사하다는 점에서 칠성단은 본래 뱀신앙이 아닌 성신星辰을 위하던 기도처가 아닌가 여겨진다. 더구나 뱀신앙으로서의 '안칠성'은 역할이 뚜렷하다. 반면 '밧칠성'은 신으로서의 역할이 미미하다. 이는 뒤뜰의 칠성단마저 '밧칠성'으로 끌어들임으로써 전래의 칠성신앙을 포섭하기 위한 의도라고 해석할 수 있다.

이처럼 뱀신을 모시는 집단은 탐라의 전통문화와 민중의 심리를 잘 알고 활용할 줄 알았다. 송대정을 '칠성본풀이'의 주요 화소로 삽입한 것도 그 때문이다. 송대정은 부귀와 명예를 한 몸에 안고 살다 간 인물로, 누구나 갈망하는 현세의 이상적인 삶을 살아갔던 표상으로 비쳐졌을 것이다. 눈앞에 서 있는 실존인물이라는 점도 뱀신앙의 전파와 민중을 끌어들이는 데 도움이 되었을 것이다. 민중들에게는 뱀신을 잘 모셨기 때문에 그런 결과를 가져오게 되었다는 논리와 믿음, 그리고 뚜렷한 사례가 중요한 것이었는지 모를 일이다.

'제주 큰굿'은
탐라국제耽羅國祭의 잔영인가

　　　　　　　　　탐라도성 안에 세워진 칠성도는 단
순히 삼도의 경계를 구획하는 수단만이 아니라 종교와 정치적 목
적을 갖고 축조되었다고 판단된다. 이는 칠성대에 내재된 고도의
종교적·정치적 상징성 때문이다.

　고대 동아시아 국가들은 천체 현상을 관찰하는 데 몰두해 왔다.
이는 '인간은 땅에, 땅은 하늘에 종속되고, 하늘의 선처는 땅을 통
하여 인간에게 전달된다.'는 천문관 때문이었다. 이러한 세계관은
천체현상을 관찰하는 천문학과 점성술을 통해 국가사회와 백성들
의 삶 속으로 오랫동안 광범위하게 파고들었다.

　북두칠성은 삼국시대와 고려시대를 거쳐 조선시대에 이르는 오
랜 세월 속에서도 천문의 매우 중요한 별자리星宿로 여겨져 왔다.
이는《태종실록》을 통해서도 확인할 수 있다. 1416년 태종이 천황

서귀포시 안덕면 화순리 거석에 새겨진 성혈들
화순리에는 고인돌을 비롯하여 거석과 작은 돌에도 성혈로 인식되는 구멍들이 나타
나고 있다.

대제天皇大帝, 노자를 소격전에 옮겨 제사 지내는 것과 관련해 "지금 아무 군君·아무 제帝라 칭하고서 제사 지내는 것이 매우 많은데, 그윽이 생각해 보면 잘못된 것이다. 내가 눈으로 접하고 경배할 수 있는 것은 북두칠성뿐이다."라고 한 기록에서도 알 수 있다.

북두칠성에 대한 성수관념은 청동기시대의 고인돌별자리 구멍 유적에서부터 고려의 마지막 벽화 성수도星宿圖에 이르기까지 면면히 이어져 왔다. 많은 유적을 볼 때 이미 선사시대부터 우리 선조들은 북두칠성 등의 별자리를 충분히 인식하고 있었음을 알 수 있다. 또한 이것이 지배층의 무덤에서 발견된다는 것은 북두칠성을 비롯한 별들이 당시 사람들의 인식 속에서 사후 세계와 긴밀한 관계가 있는 존재로 파악되고 있었음을 보여준다.

> 이러한 북두칠성에 대한 성수신앙은 중국의 선가(仙家)의 민간
> 신앙에서 신앙되어오다가 불교가 인도로부터 전래되어 오면서
> 불교와 교섭된 것으로 해석되고 있다. 한국에서는 고대에서부터
> 영성신앙(靈星信仰)과 함께 각종의 성신숭배가 이루어지고 그 속
> 에서 북두칠성 숭배가 혼재되어 오다가 도교와 불교의 전래와 교
> 섭으로서 칠성숭배(七聖崇拜) 현상이 더욱 두드러지게 되었다.
>
> - 서경전, 〈韓國七星信仰을 통해 본 道·佛 交涉關係〉, 46쪽.

기원 후 5세기를 전후한 시기에 축조되었을 것으로 추정되는 탐
라 칠성대는 이러한 칠성숭배 현상이 두드러졌던 동아시아의 신
앙권 속에서 영향을 받으며 세워졌다고 여겨진다. 그렇다면 이를
주도한 세력은 지배 권력자이면서 칠성신앙의 숭배자로서 제사장
의 역할까지 수행하였을 것으로 판단된다.

이러한 자취는 지금도 전래되는 제주의 큰굿을 통해 엿볼 수 있
다. 굿은 신들을 향해 인간들의 꿈과 소망을 풀어내는 무속의례
다. 제주의 신화를 오롯이 드러내는 '큰굿'은 심방 집에서 하는 '신
굿'과 일반 가정집에서 하는 '큰굿'으로 나뉜다. '신굿'은 큰굿 중의
큰굿으로 제주도 굿의 모든 형식과 내용이 다 들어있어 완벽한 굿
의 체계와 질서를 갖추었다는 평가를 받는다. 그 속에는 춤과 노
래, 사설과 함께 모든 무구巫具가 동원돼 종합적인 연희가 베풀어진
다. '제주 큰굿'이 2001년 8월 16일 제주도무형문화재 제13호로 지

정된 것도 이 때문이다.

제주의 큰굿에 대해서는 문무병 등이 함께 펴낸《제주 큰굿 자료》2001에 상세하게 정리하였다. 이를 바탕으로 제주 큰굿이 탐라국제의 잔영인지를 나름대로 풀어나가고자 한다. 제주도의 큰굿인 '신굿'은 '차례 차례 재 차례'굿으로 이를 집행할 수 있는 능력의 보유자인 심방들에 의해 펼쳐진다. 경륜이 있는 큰심방을 수심방首巫으로 하여 4~5명 이상의 심방에 의해 짧게는 4~5일, 길게는 '두 이레'14일 동안 열리게 된다. 이들 제차祭次는 '굿법'이라는 까다로운 절차를 거치며 진행된다. 현대적 시각으로 본다면 어떤 일을 법과 규칙에 의해 엄격하게 반복하며 집행한다는 의미다.

여기에는 최초의 심방선생인 '유정승 따님아기유씨 부인'가 등장한다는 점이 흥미롭다. 유씨 부인은 삼시왕이라는 무조신巫祖神에게서 받아서 배운 '무당서巫堂書 삼천권'에 근거해 굿법을 배운 최초의 심방으로 떠받들어진다. 따라서 심방들은 자신의 심방의 내력을 노래하는 〈공시풀이〉에서 유씨 부인을 시작으로 '굿법'을 계승해온 '옛 선생의 계보'를 노래함으로써 자신 또한 '굿법'의 정통성을 간직한 심방임을 강조한다.

그러나 굿판이 벌어지는 한쪽에는 번뜩이는 눈초리로 심방들의 연희를 주시하는 원로 심방들이 있다. 이들은 수심방이 굿을 진행해 나갈 때 '차례 차례 재 차례 굿'의 굿법에 따라 하고 있는가를 심사한다. 굿법에 어긋난 굿을 하면 호되게 욕을 하고 처음부터 다시 원리에 적합한 굿을 하도록 요구한다. 원로 참관자들 앞에서 행하는 굿은 심방들의 입장에서는 수심방으로 가는 마지막 담금

입춘굿 때 관덕정에서 행해지는 굿판의 한 장면 (강문규 사진)

질과 같은 과정이다. 원로들로서는 매서운 지적과 상호간의 토론, 심방들과의 상담을 거치며 '흔들리는 굿법'을 바로 세우고 '제주 큰 굿'의 정통성을 재확립하는 계기가 된다는 점에서 큰 의미를 갖는 다. 문무병 외,《제주도 큰굿 자료》, 2001, 17쪽.

'제주 큰굿'은 신들을 모시는 초감제를 시작으로 초신맞이, 초상 계, 추물공연, 석살림, 보세감상, 불도맞이, 일월맞이, 초공본풀이, 초공맞이, 이공본풀이, 이공맞이, 삼공본풀이, 제상계, 시왕맞이, 요왕맞이, 세경본풀이, 제오상계, 삼공맞이, 세경놀이, 양궁숙임, 문전본풀이, 본향ᄃ리, 영개돌려세움, 군웅만판, 칠성본풀이, 각 도비념, 말놀이, 도진, 가수리, 뒤맞이 등의 제차로 이루어진다. 이 는 천계天界의 신들을 지상으로 초대해 인간들의 삶 속에서 겪어야 하는 희로애락을 신들에게 고하며 이승과 저승으로 이어지는 통과의례를 무사히 건널 수 있도록 비념하는 행위이며 제차祭次라고 볼 수 있다.

제주 큰굿은 신들을 초청해 모시는 초감제에 이어 탐라인들의 창세설화라고 할 수 있는 '베포도업'과 '제청도업'으로 본격적으로 시작되는데, 천지혼합이 개벽되고 닭이 울어 세상이 열린다고 하면서 다음과 같은 사설이 제시된다.

제를 이르니

이 하늘, 이 세상 대명천지가 밝아 옵디다.

동녘 하늘엔 견우성, 서녘 하늘엔 직녀성

남녘 하늘엔 노인성, 북녘 하늘엔 태금성, 북두칠원성군이 떠오릅디다.

일광님도 뜨고, 월광님도 떠오릅디다.

산이 솟아나고, 강물이 흐르게 된 제를 이르자.

하늘 옥황을 차지한 천지왕이 솟아나고,

땅을 차지한 지부왕 총명부인 솟아나고,

저승을 차지한 대별왕과 이승을 차지한 소별왕이 태어나니,

남정중화정려법(南正重火正黎法) 도읍을 제이르자.

이처럼 〈초감제〉의 본풀이는 우주의 생성과 인간 세계의 서막이 열리던 상황을 장대한 서사시로 그려내고 있다. 선사시대부터 칠흑 같은 밤하늘의 별과 달을 보며 바위고인돌에 성혈을 새겼던 탐

라인들의 상상력이 낳은 산물이다. 그럼에도 〈초감제〉 본풀이에서 별을 상징하는 대별왕과 소별왕이 두 개의 해와 달을 하나씩 제거함으로써 인간 세상을 살기 좋은 터전으로 만들었다는 화소는 예사롭지 않다.

> … 이처럼 해와 달이 각각 두 개씩 떠오르니 만민백성들은 낮에 뜨거워서 죽고, 밤에는 얼어 죽게 되었다. 그 무렵 옥황상제 천지왕은 총명부인을 얻어 대별왕과 소별왕을 낳았는데 대별왕과 소별왕은 천근 활과 백근(百斤)이나 되는 살(矢)로 뒤에 오는 일광(日光) 하나 쏘아 동해에 바치고, 밤에는 월광(月光) 하나를 쏘아 서해에 바치니 낮에는 뜨거워서, 밤에는 얼어 죽어갔던 백성들이 살기 편한 세상이 되었다.

이러한 화소는 제주신화에서만 찾아볼 수 있는 것은 아니다. 그럼에도 제주의 창세설화에 등장하는 대별왕·소별왕 화소는 특별한 의미로 다가온다. 이는 탐라개국 무렵부터 칠성대를 쌓고 통치의 기틀을 다져 나갔던 탐라와 그곳에서 함께 개화된 별 신앙과의 상관관계 때문이다. 그래서 탐라인들이 일구었던 천문의 역사와 별 문화에 관한 시각으로 이 신화를 바라보면 이 화소는 예사롭지 않게 들리는 것이다.

'베포도업'과 '제청도업' 본풀이에서 별^{대별왕, 소별왕}은 인간들에게 장애적 요소인 두 개의 해와 달을 하나씩 제거함으로써 인간들이 살기 좋은 세상으로 만든 고마운 존재로 부각된다. 이러한 별에 대한 각별한 인식은 앞서 '초감제' 본풀이와 맥을 같이하며 강조되고 있다. 천지가 열리며 해와 달, 별이 등장하는 장면에서 심방은 "동성게문 도업호니 하늘엔 헤太陽가 먼저 나며 벨星이 먼저 나옵데가." 물은 뒤 "벨이 먼저 나옵데다."라고 자문자답하는 대목이 나온다.

심방이 물 흐르듯 창세설화를 풀어내면 될 것을 굳이 멈추고 해와 별 중에 무엇이 먼저 나왔는지 물은 뒤 곧바로 '별이 먼저'라고 강조하는 이유는 무었인가. 이는 별이 인간 세상의 장애적 요소인 해와 달을 제거한 초우주적 존재로서 인간들이 숭배해야 마땅한 대상임을 강조하고 있다고 읽힌다. 칠성대 제단 앞에 운집한 백성들에게 삼을라 집단이 왜 칠성대를 세웠으며, 탐라왕의 이름을 무엇 때문에 '별나라의 주인'이라는 의미의 성주星主로 부르는가에 관한 이해와 지지를 얻기 위한 사설이라고 볼 수 있다.

> 역사적으로, 공식적인 공공교육의 포괄적인 시스템은 국가이념을 백성들에게 또는 최소한 사회의 엘리트층들에게 전송하는 일반적인 채널이었다. 그러나 국가의 지속적인 안정을 위해서는 비엘리트층, 즉 국가의 생존을 가능케 하는 생산적 노동자인 대중도 역시 이념적으로 교육될 필요가 있었다. 이 목표를 충족하기 위해서, 국가이념은 공식적이건 민간차원의 것이건, 계절별 또는 회기별 의례의 반복을 통해 사회의 구성들에게 또한 전파되었다.
> - 데이비드 네메스, 《제주 땅에 새겨진 신유가사상의 자취》, 고영자 역, 2012, 44쪽.

성읍민속마을에서 행해졌던 제주 큰굿의 한 제차인 불도맞이 할망다리 놀림
제주 큰굿은 열나흘 동안 치러진다.

    그럼으로써 우주^{북두칠성}의 기운과 신통력을 받은 성주의 통치와
지배 속에 탐라국의 번영을 이룩할 수 있음을 백성들에게 설파하
고 공동체의 결속을 도모하기 위한 내용이라고 이해된다.

    칠성에 대한 숭배의식은 '제주 큰굿'의 불도맞이 제차에서 상징
적으로 나타난다. 이때 제단에는 10개의 신위^{神位}가 내걸리게 된
다. 칠원성군을 상징하는 일곱 개의 별신^{星辰}과 일월신^{日月神}, 탐라국
을 의미하는 것으로 보이는 명진국^{明進國}, 옥황상제^{玉皇上帝} 등의 신위
가 그것이다. 제단 뒤에는 일곱 장의 기메가 장막을 감싸 안듯 뒤
덮고 있다. 이들 기메는 우주를 상징하는 무수한 별자리 형태로
조형되어 있다. 이러한 제단의 신위들은 언제부터, 어떻게 모셔지

게 된 것일까. "혹, '탐라국제^{耽羅國祭} 또는 '탐라 큰굿'의 잔영은 아닐까." 하는 물음을 떨쳐낼 수가 없다.

제주도의 큰굿 중의 큰굿인 '신굿'은 경륜이 있는 큰 심방을 수심방^{首포}으로 하여 4~5명 이상의 심방에 의해 짧게는 4~5일, 길게는 '두 이레' 동안 열리게 된다. 이들 제차^{祭次}는 '굿법'이라는 까다로운 절차를 거치며 진행되며, 원로 심방들의 참관 속에서 행해진다.

이러한 원로 심방들의 참관과 심사의 과정은, '제주 큰굿'이 몇몇 심방들의 개별적 능력과 참여에 의해 전승된 것이 아님을 뜻한다. 제주 무속인들의 특별한 권위와 관심 속에 치러지고, 형식과 내용적으로도 굿법이라는 엄격한 전범^{典範}에 의해 전승되어 왔음을 보여주기 때문이다. 이는 마치 조선시대 어전^{御殿}에서 중신들이 특정 사안에 대해 전거^{典據}를 제시하며 치열하게 시시비비를 가리던 모습을 연상케 한다.

그러면 '제주 큰굿'의 뿌리는 어디에 있는 것일까. 탐라의 역사를 논할 수 있는 사료들을 거의 찾아볼 수 없는 상황에서는 실낱같은 단서를 통해 '제주 큰굿'의 원류를 추적하는 지혜와 노력이 필요하다. 그럼으로써 텅 비어 있는 탐라시대의 원풍경을 복원하거나 규명해 나가는 데 한 발자국씩 더 나가야 한다.

그런 점에서 삼을라와 칠성대에 관한 홍정표의 다음 언급은 소중하다.

삼을라가 대촌(大村: 현 제주시)에 거처를 나누어 정하였음에 북

두칠성의 배열된 형상을 본받아서 칠성대를 쌓았다. … 북두칠성
에 대한 봉제(奉祭)의 제단이니 삼을라의 추장(酋長)을 비롯하여
각 부족이 번영과 아울러 개국기반을 튼튼이 하고 융성함을 기원
한다. 그 제단의 역내에 추장이 주거하고 회집(會集)하는 도가(都
家: 한집)도 병설하였다.

- 홍정표, 〈탐라사에 관한 기고〉, 《탐라성주유사》, 1979, 645쪽.

삼을라가 처음 나왔을 때 북두칠성을 모방하여 7개소에 칠성대
를 세우고, 세 부족이 분거分據하였다는 사실은 이미 여러 사료에서
확인되고 있다. 이를 통해 보면 삼을라가 처음 나왔을 때는 탐라
개국의 여명이 밝아오던 시대였다고 볼 수 있다.

홍정표는 삼을라가 나와 세운 칠성대를 북두칠성에 대한 봉제
의 제단이며, 삼을라의 추장과 각 부족의 번영을 기원하던 제단이
라고 설명하고 있다. 또한 제단의 역내에는 추장이 주거하고 회집
하는 도가都家:한집도 설치되었음을 덧붙이고 있다. 이어 천추성天樞
星에 대한 치제致祭는 세시歲時에 삼을라의 추장을 비롯하여 각 부족
들이 참례하여 봉제하였다고 한다.

탐라가 삼을라를 주축으로 탐라를 개국할 때 북두칠성을 본떠
칠성대를 쌓았다면 칠성을 숭배하는 지배집단의 성신신앙이 배태
되어 있다고 볼 수 있다. 그리고 그들은 어떤 형식이든 칠성신이
나 천제天帝를 향해 치제했을 것이다. 삼을라가 부족들과 함께 제祭
를 행하였다면 제사장祭司長은 당연히 삼을라의 추장이 맡고, 제례
는 무속의례였을 것으로 여겨진다. 따라서 삼을라의 추장에 의해

봉제되었던 고대탐라국의 치제致祭는 바로 탐라국제의 성격을 갖는다고 할 수 있다. 이를 '탐라국제耽羅國祭' 또는 '탐라 큰굿'이라는 이름으로 부를 수 있겠다.

그러나 부족국가가 '국國 체제'로 이행되면서 탐라사회도 제정일치祭政一致시대를 벗어나 제정祭政이 분리되는 시대로 진입하였을 것이다. 이에 따라 삼을라의 추장은 성주星主가 되고, 심방의 우두머리로 추대된 도황수都巫와 같은 존재가 제사장을 맡게 되었다는 해석이 가능하다.

이후 탐라는 원의 지배와 고려에의 편입, 조선으로 통합되는 과정에서 성주와 왕자세력이 지배 권력에서 밀려나게 되었다. 그렇더라도 삼을라 후손들은 지금도 여전히 왕손의 후예라는 긍지와 자부심을 갖고 매년 건시제乾時祭와 춘추제春秋祭를 지내며 아득한 탐라시대를 회고하고 있다.

삼을라의 후예들이 왕손이라는 혈연적 관계로 이어졌다면, 제사장의 후예들은 무속을 공유한 기능적 집단이라고 볼 수 있다. 탐라국시대의 제사장이라는 나무에서 나누어진 또 하나의 뿌리가 '제주 큰굿'을 계승하고 있는 무속집단이라고 추정할 수 있다.

그러면 탐라국제耽羅國祭를 봉행하던 제사장 집단심방은 어떤 길을 걸어 왔는가. 탐라국은 외세의 간섭과 지배를 받으며 성주의 통치권이 약화되고 마침내 역사의 종언을 고하였다. 제사장 집단 또한 시대의 변화에 따라 외부에서 유입된 다른 신앙과의 교섭이 이루어지며 칠성신앙도 퇴색되거나 변용의 과정을 거치지 않으면 안되었다. 한때 제주에 널리 퍼졌던 '칠성의 옷'을 입은 뱀신앙도 그런 사례의 하나라고 할 수 있다.

　무속집단은 정치·사회적으로도 미신을 조장하는 집단이라는 낙인과 탄압을 피할 수 없었다. 조선조 이형상 목사가 주도한 '당오백 절오백'에 대한 훼철과 탄압이 대표적이다. 그럼에도 제사장의 또 다른 후예들은 시대의 흐름에 나름의 방식으로 적응하면서 명맥을 유지해 왔다.

　'제주 큰굿'은 '탐라국제耽羅國祭' 또는 '탐라 큰굿'의 잔영일까. 이에 관한 대답은 선행연구가 빈약한 상태에서 섣불리 단정할 수 없다. 그럼에도 '제주 큰굿'에는 '탐라국제'의 흔적이 곳곳에서 배어나온다.

　'탐라국제耽羅國祭'의 유산이라는 시각에서 '제주 큰굿'을 보면 무격巫覡 집단의 우두머리를 '도황수'라고 지칭한다는 점도 눈길을 끄는 대목 중의 하나다. 황수皇手는 큰 심방을 뜻하는 데 비해 원로 심방 중 으뜸은 도황수로 특별한 의미를 부여하고 있다. 이는 '왕'과 '대상왕大上王'이라는 칭호와 대비된다. 탐라시대의 성주星主와 분리된 제사장祭司長의 신분과 위상을 떠올리게 되는 대목이기도 하다.

　'굿법'에 따라 '제주 큰굿'의 원형을 엄격하게 지켜나가려는 모습에서도 '탐라국제耽羅國祭'의 잔영을 볼 수 있다. 원로 심방들이 참관한 가운데 심방들의 제의에 관해 일일이 점검하며 평가하는 행위는, 그 엄격함에서 일반 굿과는 분명 다른 면모를 보인다. 이는 법과 규칙을 갖고 사회질서를 확립해 나가려는 지배 권력층의 행위와 비견되기 때문이다.

　'탐라국제耽羅國祭' 또는 '탐라 큰굿'은 1500년이라는 격랑의 세월 속에 적지 않은 변용變容의 과정을 거쳐 왔으리라고 미루어 짐작할 수 있다. 그럼에도 아직까지 탐라시대의 흔적으로 추정케 하는 편린들을 '제주 큰굿'에서 만날 수 있는 것은 다행스럽고 반가운 일이다.

탐라 역사와 무속의 뿌리에 관한 연구가 축적되면 언젠가는 베일에 가려진 그 너머의 탐라를 보게 될 날이 올 것이다. 그러나 마냥 빈 세월을 낚으며 보내기에는 안타깝다. '제주 큰굿'에 관한 역사와 문화적 가치를 재조명해 나가는 노력이 필요하다. 이는 텅 빈 곳간처럼 비어 있는 탐라국의 역사와 문화를 복원하는 의미 있는 길이기 때문이다.

제주 큰굿의 한 제차인 불도맞이 굿에서 모셔지는 10개의 신위(神位)들
처음부터 7개의 성신(星神)과 일월신(日月神), 탐라국신으로 여겨지는 명진국신(明進國神), 옥황신(玉皇神) 순으로 신위가 모셔지고 있다. 제단 뒤에는 우주를 표현하고 있는 7장의 기메가 휘장처럼 펼쳐져, 탐라국제의 제단을 연상케 한다.
(김기삼 사진)

백록담은 은하수를 담아내는
거대한 물그릇

　　　　　　　　　　　한라산은 제주를 상징하는 존재다.
'제주도濟州島가 한라산이고, 한라산이 곧 제주도'라고 할 정도로 넓
고 큰 위용만큼 역사·문화와 지질·생태에 이르기까지 제주를 이야
기하는 화두가 된다. 그래서 한라산을 비롯한 주요 화산지형들이
최근 유네스코의 인류가 지켜나가야 할 보물 목록에 등재된 것은
제주인들에게 새로운 긍지를 안겨주고 있다.

　한라산漢拏山은 영주산瀛洲山, 부악釜岳, 두무악頭無岳, 원악圓岳 등으로
달리 부르기도 한다. 이들 이름은 다양한 뜻을 가지고 있다. 영주
산瀛洲山이 삼신산의 하나를 의미한다면, 부악釜岳은 '(뚜껑이 없는)
솥처럼 생긴 산', 두무악頭無岳은 '머리가 없는 산'이라는 뜻이다. 이
는 화산 분출에 의해 정상 부분이 사라진 형태를 나타내고 있다.

　그러면 원악圓岳은 어떤 의미인가. 이는 글자 그대로 한라산이 둥

백설에 덮인 한라산과 백록담
'한라산이 제주이고, 제주가 곧 한라산'이라는 표현처럼 한라산이 제주와 제주인들
에게 어떤 존재인지를 함축하고 있는 말은 없다.

근 형태의 산임을 표현하고 있다. 지질학적으로 한라산은 순상화
산楯狀火山이라고 일컬어진다. 즉 둥근 방패의 모습과 닮은 화산체
라는 의미다. 정상 부분은 화산폭발로 사라졌지만 방패나 솥뚜껑
같은 원래의 모습으로 해석하고 있는 것이다. 솥 형태를 나타내는
부악釜岳과 두무악頭無岳이 현재의 모습을 나타내고 있다면 방패 형
태의 순상화산은 지금은 사라진 본래의 정상체까지 함께 표현하
고 있다고 볼 수 있다.

  그러나 여기에는 선인들이 한라산을 바라보는 우주관과 세계관
이 함축되어 있다는 점에서 주목할 필요가 있다. 이는 1702년 이
형상 목사가《남환박물지》〈한라장촉〉에 남긴 제주섬의 모습과
겹쳐서 볼 때 뚜렷하게 다가온다. 이 지도는 그 시대를 전후한 시
기에 그려진 제주섬의 모습과는 달리 외형을 장방형의 형태로 표
현하고 있다. 이는 신유가사상이 팽배했던 조선시대 지식인들의

천문관을 반영하고 있다고 여겨진다. 이러한 제주섬 중앙에 둥그런 원악이 얹힌 그림을 상상한다면 그것은 곧 '하늘은 둥글고 땅은 네모났다.'는 천원지방天圓地方의 형태로 나타나게 되는 것이다.

이러한 관점으로 본다면 한라산漢拏山이라는 지명, 즉 은한銀漢: 은하수을 끌어당기거나 어루만질 수 있는 산拏이라는 지명은 새로운 의미로 다가온다. 한라산을 단순 한자 풀이로만 보면 높은 산 정도로 해석할 수 있다. 그러나 제주섬에 무수하게 새겨진 천문적 관점에서 본다면 한라산에는 제주를 바라보는 시각의 지평을 드넓게 넓혀주는 함축된 의미가 들어 있다.

구름에 가려진 한라산
제주 섬의 중심부에 자리 잡고 있는 1950m의 높은 산은 제주인들에게 상상력의 원천이기도 했다.

'흰 사슴의 못'이라는 의미의 백록담은 한라산 분화구의 물이 고여 있는 연못이다. 분화구 가장자리는 한때 제를 지내던 전통적인 장소이다. 조선시대에는 한라산신제로 바뀌었지만 탐라시대에는 어떤 형식이든 제천의식祭天儀式이 거행되었을 것으로 보인다.

우뚝 솟은 한라산은 '은하를 끌어당기는 봉우리'로서, 이 이름에는 땅으로 흘러내려오는 하늘의 축복을 직접적으로 받는다는 개념이 들어 있다. 한라산의 백록담을 위로부터 제주 땅에 폭포수처럼 흘러내려오는 하늘의 축복을 담아내는 물그릇과 같은 존재로 보았던 것이다.

지그프리트 겐테의 등반기는 그런 제주인들의 인식을 단적으로 보여주고 있다. 지리학자이자 독일《쾰른신문》의 동아시아 특파원이었던 그는 1901년 9월, 서양인으로서는 최초로 한라산을 등정했다. 그는 산 높이가 1,950m임을 밝혀낸 뒤 이를 기행문 형식으로《쾰른신문》에 연재하였다. 그럼으로써 한라산의 존재와 그 가치를 서양에 처음으로 알린 인물로 남게 되었다. 그는 한라산 높이를 두 개의 다른 기구독일식, 영국식를 이용해 측정한 뒤 분화구를 돌아보며 스케치했다.

[백록담] 분화구 바닥에는 겨울 잔설이 있는 웅덩이보다 별로 크지 않은 호수가 반짝거리고 있었다. 주민들은 호수가 상당히 깊어 그 아래에는 지하세계로 가는 통로가 있다고 주장했다. 그러나 화산이 폭발할 때 갈라진 흔적은 전혀 발견되지 않았다. 호숫가에는 난쟁이처럼 작고 튼튼해 보이는 야생마들이 풀을 뜯고 있

었다. 육지에서 제주도는 야생마의 원산지로 유명하다. 바람막이가 되는 분화구 근처에서 말똥이 수북하게 쌓여 있는 곳을 발견했다. 평소 단련된 말들은 이곳 높은 산 정상에서 밤을 보낸다는 것을 보여주는 것이다.

  겐테의 기록은 당시 한라산을 바라보는 제주인들의 인식을 단적으로 반영하고 있다. 백록담이라는 물그릇에 담긴 하늘의 축복^{은하수의 물}이 그곳의 구멍을 통해 섬 곳곳에 흘러내린 뒤 용출해 주민들에게 스며든다는 주민들의 관념을 보여주고 있다. 그것은 고대 탐라 때부터 생겨난 믿음으로 여겨진다. '인간은 땅에, 땅은 하늘에 종속되고, 하늘의 축복은 땅을 통하여 인간에게 전달된다.'는 고대의 천문관이 최근세까지도 여전히 제주인들의 심성 속에 남아 있었음을 보여주고 있다.

  한라산의 이름에는 또 다른 관점이 감추어져 있다. 고대의 천문적 시각으로 볼 때 천체의 우주는 북극성 또는 천체의 태극 주변에서 조직되고, 지구는 하늘에 있는 북극성과 조응하는 높은 산 주변에서 조직된다고 보았다. 동아시아인들에게 그곳은 중국의 티벳 고원에 있는 곤륜산으로 인식되었고, 그 중앙 최상의 자리에 중국의 황제가 임하고 있다고 해석해 왔다. 그래서 황제에게 가까이 다가섬은 하늘의 축복이 발산되는 곳으로 다가섬을 의미했고, 그곳으로부터 멀어짐은 그 반대를 의미했다.

제주시 애월읍 유수암리의 용천수가 솟아나는 우물터
제주 사람들은 백록담에 담겨 있는 물이 지하의 강을 따라 마을의 용천수로 흘러내려 온다고 여겨왔다.

조선왕조의 신유가적 관점에서 보면, 한반도에서 유일하게 거주할 수 있는 지역들은 백두산과 반도의 남쪽에 있는 지리산 사이에 우주적으로 배치된 산악지대로 엄격하게 결정되었다. … 용맥에서 흘러나오는 후한 정기는 일반적으로 백두산으로부터 남쪽으로 갈수록 점점 쇠락한다. 정통풍수관의 해석에 따르면 남쪽해안가는 용을 통하여 흘러나오는 하늘의 정기가 완전히 막혀, 지상의 생명력은 괴어 있는 물을 건너 전해질 수 없다.

- 데이비드 네메스, 《제주 땅에 새겨진 신유가사상의 자취》, 고영자 역, 2012.

하늘의 별 무리가 한라산에 내려 앉는 모습을 그린 작품(변명선 作)

이러한 전통적 풍수론에 따른다면 육지부와 수천 리 떨어진 제주는 바다로 가로막혀 그 용의 지세로부터 분리된 '버림받은 지역'으로서 사람이 살 수 없는 곳으로 치부되었다. 이는 제주가 인간을 위한 양질의 생활환경이 될 수 없고, 그 대신 말을 키우고 망명객이나 죄수들을 가둬놓기에 적합한 땅이라는 이미지로 제주를 덧칠하는 요인이 되었던 것이다.

따라서 한라漢拏라는 이름은 그것을 극복하기 위해 제주 사람들이 치열하게 고민한 끝에 고안해 낸 지혜의 산물이라고 보인다. 머나먼 곤륜산과 백두산으로 이어지는 풍수의 길^{용의 지세}이 아니라 바로 높은 산을 통해 하늘의 축복을 직접적으로 받아내겠다는 발상이다. 다시 말해 한라산은 은하수와 직접 연결되어 있어 하늘의 은혜를 위로부터 바로 받아낼 수 있다는 의지와 열망의 표출인 것이다.

여기에는 고대에 생겨난 영주瀛洲 신화와 탐라라는 독립왕국의 긴 역사를 이어 온 섬사람들의 지혜와 자긍심이 묻어 있다. 이는 외부의 통제로부터 독립성을 유지하기 위한 주체적인 논리로 새롭게 풍수를 해석한 것에서도 알 수 있다. 그 배경에는 제주의 용맥을 끊으려 했던 호종단에 대한 분노도 서려 있다. 또한 채 피어나기도 전에 날개가 잘려나간 아기장수의 슬픈 설화를 극복하기 위한 제주 선인들의 결연한 의지가 깔려 있다고 해석된다.

한라산의 칠성대는 그런 점에서 탐라인들의 원대한 이상을 펼쳐 보이는 또 다른 흔적들이다. 이는 한라漢拏라는 이름이 어떤 역사·문화적 배경에서 생겨났는지를 새롭게 살펴보게 하는 단서가 될 수 있다. 그것은 중앙의 논리에 굴하지 않고 스스로 운명을 개척해 나가려는 탐라시대의 강인한 의지와 지혜의 표상이다. 한라라는 이름은 오늘날에도 제주에 밀어닥치는 도전과 시련을 극복해 나가는 정신적 구심체로 여전히 제주섬 중앙에 우뚝 서 있다.

불로不老·장수長壽의
별빛이 비치는 제주 섬

제주로 사람들이 몰려오고 있다. 매 해 수천 명이 이주의 물결을 타고 제주에 표착하고 있다. 동남동녀는 아니지만 은퇴 계층도 아니다. 30~40대 부부가 주류를 이루고 있는 이들은 제주에서 제2의 인생을 탐색하고 있다. 그들은 대도시에서 나름 좋은 직장을 다녔던 사람들인데 쳇바퀴 돌듯 살아가는 도회지의 삶에 회의를 품고 자신들의 도시를 탈출한 이들이다. 그들을 보며 잊혀져 가던 꿈의 편린을 재발견하게 된다. 1500년 전 거친 풍랑을 헤치며 탐라 섬에 둥지를 틀고 탐라의 선주민과 더불어 새로운 별나라를 세워 나갔던 탐라인들의 잔영이 어른거린다.

2000년보다 훨씬 이전에는 또 다른 동남동녀들이 자신이 살았던 도시를 떠나 영주瀛洲: 제주를 지칭를 찾아 항해에 나섰다. 진시황기원전 259~210년은 불로불사약을 구해 오도록 하기 위해 동남동녀 5백 명

구름에 덮인 한라산
예부터 한라산은 삼신산의 하나로 신선들이 불로초를 먹으며 노니는 신령스러운 산
으로 여겨져 왔다.

으로 구성된 특별한 원정대를 동해에 파견하였다. 그것은 오래전
부터 중국의 전국시대^{기원전 480~221년} 방사^{方士}들에 의해 퍼져 나간 신
비한 소문에서 비롯되었다. 그들은 동해 바다 한가운데 세 개의
영산 또는 신령이 깃든 섬이라는 불리는 삼신산^{三神山}이 있으며, 그
섬에 불멸의 신성한 식물이 자생한다고 말하였다.

　이를 찾기 위해 대선단^{大船團}을 꾸려 출항에 나선 이가 바로 서복
^{徐福·일명 徐市}이라는 방사^{方士}였다. 서불^{서복}의 고향은 중국의 강소성^{江蘇}
^省이다. 그곳에는 서불의 원정을 기념하는 기념관이 세워져 있다.
강소성 해안에서 볼 때 제주는 동쪽에 있으며 항해에 나서서 처음
으로 보이는 땅이다. 한라산이 바다 가운데 우뚝 서 있어 제주 섬

은 멀리서도 거대한 탑처럼 보였을 것이다. 이 때문에 제주는 오래전부터 황해를 넘나드는 뱃사람들에게 거대한 탑과 같은 지표가 되었다.

그들은 큰 배를 타고 황해를 건너와 조천포에 도착한 뒤 서귀포西歸浦로 돌아갔다고 한다. '서귀포'는 서불이 제주를 찾아왔던 전설을 기념하는 지명이다. 중국 왕조사는 다음을 전하고 있다.

서불은 동쪽 바다로의 첫 번째 긴 항해(체류) 동안 신령이 깃든 섬들을 발견하였다. 그는 그곳에 도착하였고, 그곳 거주민들과 불멸의 신성한 식물을 놓고 거래를 하였으며, 그후 그 교역의 조건을 태왕에게 보고하기 위하여 서쪽으로 돌아왔다. 서불에 대한

서귀포 앞바다에 떠있는 노인성
이 별은 남쪽에 뜨는 별 중에서도 유독 크고 밝게 빛나 춘분에서 추분 사이에 종종 볼 수 있다. (윤봉택 사진)

마지막 이야기에 따르면, 그는 다시 한번 동쪽 바다로 가서 이번에는 젊은 여자들, 교역인들, 장인들, 오곡의 씨앗 등을 가득 받아 오겠다며 떠났고, 다시는 돌아오지 않았다 한다.

- D.네메스, 《제주 땅에 새겨진 신유가사상의 자취》, 고영자 역, 2012, 118~119쪽.

그들이 불로초를 찾았는지는 알 수 없다. 다만 그것이 영주산^{한라산}에 자생한다는 이야기가 오랫동안 전해지며, 언제부터인가 제주는 불로의 섬으로 인식되어 왔다. 서불에 의해 조직된 항해가 제주 섬을 에워싼 바다로 돌진했던 것은 바로 불멸의 섬을 찾아 나선 것이라는 견해다. 그러면 제주^{영주}는 왜 불멸의 섬으로 인식되었을까.

제주의 남쪽 해안에 있는 서귀포의 지명은 분명 그런 전설을 바탕으로 생겨났다. 서불이 찾아 나섰던 것은 불멸의 식물^{불로초}이고, 제주는 불로를 의미하는 많은 요소들을 간직하고 있다. 그곳에는 장수의 별인 남극노인성이 비치고, 백록을 탄 신선들이 노니는가 하면, 은하수를 끌어안는 한라산^{영주산}이 있었다. 이러한 여러 가지 요소들이 뒤섞이며 제주는 언제부터인가 불로의 섬으로 인식되었다.

제주의 낮은 위도는 한라산의 높은 위도와 결합하면서 남쪽 수평선 위로 떠오르는 밝은 노인성^{老人星}을 간결하게 보이게 한다. 노인성은 서양에서는 카노푸스라고 부른다. 용골자리^{Carlina}에 있고, 가장 밝게 빛나는 별로서 2등성이다. 위도 상으로는 남위 52도 41분 44.378초에 있어 예부터 남극성^{南極星}이라고도 하였다. 28수^宿의 남방 7수^宿 가운데 가장 남쪽에 홀로 떨어져 있는 별이다. 때문에 뱃사람들인 제주섬 사람들에게는 쉽게 눈에 띄는 별이다. 탐라시대에는 일본을 오가던 항해의 좌표로 여겼을지도 모른다. 실제로 장한철의 《표해록》에는 노인성을 보며 표류하는 자신들이 유구국流球國 가까운 곳에 위치해 있음을 파악하는 글이 등장하기도 한다. 이는 제3부에서 상술하겠다.

노인성이라는 표현은 사마천司馬遷의 《사기史記》에서 최초로 등장하고 있다.

> 낭성 근처에 큰 별이 있어 남극노인성이라 한다. 노인이 보이면 나라가 무사하고 보이지 않으면 군사가 일어난다. 늘 추분 때 관측된다.
>
> (狼此地有大星日南極老人 老人見治安 不見兵起 常以秋分之時)

이 기록을 보면 처음부터 노인성을 장수의 별로 인식했던 것은 아니었다. 그러나 당唐 초기에 방현령房玄齡이 기록한 《진서晉書》〈천문지天文志〉에는 노인성이 나라의 평안과 장수를 가져오는 별로 여기고 있음을 알 수 있다.

> 노인성은 남극에 있다. 남극성은 항상 추분날 아침부터 병방(丙方)에 보였다가 춘분날 저녁에 정방(丁方)에 진다. 이 별이 나오면 나라가 태평하고 장수한다 하여 항상 남교에서 추분 때에 제사를 지낸다.

이 기록을 보면, 장수의 개념과 남극노인성이 천문지에서 연관되어 나타나는 것은 당대唐代 이후의 일임을 알 수 있다. 또 당대唐代에는 노인성이 왜 주목하며 살펴보아야 할 별인지를 설명하고 있다.

> 노인성이 호의 남쪽에 있으니 일명 남극이라고도 한다. 군주의 수명연장의 역할을 한다. 항상 추분에 정방에서 떠올라 춘분 정방에서 진다. 보이면 나라가 장명(長命)하니 그런 연유로 수창(壽昌)이라고 하며, 천하가 무사하다. 보이지 않으면 군주에게 근심이 있다.

기존의 노인성 역할에 국가의 평안함 외에도 국가의 장명長命과 군주人主의 수명연장 관념이 곁들여지며, 남극노인성에 대한 제사와 더불어 경로행사를 벌이는 풍습이 자리 잡게 되었다. 이러한 과정을 거치며 처음에 국가의 평안과 수명을 관장한다는 의미에서 시작되었던 노인성은 이후 군주, 그리고 개인의 수명까지 관장하는 존재로 인식되며 민간에서도 널리 신앙되었음을 알 수 있다.

호칭도 노인성·남극노인성에서 출발하여 수성壽星이라는 명칭이 더해지게 되었고, 노인성이 수노인 또는 '남극선옹南極仙翁'이라는 다양한 이름으로 불리게 된 것으로 알려지고 있다.

우리나라에서 노인성에 관한 언급은 《삼국사기三國史記》의 〈신라본기新羅本紀〉에 수록되어 있는 기록이 최초의 것으로 알려져 있다. 그러나 노인성제는 고려의 정종靖宗 5년1039 2월에 제사하였다는 기록이 처음으로 나타나고 있다. 조선왕조실록^{朝鮮王朝實錄} 역시 노인성, 남극노인에 대한 기록을 다수 남기고 있어 조선시대까지 전통이 이어지고 있음을 알 수 있다.

제주에서 노인성 제사를 지냈던 기록은 남아 있지 않다. 그러나 노인성은 '무가본풀이'와 제주를 찾았던 관리나 문인들에 의해 자주 언급되고 있어, 그에 대한 관심이 널리 퍼져 있었던 것으로 짐작된다. 이처럼 제주는 장수의 별인 노인성이 비치는 섬으로 일찍부터 사람들에게 퍼져나가고 있었다. 이는 불로장수를 상징하는 불로초, 신선과 백록 이야기, 은하수를 끌어안을 수 있는 한라산이 섞이며 선향^{仙鄕}의 이미지로 자리 잡게 되었다.

제주에서 노인성에 대한 글을 처음으로 남긴 것은 충암 김정^{金淨}이었다. 그는 1519년^{중종 14} 기묘사화로 죽음의 그림자가 드리워질

서귀포에서 해마다 열리는 남극노인성제
서귀포시문화협의회가 주최하는 이 행사는 어느덧 10회 가까이 열리고 있다.

무렵 제주에 유배되었는데 그가 남긴 《제주풍토록濟州風土錄》에 한라산과 노인성이 함께 언급되어 있다.

> … 그러나 만약 한라산 절정에 오르면 사방으로 푸른 바다를 둘러보고, 남극노인성을 둘러볼 수 있다. (노인성은 크기가 샛별(金星) 같고 하늘 남극의 중심축에 있어 표면 위로 나오지 않으니, 만약 보게 되면 어질어 장수한다는 상서로운 별이다. 다만 한라산과 중국 중원(中原)의 남악(南岳)에 올라가야만 이 별을 볼 수 있다.)

충암은 훗날 제주에 유배 왔던 북헌北軒 김춘택金春澤이 "학문과 도덕이 유림의 사표였던 사람"이라고 우러러봤던 인물이다. 따라서 충암의 글은 뒤따라 제주에 오는 이들에게는 한라산을 비롯한 제주를 바라보는 길잡이 구실을 했다.

그러나 뭍사람들에게 격조 있고 아름다운 글로 제주를 선계仙界로 알린 이는 백호白湖 임제林悌: 1549~1587년였다. '조선시대의 천재 시인', '문장가 중의 문장가'인 임제의 위력은 컸다. 그 뒤를 따라온 후세의 시인묵객들은 물론 심지어 정조 임금도 한라산 예찬의 대열에 함께 들어섰다. 그런 과정을 거치며 유배인들이나 보내야 하는 원악지遠惡地, 또는 절해고도絶海孤島 정도로 치부되었던 제주 섬은 전혀 다른 이미지로 탈바꿈하기 시작했다. 그것은 어떤 이들에게는 험한 파도가 너울거리는 섬이지만 한번 찾아가고 싶은 선계仙界와 같은 곳으로 인식되어 갔던 것이다. 그야말로 임제와 그의 추종자들이 만들어 낸 인문학의 놀라운 힘은 조선시대에 이미 제주를 통해 여실히 보여주었다.

임제는 1577년에 과거에 급제하고, 그해 11월 3일 제주목사로 있던 부친 임진林瑨을 뵈러 왔다가 다음 해 3월 초 제주를 떠났다. 그는 약 4개월 동안 제주를 한 바퀴 둘러보고 한라산을 올랐으며 풍성한 글을 《남명소승南溟小乘》에 남겼다. 이처럼 한라산에 관해 많은 글을 남긴 최초의 인물이 임제였다. 비록 말을 타고 다녔지만 그는 440년 전 제주 섬을 살피며 주옥 같은 기행문을 남긴 첫 탐라 순력자이기도 하다. 지금의 시각으로 표현하면 '최초의 올레꾼'인 셈이다. 그는 제주로 올 때부터 한라산을 보고자 하는 강한 욕구를 숨기지 않았다. 그리고 상상했다.

꿈속에 황학(黃鶴)을 타고 영주(瀛州)로 찾아가니

그곳의 신선님네 나를 보고 맞이한다.

성관(星冠)이라 하패(霞佩)에 구름 수놓은 옷

그 신선 내게 준 금단(金丹) 알알이 좁쌀 모양

경루(瓊樓)에서 다시 놀기로 훗날 기약 두었거니

벽도화(碧桃花) 피고지고 천년만년 세월

- 홍기표 역

〈註〉*성관하패(星冠霞佩): 신선의 의관으로 표현한 글

  *금단(金丹): 신선이 만든다고 하는 장생불사의 영약(靈藥)

  *경루(瓊樓): 여기서는 신선이 사는 옥루(玉樓)의 뜻

임제는 한라산의 눈이 녹을 때를 기다려 마침내 한라산 등반에 나선 뒤 백록을 찾아 나섰지만 눈에 띄지 않았다. 길잡이에게 물어보니 "전에 절제사節制使: 李慶錄을 가리킴가 사냥할 때 한 마리를 잡았으나 죽었다."는 이야기를 듣게 된다.

한라산은 선계(仙界)인지라

선록(仙鹿)이 떼 지어 논다네

털은 눈처럼 하얗고

도화문(桃花紋) 점점이 박혔다지.

세인은 만나볼 수 없거늘

머리 돌려 구름만 바라보겠네.

아침엔 바위 사이 지초(芝草)를 먹고

저녁엔 계곡의 찬물을 마시고.

신선의 자하거(紫河車)를 끌어

한번 떠나면 삼천년 세월.

너 어찌 자신을 돌보지 않다가

사냥꾼의 손에 잡혔단 말인가.

해월(海月)은 찬 산에 떠서 시름 겨운데

숲속의 동무들 슬피 부르누나.

- 홍기표 역

임제는 한라산 등반에 나섰지만 풍우가 쏟아졌다. 한라산 기슭의 낡은 절인 존자암尊者庵에 며칠을 머물며 스님에게 노인성에 대해 묻게 된다. 그 스님은 "여기서 머문 지 이십 년이 되는데 아직도 본 적이 없습니다. 다만 늦가을과 초겨울에 샛별^{啓明} 같은 별이 있는데, 남쪽 하늘 끝^{南極}에서 잠깐 동안 빛나다가 집니다. 그 밖에 따로 특별한 별은 없습니다."라는 내용이었다.

> 세상에 떠도는 말 노인성이란 별
> 아스라이 저 하늘 남쪽 끝에 있다지.
> 이 산을 오르면 보인다는데
> 그 별 크기는 둥근 달만 하다고.
> 내 이제 장로의 말씀을 들으니
> 이제껏 구경한 일 없다 하네.

그러면서 임제는 "내가 저 노인성을 옮겨다 하늘 복판에 걸어두고 온 천하를 장수하는 세상 만들 수 없을까." 하는 상상을 하면서 스님으로부터 들은 기담^{奇談}을 기록하고 있다.

여름밤이면 사슴들이 시냇가로 내려와 물을 마시곤 합니다. 가까이에 사냥꾼이 있어 활을 가지고 시냇가에 숨어 있었습니다. 사슴 무리가 몰려오는 것을 봤는데, 그 수효가 셀 수 없이 많더랍니다. 그중에 하얀색을 띤 장대한 한 마리가 있었는데, 이 사슴의 등 뒤에 백발의 노옹(老翁)이 타고 있었어요. 사냥꾼은 놀랍고 괴이히 여겨 감히 범하지를 못하고, 뒤에 처진 사슴 한 마리를 쏘아 죽였습니다. 조금 있다가 노옹이 사슴 무리를 세는 것 같더니 길게

휘파람을 한번 불자 홀연히 사라졌더랍니다.

임제는 이처럼 한라산은 노인성을 볼 수 있는 산으로서 불로초인 지초芝草를 뜯어 먹으며 백록이 무리 지어 다니는 곳, 신선이 사는 옥루가 있는 선계로 묘사하고 있다. 그야말로 노인성과 수성壽星이 결합된 수노인壽老人이 거느리는 백록과 신선, 불로초, 옥루의 이야기를 다양한 시어로 표현해 내고 있다. 그 당시《남명소승》을 읽은 이들이라면 당장 책장을 덮고 제주로 떠나고 싶은 충동을 느꼈을지도 모른다.

임제는 제주도 해안을 따라 말을 타고 다니며 가장 먼저 기행문을 남긴 인물이다. 발품을 팔고 다니며 산천을 살피고, 백성들과

한라산 영실계곡에 보이는 폭포
큰 비가 오면 골짜기로 모인 빗물이 폭포를 이루며 볼거리를 제공한다.

만나 대화를 나누기도 했다. 순력에 나선 첫날부터 그는 놀라운 이야기와 마주치게 된다.

임제는 저물 무렵 김녕포金寧浦에 도착하여 말을 쉬게 하는데 학발鶴髮에 송형松形으로 연세가 백 세쯤 되는 노인들이 십여 명 있었다. 인생이란 여름 한철밖에 모르는 매미와 같이 슬픈 운명인 줄 알았는데, 이곳에 와보니 신선의 세계에 들어온 게 아닌가 하는 생각이 들어 그 노인들에게 물어보았다.

"어르신들, 여기에 살면서 무슨 일을 하시며 드시는 음식은 주로 무엇인가요?" 장수의 비결이 무엇이냐는 물음이다. 그중 지팡이를 짚고 있던 한 노인이 대답했다. 자신들은 60세 이전까지는 군적軍籍에 편입되기도 하고 고기 잡는 일도 하면서 자주 관가의 부림을 받았는데 이제 몸이 늙어서 몸이 편안해질 수 있게 되었다고 했다. 그들은 일부러 일을 벌이지 않고 욕심도 내지 않으며, 베옷 한 벌과 솜옷 한 벌로 삼사십 년 살아 왔는데, 가끔 모래와 돌 사이에서 불로초不老草를 캐어 맛난 음식을 대신해 먹을 따름이라고 했다.

임제는 신기하게 여겨 하인에게 "불로초가 무엇이냐."고 물으니 "그 줄기는 등藤나무처럼 넝쿨이 지는데, 처음 돋아나올 때는 향기롭고 부드러워 먹을 만합니다. 이 섬 둘레로 어디나 다 나지만, 여기만큼 많이 나오는 곳은 없습니다."라고 했다.

임제는 조선시대 최고의 천재시인이었다. 시인이 남긴 시는 훗날 숱한 이들의 정신 속에 퍼져 나갔다. 이는 제주가 멀고 험한 유배지가 아닌 신선이 사는 선계라는 이미지를 심어주고, 한라산을 찾고 싶은 욕망을 부추기는 데 큰 역할을 했다. 그래서 제주를 찾은 관리나 시인묵객들은 《남명소승南溟小乘》을 읽은 뒤 한라산을 오르며 임제의 자취를 더듬으려 했다. 그 모습은 그들이 남긴 한라산 등반기나 시문 속에서 쉽게 찾아볼 수 있다.

제주는 임제에게 글 빚을 졌다. 4년 전 봄에 그의 고향인 나주羅州에 있는 임제 문학관을 찾아간 적이 있다. 문학관에는 제주기행문을 엮은 《남명소승》이 비중 있게 전시되고 있다. 그곳을 둘러보며 임제를 기억하는 제주인들의 마음을 담은 작은 빗돌을 세우는 것은 어떨까 싶었다.

백록담에서 만난 하얀 노루

필자는 언론사에 재직할 때 '한라산학술대탐사'를 기획, 1998년부터 10년간 전문가 10여 명과 함께 탐사활동을 벌인 바 있다. 그때 축적된 탐사자료를 바탕으로 34인이 참여한 가운데 2006년 '한라산총서'전 11권를 펴내는 데 일조한 바 있다.

탐사활동은 100여 회에 이를 정도로 지속되어 피로감이 밀려왔지만 '오늘은 무엇이 나타날까.' 하는 기대감이 계속 산을 오르게 했다. 기대는 크게 어긋나지 않았다. 발걸음을 옮길 때마다 처음 접하는 새로운 경관이 펼쳐지고 우리는 땀을 식히며 그것을 감상하는 기쁨을 누릴 수 있었다. 임제가 제주 최대의 동천洞天이라는 찬사를 남겼던 영실靈室이 계곡이 아니라 한라산 최대의 분화구라는 사실을 새롭게 조명하는가 하면 노루의 최대 서식지가 '선작지왓' 일대라는 사실도 밝혀냈다.

탐사팀은 때때로 한라산의 백록을 이야기하였다. 사슴은 보이지 않지만 백록을 잡았다는 절제사 이경록李慶祿의 일화를 떠올리며 혹시 우리도 만날 수 있지 않을까 하는 허황된 기대를 버리지 못했다. 그러나 이미 멸종되었는지 사슴을 보았다는 이야기는 어디에서도 들려오지 않았다.

한라산 탐사를 마친 지 5년 정도 지난 2013년 봄, 서울에서 온 귀빈을 모시고 일행 6명이 한라산 정상에 오르게 되었다. 백록담을 바라보며 땀을 식히는데 누군가 "백록이다!" 하는 소리가 들렸다. '백록이라고?' 의구심 어린 눈으로 그의 손끝을 따라 백록담을 보니 사슴이 아닌 노루 한 쌍이 백록담 가를 데이트라도 하듯 걸어가고 있었다. 그런데 뿔이 솟은 수노루는 분명 하얀색이었다. 모두들 "와~아" 하는 탄성을 터뜨렸다. 기자 출신인 나에게 그것은 분명 특종감이었다. 카메라를 든 친구에게 빨리 사진을 찍어보라고 재촉하자 망원렌즈로 찍어도 초점이 제대로 잡히지 않는다며 아쉬워했다.

그러나 포기할 수는 없었다. 후배 사진기자에게 전화를 걸어 자초지종을 얘기한 뒤 빨리 등반해 하얀 노루를 찍어 보도하면 어떻

한라산 백록담 가에 서 있는 노루
2013년 봄, 두 마리 노루가 데이트하듯 백록담 가를 거닐고 있었다. 그중 뿔을 이고 있는 수노루는 하얀 털옷을 입은 노루였다. (한라일보 제공)

겠냐고 제보하는 것으로 아쉬움을 달래며 하산했다. 후배 기자는 다음 날 등반해 하루 종일 백록담 가에서 하얀 노루를 기다렸지만 끝내 촬영에는 실패했다. 백록담을 지키는 청원경찰에게 하얀 노루를 찍게 되면 연락해 달라는 부탁을 남기고 하산했다. 그로부터 10여 일 정도가 지난 2013년 6월 어느 날, 하얀 노루 사진이 1면 톱으로 신문에 보도되었다. _{한라일보 2013년 6월 6일자}

백록이 아닌 하얀 노루여서 다소 아쉬움은 있었지만 이미 멸종된 상태에서 그것을 기대할 수는 없는 일이다. 어떤 이는 하얀 노루가 털갈이하며 생겨난 현상이라 말하기도 했다. 그러나 노루는 10여 년 전에도 5만여 마리가 서식할 정도로 한라산의 대표적인 동물로 자리 잡은 지 오래다. 그렇다면 털갈이하며 생겨난 하얀 노루를 보았다는 이야기가 종종 들릴 만하다. 그러나 그런 이야기를 들은 적이 없다.

하얀 노루가 백록담을 거니는 풍경은 환상적이었다. 전설로 여겨졌던 백록이 하얀 노루로 바뀌었지만 감동의 빛깔은 여전하다. 다만 처음 하얀 노루를 보았을 때 "백록이다!!" 하고 함성을 지른 것처럼 '백록'이라 부르고 '하얀 노루'로 쓰면 될 일이다. 새로운 버전의 백록 이야기는 입과 귀를 통해 후손들에게도 널리 퍼져 나갔으면 한다.

제주 섬을 지키는
두 개의 별, 보필성輔弼星

제주는 돌의 섬이다. 화산 폭발에 의해 흘러 내린 용암이 제주 섬의 지층을 이루고, 거기에서 쪼개져 나온 것들이 돌덩어리들이다. 지천으로 널린 돌들은 삶의 고단함을 더하는 시련의 산물이었다. 치워도 치워도 나오는 돌들은 밭돌담이 되고, 집 울타리로 쌓아지고, 돼지 우리와 포구와 원담을 두르는 석재가 되었다. 그래서 민속학자인 김영돈은 일찍이 제주의 돌담을 일컬어 '흑룡만리'라고 하였다. 만리장성이 외적을 물리치기 위해 축조되었다면 제주의 돌담은 끊임없이 밀려오는 풍재風災·수재水災·한재旱災, 즉 삼재三災를 극복하기 위한 지혜의 산물이기도 했다.

제주에는 석상들이 많다. 돌이 많은 섬이어서 그런 것도 있지만 제주 사람이면 누구나 돌을 쌓고 다듬는 일에 익숙하기 때문에 생겨난 현상이라고 볼 수 있다. 눈에 띄는 점은 그것들이 대부분 한 쌍으로 되어 있다는 점이다. 이런 사례는 제주목관아 앞에 세워진 두 개의 돌덩어리로 만들어진 기간지주를 비롯하여 성문 앞에 세워졌던 돌하르방, 집 입구에 세워진 정주목 등에서 볼 수 있다. 그것들은 제주목관아와 제주성, 성안 사람들, 마을, 집안, 무덤을 지키는 수호신과 같은 존재로 여겨져 왔다.

이들 석상과 두 개가 한 쌍으로 이루어진 석조물에 대해서는 그동안 많은 연구가 이어져 왔다. 하지만 지금까지 제시되지 않았던 다른 시각의 해석도 있다. 그것은 한 쌍처럼 세워진 석상이나 두 개의 석조물을 바로 북두칠성을 보필하는 두 개의 별로 바라보는 것이다.

탐라국 칠성대에 관한 이야기가 퍼지기 시작한 것은 20년이 채

서귀포시 안덕면의 해안가 풍경
화산섬인 제주는 화산폭발로 인해 용암이 바다로 흘러내리며 아름다운 해안경관을 이루고 있다.

되지 않았다. 그러나 지금은 제주사회에 널리 퍼지면서, 탐라가 북두칠성으로 세운 나라일 가능성에 고개를 끄덕이는 이들이 늘고 있다.

북두칠성을 호위하는
좌보성左輔星과 우필성右弼星

보필성은 북두칠성 곁에 있는 두 개의 별을 뜻한다. 좌보성과 우필성 두 개의 별을 의미한다. 실제로는 하나밖에 보이지 않지만 두 개의 별로 관념한다. 이러한 인식은 한漢 왕조시대부터 북극성 주변의 두 개의 별로 해석해 온 데서 비롯되었다. 좌측에 있는 별을 좌보성, 우측의 별은 우필성으로 불러왔다. 이들 좌우의 별을 합해 보필성輔弼星이라 일컫는다. '보필輔弼'은 임금을 가장 가까이서 모시는 신하를 이르는 말로서 임금의 좌우측에 서는 신하를 가장 중히 여겨 '보輔·필弼'이라고 했다. 이 말은 천문에서 유래했다.

고대국가에서는 천상의 모델을 지상에서 따라 하려는 관념이 짙었다. 하늘과 땅을 일치시켜야 하늘의 축복이 인간에게 내려진다고 보았기 때문이다. 천문을 관측하며 하늘의 징조를 읽어내려 한 것도 이러한 관념에서 비롯된 일들이다.

김일권은《우리 역사의 하늘과 별자리》2008, 252~262쪽에서 북두칠성과 북두9성에 대해 다음과 같이 풀이하고 있다.

북두칠성 곁에는 두 개의 별이 있어 이를 북두9성(北斗九星) 또
는 북두구진이라고도 하는데 좌측의 별을 좌보성(左輔星), 우측
의 별을 우필성(右弼星)이라고 한다. 이 두 별은 북두칠성을 보필
(輔弼)하는 별로 인식해 왔다. 임금이나 상관을 보좌하는 일, 즉
보필은 여기에서 유래된 말이다. 보성(輔星)과 달리 필성(弼星)
은 관측된 기록이 보이지 않는다는 점에서 실재하는 별이 아니라
관념상의 별로 여기고 있다.

　동아시아에서는 고대부터 천문을 관측해 왔는데, 이는 인간의
거주지를 정하는 데 있어 구도와 윤곽을 설계하는 모델로 시각화
되었다. 탐라시대에 북두칠성을 모방해 구축된 칠성대도 천상의
별자리 구도를 모델로 삼아 이 땅에 구축한 대표적 사례의 하나라
고 볼 수 있다.
　신유가의 전도사이자 실행가인 풍수사들이 들고 다니는 나경에

고대의 동아시아인들에게 북두칠성은 천제(天帝)를 태우고 다니는 전차로 인식돼
왔다. 칠성의 곁에는 좌우에 보필성이 있는데 여섯 번째 별자리 곁에 작은 별로 그
려지고 있다. (사진: D.네메스의《제주땅에 새겨진 신유가 사상의 자취》중에서)

는 보성輔星과 필성弼星이 반영되어 있다. 그것은 집이나 무덤, 즉 양택과 음택을 고를 때는 물론 읍성과 관부도 이들 보필성을 염두에 두고 축조되었을 가능성을 암시하고 있다. 제주에는 유달리 쌍으로 된 석상과 돌조각이 많다. 이들 석조물은 어떤 의미에서 세워진 유산인지를 살펴보고자 한다.

제주목관아의
기간지주旗竿支柱

제주목관아濟州牧官衙에 가면 포정문布政門과 관덕정觀德亭 사이에 커다란 두 개의 돌기둥에 의지해 높게 솟아있는 깃대를 볼 수 있다. 깃대 끝에는 노란색 바탕에 검은 글씨로 '帥'라고 새겨진 깃발이 펄럭거린다. 수帥는 어떤 의미를 갖기에 늘 저렇게 높은 장대에 게양되어 펄럭이는가.

다음Daum의 옥편을 찾아보니 "수帥=1. 장수. 군대의 장군. 원수元帥 2. 우두머리. 통솔자. 3. 거느리다. (1) 부하를 통솔하다. (2) 앞장서다. (3) 인도하다. 4. 좇다. 따름. 5. 바루다. 바르게 함" 등의 뜻을 가진 것으로 풀이하고 있다. 그렇다면 제주목을 거느리고 다스리는 목사가 어떤 존재인지를 함축하고 있다.

수기帥旗의 깃대를 곧추세우게 하는 기간지주旗竿支柱는 두 개의 바위로 이루어져 있다. 이들 기간旗竿은 제주목관아지 발굴사업이 끝날 무렵인 1998년 늦가을에 출토되었다. 그곳은 둥그런 분수대가

제주목관아 앞에 세워져 있는 기간지주(旗竿枝柱)와 수기(帥旗)
두 개의 석상으로 이루어져 있는 기간지주는 집 앞의 정주석, 성 입구의 돌하르방들,
묘소 앞의 동자석 등과 함께 두 개의 보필성으로 이해된다.

깃대를 받치는 두 개의 기간
탐라 시대에 축조된 것으로 추정된다.

있어 차선을 따라 회전하는 구실을 하였던 곳인데, 주변에는 소공
원처럼 나무 그늘 아래 벤치가 놓여 있어 작은 쉼터가 되기도 하
였다.

목관아와 관덕정 앞 광장을 원 지형으로 복원하기 위한 공사를
벌이던 중 누구도 예상치 못했던 커다란 석조물 두 개가 출토된
것이다. 전문가들에게 자문을 구한 결과 '기간지주旗竿支柱'로 명명
되었다. 제주목관아의 위용을 상징하던 수기帥旗와 관련된 석조물

이 온전한 형태로 드러난 것이다. 사실 제주목관아 터에 대한 발굴 조사를 통해 온전한 형태로 출토된 것은 기간지주가 유일하다고 볼 수 있다. 그 점을 생각하면 더욱 놀랍고 반가운 일이 아닐 수 없다.

전국에서 찾아보기 어려운
독특한 기간旗竿

기간지주旗竿支柱는 어떤 석조물인지 검색해 보았지만 이에 관한 자료는 거의 찾아볼 수 없었다. 《한국민족문화대백과사전》에도 보이지 않고, 네이버NAVER와 다음Daum에는 신라 김유신 장군이 경주시 감포읍에 세웠다고 하는 기간지주 하나만 소개되고 있다. 그러나 제주목에 세웠졌던 기간지주와는 전혀 다른 형태여서 비교하기 어렵다. 그렇다면 제주목관아의 기간지주는 전국적으로 쉽게 찾아볼 수 없는 기간지주라고 볼 수 있지만 단정할 수는 없다.

궁금한 것은 기간지주가 언제 세워졌느냐는 것이다. 이형상 목사가 제주의 화공 김남길金南吉을 시켜 그리게 한 《탐라순력도》에는 제주조점齊州操點, 제주사회齊州射會, 제주전최齊州殿最, 공마봉진貢馬封進 등 네 개의 화폭에 수기를 그려 넣고 있다. 《탐라순력도》는 1702년 제주목사로 부임한 이 목사가 10월 29일부터 11월 20일까지 제주를 순력할 때 풍물과 행사를 그린 41폭의 그림을 하나로 엮어낸 책

進封馬貢

壬午六月初七日
差使員大靜縣監崔東㦤
御乗馬二十匹
年例馬八匹
差備馬八十匹
誕日馬二十匹
冬至馬二十匹
正朝馬二十匹
歲貢馬二百匹
凶咎馬三十三匹
媌膅馬三十三匹
黑牛二十首

《탐라순력도》〈공마봉진〉

이형상 목사가 남긴《탐라순력도》의〈공마봉진〉을 보면 관덕정 우측에 수기가 걸려
있다.

230

이다. 이를 놓고 보면 수기帥旗를 거는 기간지주는 1702년 이전에 설치되었다.

그 시기는 구체적으로 언제일까. 이에 관한 기록이 없어 정확한 연대를 파악하기는 어렵다. 이원진의《탐라지》등에 따르면 최해산崔海山 목사 때인 1434년 실화로 관부가 소실되었다. 그러자 이듬해1435년에 폐사지廢寺址 주변에 있는 재목과 기와를 가져와 관아를 복원하였다는 기록이 있다. 기간지주는 사찰에 세워졌던 당간지주와 많이 닮아 있다. 그렇다면 폐사찰에 있었던 당간지주를 옮겨다 목관아 입구에 세워놓은 것은 아닌가 하는 생각이 먼저 와 닿는다.

제주목의 기간지주를 직접 찾아가 조사했다. 깃대를 받치는 두 개의 기간旗竿은 한 쌍의 현무암으로 이루어져 있다. 두 개의 기둥을 합친 앞면의 너비는 155cm, 기둥 하나의 둘레는 하부 293cm, 상부 165cm, 높이는 195cm이다. 기둥 사이에는 두 개의 원형 구멍이 뚫려 있는데, 동그란 핀 같은 원형 철봉을 꽂아 장대를 고정시키는 구실을 하고 있다. 기간旗竿의 높이는 설치할 무렵 70cm 정도가 지하에 묻혔다. 두 개의 돌기둥이 흔들리지 않도록 땅속에 깊이 묻었기 때문이다. 그렇다면 전체 높이는 270cm 안팎이 될 것으로 추정된다.

두 개의 사다리꼴
암석으로 구성

　　　　　　　두 개의 기간은 사다리꼴을 보이고
있다. 사찰의 당간幢竿처럼 날렵한 형태가 아니라 대형 현무암석을
자연스럽게 다듬어 세운 모습이다. 위에서 아래로 곧게 내려오던
기간은 하부에 턱을 두고 있을 뿐 다른 장식을 하지 않고 있다. 전
체적으로는 기교를 가하지 않고 원석의 형태를 자연스럽게 살린
것과 같은 느낌을 주고 있다.

　필자가 측정한 제주목의 ①기간지주와《한국민족문화대백과사
전》에 소개된 ②당간지주의 내용과 비교해 보았다. ①은 제주목
사가 좌정해 있는 목관아의 위치와 위엄을 상징하는 수기帥旗를
거는 용도로, 두 개의 돌기둥으로 만들어졌다. 이에 비해 ②는 당
幢: 불화를 그린 旗을 걸었던 장대, 즉 당간을 지탱하기 위하여 좌·우에
세우는 기둥이다. 그래서 ①과 ②는 형태와 기능은 유사하지만
상징성과 의미는 확연히 다르다. ①의 경우 돌로 만들어졌으나
②는 돌로 만드는 것이 보통이나 철제·금동제·목제인 경우도 있
다고 한다.

　구체적으로 조감해 보자. 기본형식에 있어 ①은 두 기둥을
20cm 정도의 간격으로 양쪽에 세우고 그 안쪽 면에 지주를 세우
기 위한 두 개의 간공杆孔을 뚫었다. 아래에는 넓은 기단부를 두어
간대竿臺 기능도 겸하고 있다. 이에 비해 ②는 두 기둥의 간격이
60~100cm로 넓다는 점이 확연히 다르다. 다만 ②의 경우 간구·간

공의 위치나 형태에 있어 원형 또는 방형의 간공이 세 군데 관통되어 있는 것, 윗부분에만 간구가 있는 것, 윗부분에는 간구가 있고 그 아래로 2개의 관통된 간공이 있는 것 등으로 다양한 형식을 보이고 있다.

외형적으로 보면 ①은 기둥의 바깥면 중하단부에 턱을 주어 상·하부로 나뉘어 있는데 ②는 전체적으로 '一자형', 기둥의 바깥면 중간에 한 단의 굴곡을 주어 상·하부로 나눈 것, 기둥 바깥면의 두 곳에 굴곡을 주어 허리가 잘록하게 보이도록 한 것, 그 밖의 특수한 형태 등으로 나타난다.

당간지주들은 모두 통일신라시대 이후의 것으로 통일신라시대의 형태와 조형미가 가장 돋보이는 것으로 여겨지고 있다. 고려시대에는 무늬가 형식화로 약화되면서 정교하지 못하고 돌 다듬기도 고르지 않아 둔중한 느낌을 준다는 평가를 받고 있다.

이러한 당간지주의 형태와 특징을 놓고 볼 때 기간지주는 어떠한 선문線紋이나 돋음 띠무늬의 장식을 하지 않고 있다. 다만 상·하부를 시각적으로 나누면서 하부의 기단석과 같은 형태를 나타내는 구실을 하고 있을 뿐이다. 이러한 형식은 ②의 불교적 색채를 빼고 목관아의 기간지주로서 위엄을 보여주기 위한 의도로 제작되었음을 느낄 수 있다. 따라서 두 개의 돌기둥기간지주은 아무런 장식이 없어 오히려 소박하면서도 예스러운 고졸미古拙美를 느끼게 한다.

탐라시대 성주청 앞에
조성된 석축물로 인식

　　　　　　　　　　　　제주의 기간지주旗竿支柱는 언제 만들
어진 것일까. 이형상李衡祥 목사가 남긴 《탐라순력도》에는 기간지
주에 걸려 있는 수기帥旗가 뚜렷이 그려져 있다. 그 이전으로 거슬
러 올라갈수록 숭유억불정책이 강하게 몰아치던 시대였다. 그러
한 배경 속에서 불교적 색채가 농후하면서 사찰의 상징적 존재인
당간지주를 연상시키는 기간지주를 새로 만들어 세웠을 것으로는
보기 어렵다. 최해산 목사가 폐사지廢寺址에서 옮겨왔을 것으로 보
는 견해도 있을 수 있으나 부정적이다. 당시 최 목사는 관부官府가
실화로 소실되어 문책을 받을까 전전긍긍하였을 상황이었다. 그
런데 사찰의 상징적 시설인 당간지주를 옮겨 와 유교를 신봉하는
관아 전면에 세운다는 것은 엄두도 낼 수 없는 일이라고 짐작되기
때문이다.

　그렇다면 여타 전국의 관부에서는 찾아볼 수 없는 제주목관아
의 기간지주는 언제 세워진 것일까. 기간지주가 세워진 목관아 일
대는 탐라시대에 성주청星主廳이 있었다고 추정되는 곳이다. 기간
지주 바로 서남쪽에 위치한 관덕정은 탐라시대의 월대月臺가 있었
던 자리에 세워진 건물이다. 월대는 달을 바라보는 곳이다. 그렇
다면 그 곁에 세워진 기간지주는 우주목宇宙木으로 해석될 여지가
있다.

　이는 무속에서 굿을 할 때 하늘 높이 올리는 긴 대나무를 연상케

굿판에 세워지는 장대는 하늘의 기운을 받아내는 신목(神木)이다. 단군시대의 신단수(神壇樹)와 의미가 유사하다.

한다. 신단수神壇樹도 다르지 않다. 단군신화에서 환웅천왕은 신시神市를 열었다고 한다. 그래서 신단수는 도시이면서 풍백, 우사, 운사와 3천 명을 데리고 내려왔다는 나무神木를 나타내기도 한다. 기간지주 역시 우주로부터 쏟아져 내리는 에너지를 받으려는 장치로 볼 수 있다. 북두칠성을 모방해 칠성대를 세웠던 탐라인들이라면 충분히 그러한 상상력을 가졌을 것이라고 여겨진다. 우주는 땅을 통하여 인간에게 축복을 내린다는 고대 천문관의 연장선상에 있기 때문이다.

성문 앞에 세워졌던
돌하르방

돌하르방은 제주의 대표적인 석상
으로 일찍부터 알려져 있다. 제주를 방문한 이들은 누구나 한 번
쯤 이들 석상 앞에서 사진을 촬영하거나 그것을 모형화한 작은 돌
하르방을 기념품으로 사갔던 기억을 갖고 있을 것이다. 그만큼 돌
하르방은 제주를 떠올리게 하는 조각상이다. 돌하르방의 옛 이름
은 '옹중석翁仲石'이었다. 정의고을의 치소였던 성읍마을에서는 '백
하르방'이라고도 부르고 있다. 돌하르방은 1960년대 이후에 붙여
진 별칭이다. 1754년 제주목사 김몽규가 제주 성안으로 진입하는

제주읍성 입구에 쌍으로 세워진 돌하르방
성을 지키는 수호신으로 인식된다.

236

3개의 입구에 처음 세웠다고 하는데, 그 후 정의현, 대정현에도 세
워졌다.

　제주읍성으로 접근하는 세 개의 주요 도로는 성문 약 35m를 앞
두고 S자 형태로 급하게 꺾이게 된다. 이처럼 도로를 설계한 것은
외적이 침입할 때 말을 탄 군사들이 성안으로 침략할 수 있는 시
간을 더디게 하면서 방어할 시간을 벌려는 의도라고 볼 수 있다.

　돌하르방은 제주 성안에 24기, 정의·대정현성에 각 12기씩 24기
가 있었으니 모두 48기가 세워졌었다. 제주성의 경우 한 쌍의 돌
하르방은 성문의 마지막 관문인 골목 양쪽에 마주 서 있었던 반면,
4쌍으로 이루어진 8기나 되는 돌하르방은 2조로 성문 밖에 세워

졌다. 이들 돌하르방은 현재
원래의 자리에 한 기도 남아
있지 않다. 모두 이름 있는 주
요 기관들이 가져다 경내에
세웠기 때문이다. 모든 문화
재는 원위치에 남겨져야 한
다. 그래야 그것들의 의미를
더 명확하게 이해할 수 있기
때문이다.

──
제주목관아 내에 있는 돌하르방
다양한 표정의 돌하르방은 성문지기
로서의 다양한 기능을 시사한다.

정의현에 세워졌던 쌍으로 된 돌하르방

이들 돌하르방은 키가 2m에서 2.5m 정도로 다양한데, 이는 분리형 기석을 제외한 크기이다. 석상들의 표정은 더욱 다채롭다. 담담한 표정이 있는가 하면 유머러스하고 친근한 할아버지 느낌으로 다가오는 것들도 있다. 어떤 것은 퉁명스럽거나 금방 화를 내며 다가올 듯한 표정의 무서운 얼굴도 있다.

이러한 모습은 성문지기로서 돌하르방의 기능을 시사하는 것이기도 하다. 유머러스하고 친근한 표정은 성을 찾아오는 내방객들을 따뜻하게 맞이하는 주인의 모습을 연상시킨다. 그러나 부정하거나 해를 가할 위험이 있는 것들에 대해서는 단호하면서도 무서운 표정으로 쫓아내려는 척사의 의지도 드러난다.

돌하르방들은 보통 길목에서 서로 마주 선 자세로 놓여 있었다. 그런데 이색적인 돌하르방도 보인다. 그중에는 기단에 네모난 구멍을 내고 있고, 다른 하나는 그 바닥이 아래쪽으로 기울어지면서, 측면에 L자형의 구멍을 낸 석상도 보인다. 이는 원래 기단들은 네모난 구멍을 내고 있었고, 나머지 반은 L자형 구멍을 내었을 것이라는 의심을 갖게 한다. 그것은 두 개의 기둥을 사이에 두고 긴 장대로 서로 연결함으로써 출입을 금하게 하는, 제주 초가의 대문 구실을 하는 정주목을 떠올리게 한다.

가옥의 수호신
정주목

　　　　　민속학자 현용준은, 《제주도 사람들의 삶》[2009, 267~274쪽]에서 돌하르방의 기능을 무속신화인 〈문전본풀이〉를 통해 정주목과 연결시켜 해석하고 있다. 〈문전본풀이〉를 보면, 의붓어미의 악행을 징치한 일곱 아들들이 각각 집안을 지키는 여러 신이 되는데, 막내아들인 녹디성인은 '일문전[상방-마루방의 앞쪽 문신]'이 되었다. 큰아들은 '뒷문전[상방의 뒷문신]'이 되고 나머지 5형제는 오방에서 집을 지키는 '오방토신[五方土神]'이 되는 것으로 신화는 막을 내린다.

　현용준은 '정주목'이나 '정낭'은 단순한 나무나 돌기둥이 아니라 초자연적 신격이 내재되어 있는 성물[聖物]로 다뤄진다고 한다. 따라서 정주목은 돌하르방 석상의 발전적 변형이며, 성문 앞 좌우에 무서우리만큼 부리부리한 눈으로 조각하여 세운 것은 바로 정주목신[神]의 조상[彫像]이라고 해석하고 있다. 그리고 기석에 파인 홈은 정

집으로 들어가는 입구에 세워져 있는 정주석
정낭을 거는 구멍은 2~4개로 다양하다. 집안을 지키는 수호신의 개념이 들어있다.
(강만보 사진)

제주민속자연사박물관에 설치된 정주석과 정낭

낭을 꽂았던 잔재이며, 그 수호신이 통행금지 기능을 발휘했던 것이라고 설명하고 있다.

돌하르방을 정주목신^神의 조상^{彫像}으로 보는 해석은 흥미롭다. 이는 정주목과 돌하르방을 하나의 짝과 같은 상징으로 보는 것이다. 따라서 돌하르방은 정주목보다 시기적으로 늦게 설치되었다는 것을 전제로 한다. 그런 차원에서 정주목의 초자연적 신격을 받아들여 돌하르방이라는 석상이 조각된 것으로 보고 있다.

천문으로 그려진
제주의 농촌 경관

고대국가는 대형 구축물을 통해 그 나라의 이념을 전파하는 구실로 삼아왔다. 이러한 시도는 고대나 중세의 농업국가에서 두드러지게 나타나는데, 단지 성벽으로 둘러싸인 도시 설계에만 몰두한 게 아니었다. 도시의 벽을 넘어서, 마을과 가족 단위로 살면서 일하는 대중들에게 이념을 확산시키는 노력을 게을리하지 않았다. 이러한 사례는 비록 후대의 일이지만 고려시대의 사찰 건립을 통한 불교의 확산, 조선시대의 향교와 서원의 건립을 통한 유교사상의 확립에 왕조가 큰 관심을 보였던 것에서도 찾아볼 수 있다.

탐라는 북두칠성을 모방해 도성을 설계하는 등 천문을 이 땅에 구현하려 했던 나라였다. 그렇다면 도성의 울타리를 넘어서 탐라사회 전체로 보편적인 우주질서의 근본이념을 전파할 필요성이 있었을 것이다. 이러한 탐라지배층에게 보필성輔弼星의 의미를 재발견하고 이를 이념의 확산 도구로 채택한 것은 '신의 한 수'와 같은 묘안妙案이었다.

보필성은 앞서 언급하였듯이 북두칠성을 호위하는 별인 동시에 수호신이라는 의미로 여겨져 왔다. 이는 북두칠성으로 도시를 세운 탐라의 이념에 가장 부합하는 것으로 대중들에게 쉽게 다가설 수 있는 장치라고 볼 수 있다. 탐라시대에 기간지주가 세워졌다면 그것은 탐라왕 성주星主가 좌정해 있는 성주청 입구에 가장 먼저 세워졌을 것이다. 그래야 '별나라의 주인'이라는 성주星主 또는 성주청을

마을 돌탑
제주섬에는 마을마다 세워진 돌탑을 만날 수 있다. 돔 형태의 이들 돌탑은 고대 천문적 시각으로 보면 소우주를 상징한다. 이들 마을 돌탑은 이후 비보풍수의 영향을 받으며 방사의 기능이 덧씌어진 것으로 해석된다.

수호하고 안내하는 보필성의 개념을 효과적으로 알릴 수 있다. 그게 '기간지주'라고 해석된다. 마을도 마찬가지였다. 칠성신앙을 믿는 백성들도 마을 밖을 오갈 때는 누군가 자신을 지켜주는 수호신이 필요하다고 여겼을 것이다.

'거욱대'라는 제주의 마을 돌탑은 둥그런 돔dome의 형태로 세워져 있다. 고대국가에서 원圓이나 반구체半球體는 소우주小宇宙를 상징하는 조형물이었다. 후술하겠지만 제주에는 칠성대를 비롯한 반구체 형태의 많은 조형물이 곳곳에 산재해 있다. 따라서 오늘날 마을 돌탑 위에 나뭇가지나 새를 닮은 돌과 석인상을 올려놓는 일은 후대에 비보풍수의 영향을 받아 새롭게 추가되며 상징이 변형된 것이 아닌가 여겨진다.

백성들이 사는 집도 보필성의 상징성이 매우 적절하게 세워져 조화를 이루는 공간이다. 일부 〈문전본풀이〉에는 일곱 아들이 나쁜 계모를 징치하고 하늘의 북두칠성이 되었다는 칠성신화를 들려준다. 그렇다면 가옥의 수호신은 북두칠성신이며, 두 개의 정낭은 이들 칠성신을 호위하거나 집 안 출입을 통제하는 보필성으로서 수문장과 같은 존재가 되는 셈이다. 둥그런 형태의 묘 앞에 한 쌍으로 서 있는 동자석과 높은 언덕에서 마치 연인처럼 마주 보며 읍성을 지키는 동·서 자복상資福像도 기능은 다르지 않다.

보필성으로 상징되는 이들 수호신은 성주청의 기간지주를 비롯하여 성문을 지키는 돌하르방, 성 밖의 자복상, 마을의 돌탑거욱대, 가옥의 정주목, 묘소 앞의 동자석처럼 섬 전역에 흩어져 있다. 외부로부터 지켜야 할 가치가 있는 모든 곳에는 두 개로 쌍을 이룬 석상이나 다양한 조형물 형태로 세워져 있다. 그렇다면 탐라궁전 앞에 세워진 기간지주는 백성들에게 정주목을 세우는 데 있어 표준 설계도와 같은 본보기가 되었다고 여겨진다.

이들 수호신적인 석상이나 석조물은, 돌이 지천으로 널려 있고 일상적으로 돌과 더불어 살아온 탐라인들에게는 어렵지 않게 어느 곳에든 만들어 낼 수 있는 대상이었다. 그래서 탐라 백성들은 그 작업에 흔쾌히 뛰어들었고, 곳곳에 유산으로 남겨 놓을 수 있었다.

보필성을 상징하는 제주의 석상과 석조물은 여러 시대에 걸쳐 만들어졌다. 두 개로 한 쌍을 이루는 기본 형태를 갖추면서도 디자인은 물론 다양한 종교적 색채들도 담아내 표현하고 있다. 이는 탐라시대부터 제주 섬에 전해 내려오는 별에 대한 각별한 인식과 전통, 그리고 그에 관한 백성들의 폭넓은 공감과 지지가 있어 가능했을 것이다. 시대를 달리하며 각자 다르게 의미부여되었더라도 별을 중요시하는 의식은 늘 공유되어 왔음을 보여주고 있다. 그러면 이 시대의 제주를 지키는 보필성은 무엇으로 삼아야 할 것인가.

제주 땅에 새겨진
천문 관련 이름들

칠성도대촌七星圖大村

　　　　　　　　제주에는 천문과 관련된 유적과 지
명이 적지 않다. 먼저 칠성대가 세워졌던 제주시 원도심 지역을
중심으로 살펴보면 '칠성도대촌七星圖大村'을 들 수 있다. 18세기 전
반에 제작된 〈조선강역총도〉 중 '제주도濟州圖'에는 제주읍성 옆에
'칠성도대촌七星圖大村'이라 표기해 놓고 있다.

　《신증동국여지승람》을 보면 고적조에 〈모흥혈〉, 〈칠성도〉, 〈대
촌〉 순으로 소개하고 있는데, 이것은 세 고적이 밀접하게 관련되
어 있음을 의미하는 것이다. 먼저 칠성도 기록을 보면 "주성 안에
있다. 돌로 쌓았던 옛터가 있다. 삼성三姓이 처음에 나와서 삼도三徒
를 나누어 차지하고 북두성北斗星 모양으로 대를 쌓아 웅거했다. 때

18세기 전반에 제작된 〈조선강역총도〉 내 '제주'(부분 확대도)
이 채색필사본에는 성안을 '칠성도대촌(七星圖大村)'이라고 표기하고 있다. 칠성대
가 있는 대촌이라는 뜻이다.

문에 칠성도^{七星圖}라고 이름 하였다."고 했다. 〈대촌^{大村}〉에 관해서
는 "삼도^{三徒}를 합하여 살아서 큰 마을이 되었는데, 곧 지금의 주성
^{州城}이다. 고을사람들이 성안을 대촌이라고 한다."고 하였다. 따라
서 고지도 등에 표기된 '칠성도대촌^{七星圖大村}'은 바로 칠성도가 있는
대촌이라는 의미로 성안을 지칭하는 표현이기도 한 것이다.

그러면 삼도는 어떤 곳인가. 지금의 제주시 원도심에 자리 잡고
있는 삼도는 일도, 이도, 삼도를 말한다. 시대의 흐름에 따라 약간
의 변동이 있었지만, 탐라국시대부터 지금까지 거의 같은 마을 형
태를 유지하고 있다. 《신증동국여지승람》의 기록을 토대로 보면
탐라시대에 이미 일도, 이도, 삼도가 설촌되었으며, 이들 세 마을
에 북두칠성의 형태인 칠성대가 축조되었음을 알 수 있다. 다만,
지금의 한자어로 된 명칭은 후대에 붙여진 것으로 이해된다.

246

만남의 광장 제주칠성로상로상점

제주시 원도심인 일도동에 세워진 안내 표석
북두칠성으로 디자인해 지역의 역사·문화적 전통을 표현하고 있다.

《고려사》에는 일도·이도·삼도를 삼도三徒로 통합하여 대촌大村 또는 대촌현大村縣이 되었다고 기록되어 있다. 그러나 대촌이 합쳐져 대촌현이 되었다는 것은 후대의 기록이다. 이에 앞서 삼도는 탐라시대의 도성을 이루는 핵심마을이었다. 이는 칠성도 기록에서 보듯이 칠성도 축조 당시 이미 하나의 대촌으로 엮여 있었기 때문이다.

1970년대까지 제주 성안 지역인 지금의 일도동은 몇 가지 별칭이 섞이며 불렸다. 칠성골, 칠성동, 칠성통, 칠성로가 그것이다. 그중 가장 오래된 지명은 '칠성골'이라고 여겨진다. '골'은 '고을'을 뜻하는 지명이기 때문이다. '칠성동七星洞'은 이후에 붙여진 지명으로서 일상생활보다 행정 명칭이나 문서 등에 주로 사용된 것으로 보인다. '칠성통七星統'은 일제강점기에 붙여진 이름이다. 당시 일본인들이 집단 거주했던 곳으로, 칠성대 하나가 일인日人에 의해 평탄화되었다는 기록이 전하는 곳이기도 하다. '칠성로七星路'는 해방 이후 생겨난 도로명인데 칠성골을 지칭하는 이름으로 지금도 불리고 있다.

왜 일도동에는 칠성이라는 이름이 많이 붙여졌는가. 지금은 많이 사라졌지만 20~30년 전만 해도 상호 앞에 '칠성'을 붙인 상점과 여인숙, 세탁소 등이 많이 있었다. 그래서 이 지역을 다니다 보면 '과연 칠성골에 와 있구나.' 하는 생각이 절로 들 정도였다.

일도, 이도, 삼도에는 일곱 별자리로 연결된 칠성대가 설치되어 있었다. 그럼에도 유독 일도동에 '칠성'이라는 지명과 상호가 많이 붙여진 배경은 무엇 때문일까. 그것은 일도가 다른 지역인 이도2개,

삼도²개에 비해 많은 3개의 별자리를 갖고 있던 지역이라는 점과 관련되어 있는 게 아닌가 한다. 이도동에는 '두목골' 또는 '두목동斗目洞'이라는 지명이 있다. 이곳에 칠성대의 첫 번째 별자리가 있었기 때문으로 '북극성을 바라보는 눈'이라는 의미가 있는 것으로 여겨진다.

몽골 기황후와
삼첩칠봉

제주시 삼양동 원당오름 기슭에는 '불탑사'가 있다. 사찰 정문 안으로 들어가 오른쪽으로 돌아가면 길이 4m의 제법 큰 석탑 하나를 만날 수 있다. 보물 제1187호로 지정되어 있는 '불탑사 오층석탑'이다. 이 탑은 고려시대 이래 제주의 3대 대표사찰의 하나였던 '원당사'에 있었던 것으로 전해온다. 그래서 불탑사 오층석탑을 일반적으로는 원당사지 오층석탑이라고도 부른다.

전해오는 이야기에 의하면, 원당사는 몽골제국에 공녀貢女로 끌려갔다가 황후 자리까지 오른 고려 출신 기씨奇氏가 세웠다고 한다. 태자가 없어 고민하던 기황후에게 어느 날 승려가 비법을 알려주면서 이야기가 시작된다. 승려는 북두칠성의 명맥이 비치는 삼첩칠봉三疊七峰에 절을 세워 불공을 드리면 황손을 얻을 수 있다고 했다. 원당봉은 멀리서 보면 세 개의 능선이 겹쳐진 형태로 보인다.

또한 원당봉의 능선은 7개로 보이기도 한다. 풍수가들은 50cm 정도만 높아도 봉우리로 본다. 그렇다면 삼첩칠봉을 갖춘 곳이라고 볼 수도 있다. 그래서 천하를 두루 살피다가 원당봉을 적지로 보고 공을 들여 황태자를 얻었고, 그에 대한 감사로 원당사를 창건토록 했다는 이야기가 전해 오고 있다.

석탑은 전체적으로 고려 후기 석탑의 축조양식을 연상케 하고, 원당사 터 발굴조사 때 고려시대 건물지와 도자기 조각들이 확인되었다. 창건 시기는 몽골의 제주 지배기였고, 창건을 주도한 집단은 몽골족으로 보고 있다. 몽골의 제주 지배는 13세기 이후이다. 원당사지 오층석탑은 현무암으로 만들어졌는데, 현무암으로 만들어진 불탑은 세계에서 이 석탑이 유일하다고 한다.

삼첩칠봉三疊七峯은 천문과 관련된 것으로 북극삼성삼태성과 북두칠성을 나타내는 의미로 해석된다. 삼첩은 북극삼성 또는 불교적으로는 삼태성三台星을 뜻하며, 칠봉七峯은 북두칠성을 표현하고 있다고 볼 수 있다. 황손을 낳기 위해서는 풍수적으로도 그런 곳을 택해야 한다고 보았을 것이다.

필자는 간혹 밤에 제1횡단도로를 타고 서귀포를 다녀올 때면 첨단과학단지 입구에 차를 세우고 하늘을 바라보는 습관이 있다. 그런데 어느 날 북극성을 바라보니 삼양동 위에 떠있음을 보며 삼첩칠봉의 의미를 깨달았던 기억이 있다. 북극성은 정북正北에서 우측으로 5도 정도 기운 위치에 있는데, 제주 섬에서는 바로 삼양동의 하늘에 떠 있는 것으로 보이는 것이다.

북극성을 바라보던

공신정拱辰亭

제주시 산지천 동쪽은 가파른 지형으로 이루어져 있다. 그곳을 '금산禁山 언덕'이라고 부르는데 노송이 울창해 벌목을 금지하기 위해 붙여진 이름이었다. 김석종의 《포구의 악동들》에 보면 산지천가에는 산지포구를 오가는 일본인日本人들을 위한 최초의 '송천松川'이 있었는데 산지천과 노송이 우거진 주변 풍경에서 붙여졌던 이름이라고 한다. 금산 언덕은 제주 성안에서는 가장 높고 조망이 좋은 명소였다. 여기에 오르면 성안을 구석구석 살필 수 있었고, 무엇보다 한라산으로부터 먼바다까지 한눈에 볼 수 있었다. 그래서 공신정拱辰亭을 비롯하여 삼천서당, 달관대, 해산대 등이 있었다.

공신정拱辰亭은 본래 문루門樓로 북수구 위에 있었다. 효종 3년1652 8월 비바람으로 남·북수구가 파괴되자 목사 이원진이 그 이듬해인 효종 4년1653 3월 11일 북수구문을 다시 만들고 그 위에 정자를 세워서 낙성잔치를 벌였다. 이때 두보杜甫의 시에서 "높은 다락에서 북극성을 바라본다."는 뜻을 따서 공신루라 명명하였다. 순조 8년1808에 목사 한정운韓鼎運이 중수하여 공신정이라 하였다.

그 뒤 폭우로 다시 허물어지자 순조 31년1831에는 목사 이예연이 "물길이 가까워서 노는 사람들이 늘 북적거린다." 하여 삼천서당 북쪽으로 이건移建하였다. 이때 그 위에 초루를 지어 북두칠성을 바라보며 세운歲運을 기원하는 사당으로, 목사와 관리들의 여름철 피

산지천 동쪽 언덕에 세워졌던 공신정(拱辰亭)
북성을 잇는 '무지개 다리' 홍예교와 아름다운 풍경을 자아내고 있다.

서지로, 또는 외래객의 접대소로 사용했다. 헌종 14년[1848]에 목사 장인식이 중건하였고, 고종 21년[1884]에 목사 심현택이 중수하였으며, 광무 8년[1904]에 목사 홍종우가 다시 중수하였다.

　뒤에 제주측후소 자리가 되었다가 제주신사濟州神社를 지으며 헐렸다. 해방 뒤 제주측후소현 제주기상청가 다시 들어섰으며, 한국전쟁으로 제주에 온 피난민들이 이곳에 임시 기거하였는데 그 후 교회가 들어섰다. 최근에는 제주기상청 건물이 새로 들어서면서 공신정 옛터 위에 세워질 예정이었으나 이를 반대하는 시민들의 목소리가 높아 그 자리를 비켜 건축되었다.

정의고을에 세워진
의두정倚斗亭

1416년태종 16 삼읍三邑이 분리될 때 정의현청의 위치는 지금의 성산읍 고성리로 정하였다. 그러나 현청 위치가 동쪽 끝에 치우쳐 있으므로 현재 성읍리인 진사리辰舍里로 옮기게 되었다. 이때 삼읍三邑의 장정을 총동원하여 1423년세종 5 1월 9일에 착공해 같은 달 13일에 축성이 완료되니 모두 신기하다고 하였다. 당시 둘레는 2,936척, 높이 13척이었다.

의두정倚斗亭은 정의읍성의 북성에 세워졌다고 한다. 직역하면 북극성에 의지하는 정자라는 뜻인데 조천진성의 연북정戀北亭처럼 임금을 그리워하거나 생각하는 정자로 해석할 수 있겠다. 제주의 한학자 소농素農 오문복 선생이 펴낸《영주풍아瀛州風雅》에는 오형순吳亨純이 지은 '폐읍이 된 정의고을을 지나며過旌義廢邑'라는 시가 실려있다. 이 시에도 의두정이 등장하는데 폐읍이 된 정의고을과 더불어 망국의 상징으로 쓰였음을 알 수 있다.

말에서 내려 배회하며 이 생각 저 생각
한라산 동쪽 성에 저녁연기 사라진다.
의두정은 텅 비인 채 몇 해를 넘겼고
영주산 솟은 후로 몇천 년 지났던고
문물은 바뀌어서 새로운 세계가 되었는데
글 읽는 소리 뚝 끊겨 옛 풍류 사라졌도다.

다행히 여러 벗 만나 툭 터놓고 이야기할 제

다만 청빈하더라도 머리를 굽히지 맙시다.

住馬徘徊感舊遊 漢東城下夕烟收

亭空依斗多經歲 山立瀛州幾換秋

物態幻明新世界 絃歌頓寂古風流

幸逢諸益論心地 只以淸貧不讓頭

　한 선비가 폐읍이 된 정의고을을 지나며 남긴 글이다. 어느 계절
인지는 모르겠지만 늦가을 오후처럼 스산한 느낌이 든다. 말을 타
고 성읍마을을 스쳐 지나가려다 말에서 내려 마을을 둘러본다. 저
녁을 앞둔 시각인지 성안 곳곳에서는 저녁 끼니를 준비하는 연기
가 피어오르고 고개를 들어 북성쪽을 바라보니 의두정依斗亭이 텅
빈 채로 쓸쓸하다.

　'의두정 비인 채로 몇 해를 넘겼고'는 정의고을이 군으로 바뀐 뒤
의 어느 시점을 의미한다고 볼 수 있다. 의두정은 수령이 정사를
보던 일관헌日觀軒 바로 뒤편 북성 위에 있었는데 때때로 북극성을
바라보며 임금을 그리워하던 공간이다. 따라서 의두정은 이 고을
을 다스렸던 수령이 임금을 생각하며 정사를 폈던 고을의 상징적
존재였을 것이다.

　정의고을은 1906년光武 10에 정의현에서 군郡으로 명칭이 바뀌었
고 1914년에 이르러서는 제주군濟州郡에 합병됐다. 그리하여 1423
년 이후 약 5세기 동안 정의현의 도읍지였던 성읍마을은 평범한

옛 정의고을의 풍경
왼쪽에는 동헌인 일관헌이 있었고 북성(北城) 위에는 의두정이 들어서 있었다.

농촌으로 바뀌게 됐다. 따라서 '의두정 비인 채로 몇 해를 넘겼고'
는 5백 년간 이어져 온 유서 깊은 고을이 면面 소재지로 허망하게
바뀌게 된 현실의 비애를 드러내고 있다. 그렇다면 오형순이 이
시를 쓴 시기는 정의고을이 제주군에 병합된 1914년 이후인 1920
년 전후의 시기일 것이다.

  "문물은 바뀌어서 새로운 세계가 되었는데/ 글 읽는 소리 뚝 끊
겨 옛 풍류 사라졌도다."의 시구도 당시 선비들의 착잡한 심경을
표현하고 있다. 일제강점으로 제도가 바뀌고 새로운 문물이 들어

오고 있다. 하지만 한편에선 글 읽는 소리 뚝 끊겨 옛 풍류가 사라지고 있음을 안타까워하는 선비들의 착잡한 심사가 잘 드러나고 있다. 아마도 오형순 역시 어느 시절인가 이곳의 선비들과 술잔을 부딪치며 시문을 짓고 글을 논하던 추억이 스쳐갔을지 모른다. 그런데 나라를 빼앗긴 현실에서 글을 읽는 일이 어떤 의미를 가진다는 말인가. 선비들의 글 읽는 소리 뚝 끊겼다는 대목이 그런 분위기를 잘 그려내고 있다.

"다행히 여러 벗 만나 툭 터놓고 이야기할 제/ 다만 청빈하더라도 머리를 굽히지 맙시다."라는 문장도 나라를 빼앗겨 울분에 찼던 선비들의 한탄과 비애감을 드러내고 있다. 오랜만에 오형순을 만난 성읍마을의 선비 몇몇은 반가운 인사를 나눈 뒤 주안상을 마주하고 회포를 풀기 시작했을 것이다. 대화가 이어지지만 일제에 나라를 빼앗긴 처참하면서도 굴욕적인 현실과 그럼에도 함부로 말을 꺼내지 못하는 처지를 답답해하며 한숨을 짓는 장면이 떠오른다. 결국은 서로를 위안하고 격려할 수밖에 달리 할 일이 없다. 그래서 일제에 영합하지 않음으로써 여러 가지 불이익이 닥치고 생활은 궁색하더라도 머리를 굽히지 않고 선비답게 살며 훗날을 기약하자는 의미로 해석된다.

오형순에 관한 자취는 자료가 없어 파악하기 힘들다. 하지만 그가 남긴 '폐읍이 된 정의고을을 지나며'라는 시 한 수는 일제강점기 제주 지식인들의 고뇌의 일단을 보여준다는 점에서 소중한 자료라고 볼 수 있다.

방성^{房星}에 제를 올렸던
마조단^{馬祖壇}

마조단^{馬祖壇}은 말의 수호신인 방성^{房星}에 제사 지냈던 제단 터이다. 방성^{房星}은 천사성^{天駟星}이라고도 하며 곧 말의 조상을 의미한다. 우수^{雨水} 후에서 곡우^{穀雨} 전까지인 중춘^{仲春}에 길일^{吉日}을 택하여 마조단에서 제사를 지냈다. 이 제를 마조제^{馬祖祭}라고 하며 고려시대부터 원에 의해 대규모 목장이 세워지면서 돌림병으로부터 말을 지켜달라는 기원을 담아 제사를 지냈다. 1276년 몽골이 설치한 탐라 목장이 제주도 목장^{牧場}의 효시이다. 조선시대에는 중산간 지대에 잣성을 쌓아 말을 생산했던 10소장^{十所場}과 산마장^{山馬場}, 해안 목장인 우목장^{牛牧場}, 도서 목장인 가

제주KAL호텔 서쪽 담장가에 세워진 **馬祖壇**(마조단) 터 표석
말을 지키는 **房星**(방성)에게 제를 올렸던 곳이다.

파도별둔장^{加波島別屯場}이 있었다. 마조단에서 지내던 마조제^{馬祖祭}는 1909년 일본군국주의 통감부에 의해 산천단제^{山川壇祭} 등과 함께 폐지되었다.

마사단^{馬社壇}은 말을 타는 방법을 창시한 마사^{馬社}, 국토를 맡은 신^神 후토^{后土}에게 제사 지내는 제단^{祭壇}으로, 말의 번식과 성장을 기원하였다.

> … 작은 제사 소사(小祀)인 마사단은 그 크기가 모두 너비 2장 1척, 높이가 2척 5촌이고 작은 담이 하나이며 묻는 구덩이는 모두 묘단(廟壇)의 북쪽 임방(壬方)의 땅에 있게 하되 남쪽으로 계단을 내고 네모지고 깊어서 물건을 넣어 둘 만하다. 벽돌을 층이 지게 쌓아올려서 조그마한 천정(天井)을 만드는데 깊이와 너비를 3, 4척쯤 되게 하고 그 남쪽에 오르내리는 통로를 만들어서 일이 없을 때에는 흙을 메워 두고 제사 지낼 때에는 흙을 파내고 깨끗이 소제(掃除)하였다가 제사를 마치면 사람을 시켜서 폐백(幣帛)과 축판(祝版)을 가지고 밟고 다니는 길로 내려가서 구덩이 안에 집어넣은 다음에 흙을 부어서 꼭꼭 다지고 예(例)에 따라 사람을 두고 지키게 하였다.
>
> - [출처] http://blog.naver.com/msk7613 작성자 김민수

'방성'은 말의 수호신으로 부르는 별자리다. 몽골이 '말의 수호신이 임하는 곳'으로 여길 만큼 탐라는 천연의 말 방목지라 할 만한 곳이었다. 몽골이 탐라에 목장을 설치하고 경영하게 된 배경을 후

대의 기록[1493년. 성종 23년]을 통해 알 수 있다.

> 제주는 천사방성(天駟房星)이 비치는 땅이라 원나라 세조가 목
> 장을 만들기를 명하여 달단마가 들어와 준마가 탄생되었다.
> 濟州天駟房星照臨之地元世祖命作牧場韃靼馬

이러한 배경 속에서 몽골은 자신들의 말 160마리를 제주에 들여
와 동쪽의 수산평 일대에 풀어놓으며, 몽골의 탐라목장이 처음 설
치되었다. 그게 1276년[충렬왕 2년]의 일이다. 몽골은 말을 기르고 관리
할 '하치'들도 보냈다. 하치는 몽골족 가운데에서도 목축기술이 뛰
어난 자들로 선발되어 제주에 왔으며 '목호牧胡'라고도 일컬어졌다.
다음 해에 목마장은 서쪽, 지금의 한경면 고산리 일대로 확대된
다. 그때 몽골은 말만 가져온 게 아니었다. 이들 목마장에서 소, 낙
타, 나귀, 양 그리고 고라니까지 길렀다고 전한다.《정조실록》에
도 이에 관한 기록이 실려 있다.

제주에서 유생들이 과거시험을 보기 위해 상경했는데 임금이 이
들을 불러 제주에 관해 질문을 던지는 장면이 등장한다. 임금은
제주의 역사와 자연 등에 관해 폭넓은 관심을 보인다. "원나라 때
제주에 소, 낙타, 나귀, 양 그리고 고라니까지 가져와 길렀다고 하
는데 지금도 그 종들은 남아 있느냐."고 물었다는 기록이 그것이
다. 이는 탐라목장에 대한 조정의 관심이 각별했음을 보여주는 일
화이기도 하다.

말이 잘 번식되자 몽골은 몽골말을 계속 들여오는 등 제주에서

의 말 사육에 더욱 힘을 기울였다. 충렬왕 20년에 몽골의 황제 쿠빌라이의 사망으로 몽골의 일본 정벌이 완전히 종식되자마자 바로 탐라민이 몽골로 가 말 400필을 바쳤다는 기록이 나타난다. 이는 몽골이 일본 정벌을 시도·추진했던 기간 중에 탐라가 이를 위한 전초·병참기지로 경영되었기 때문으로 보인다.

제주에는 말의 수호신인 방성에 제사 지냈던 마조단^{제주시 이도1동}^{1691번지 소재}이 있었다. 1852년^{철종 3년}에 이곳에 설치되었는데 방성은 천사성이라고도 하여 곧 말의 조상을 의미하였다. 따라서 마조단^{馬祖壇}은 말의 조상에게 말의 번식을 기원하는 마조제^{馬祖祭}를 지냈던 제단이었다.

마조단이 설치되었던 지금의 KAL호텔 자리는 한라산의 지세가 꿈틀거리면서 바다를 향해 내려가다 멈추는 지형을 보이고 있다. 제주성에서 보면 우뚝 솟은 지대에 위치해 있어 하늘을 향해 제를 올리기에 안성맞춤의 터라고 볼 수 있다. 한때 제주여자중·고등학교로 사용되다가 1975년 무렵 지금의 KAL호텔이 들어서게 되었다.

제주에서 방성^{房星}에 대해 제를 올리는 마조단^{馬祖壇}을 설치하였던 것은 매우 이례적인 조치라고 볼 수 있다. 조선 전기의 국왕들은 천신을 모신 환구단^{圜丘壇}에서 기곡제를 지냈다. 그러나 국왕은 제천례^{祭天禮}를 거행할 수 없다는 주장이 나오자 환구단 제사를 중지하고 선농단 제사에 기곡제의 의미를 부여하고 있었다. 환구제는 천신^{天神}을 대상으로 하고, 사직제는 국토와 오곡의 신을 대상으로 하므로 천지제사에 해당한다. 우리나라에서 다시 천제를 지내게 된 것은 1895년 고종이 조선이라는 국호를 폐지하고 대한제국으로 반포하면서였다. 고종 황제가 대한제국을 반포하면서 가장 먼저 천제天祭를 지낸 것은 더 이상 중국의 제후국이 아니라는 선언이었다.

이러한 점을 놓고 볼 때 제주에 마조단을 설치한 것은 그만큼 국마장國馬場으로서의 제주의 중요성을 반증하는 것이다. 원나라가 제주를 14개소의 국마장 중 하나로 삼았던 역사적 배경도 한몫했다고 여겨진다. 즉, 몽골元 때부터 어떤 형식이든 마조제馬祖祭가 있었을 것이다. 따라서 조정에서는 고례古禮에 따라 예외적으로 제주에 한해서 허용한 것은 아닐까 여겨지지만 고증할 수는 없다.

남극노인성을 바라보는
서귀포의 남성정南星亭

삼매봉은 서귀포 시내 서쪽 해안에 우뚝 서 있는 해발 약 153m의 봉우리다. 삼매봉 정상에 오르면 앞에는 태평양으로 나가는 징검다리처럼 동쪽의 섶섬, 문섬, 범섬이 좌우로 들어서 있고, 서남쪽에는 가파도와 국토 최남단인 마라도가 이어져 나타난다. 뒤로는 한라산 자락이 마치 날개를 펼치는 듯하고, 그 아래는 '하논 분화구'가 거대한 경기장처럼 자리 잡고 있다. 한때 하논 분화구를 종합경기장으로 만들자는 논의가 있었지만 자연 훼손이라는 비판이 일면서 곧 물밑으로 사라졌다. 지금은 귤원이 조성돼 있어 가을에는 황금빛으로 빛나기도 한다.

남성대(南星臺)
서귀포 삼매봉에는 남극노인성을 바라보는 곳이라는 뜻의 남성정(南星亭)이 세워
져 있다. 마을 이름 또한 '남성(南星)' 마을이다.

정상에는 팔각형의 남성정南星亭이 세워져 있다. 옛날에는 이곳에 '남성대南星臺'라는 봉수대가 있었다고 해서 정자 이름을 남성정南星亭이라고 붙였다고 한다. 남성南星은 남극노인성南極老人星을 일컫는다. 그렇다면 남성정南星亭은 남극노인성을 바라보는 정자라는 뜻으로 붙여진 이름이다.

노인성은 예부터 그것을 바라보면 장수한다는 별이다. '카노푸스'라는 학명의 항성恒星으로, 춘분 때 떠서 추분에 진다고 알려져 있다. 이러한 노인성에 관한 문화를 살리고자 5~6년 전부터 춘분 때를 맞춰서 '서귀포시 남극 노인성제'가 이중섭미술관 앞마당에서 서귀포시문화협의회회장 이석창 주최로 열리고 있다.

서귀포에는 남극노인성과 관련된 지명이 여러 곳에 남아 있다. 대표적인 곳이 영주 12경의 하나인 '서진노성西鎭老星'으로 '서귀진西歸鎭에서 노인성을 바라본다.'라는 말이다. 그러나 서귀진은 바닷가의 낮은 지형에 위치해 있어 노인성을 바라보려면 삼매봉 정상에서 바라보는 것이 좋을 듯싶다. 삼매봉은 남성마을에 있다. 마을 이름 자체가 남성南星이라고 할 정도로 노인성에 대한 서귀포 시민들의 애정과 관심은 각별하다.

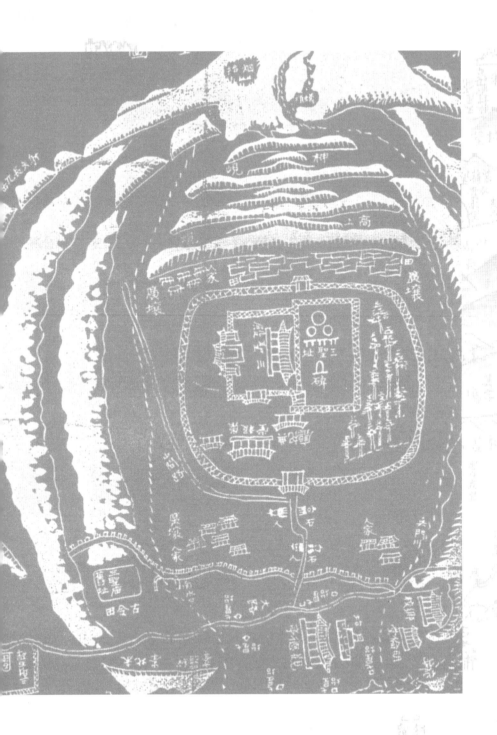

일곱 개의 별과 달을 품은
탐라 왕국

제3부

일곱 별과 달을 품은
탐라도성

〈제3부 일곱 별과 달을 품은 탐라도성〉은 탐라의 '옛 성'을 처음으로 집중 조명하고자 한다. 제주사에 관심을 가졌던 이들은《신증동국여지승람》을 비롯한 몇몇 고문헌에 의존해 왔다. '古城은 州城의 서북쪽에 있다.'는 기록에 따라 그곳에 탐라의 '옛 성'이 있었으며, 조선시대의 읍성은 그것을 수축한 것으로 여겨왔다.

그러나 이들 기록은 탐라의 '옛 성'과는 아무런 관련이 없으며, 탐라의 '옛 성'은 조선시대의 제주읍성 안에 원형(圓形)으로 자리 잡고 있음을 보여주려 한다. '옛 성'은 4등분한 형태로 일도, 이도, 삼도와 관부인 성주청으로 나뉘어 있다. 그 속에는 일곱 별자리가 삼도를 아우르며 설치되었고, 성주청 지역에는 월대가 세워졌다. 이를 통해 탐라의 '옛 성'은 우주의 모형인 원형의 성안에 별과 달을 품은 형태로 축조되었으며, '별나라의 주인'을 뜻하는 탐라 왕의 호칭인 星主도 여기에서 비롯되었음을 환기시키려고 한다.

1,500년 전에 세워졌을 것으로 추정되는 '옛 성'은 지금의 시각으로 볼 때도 매우 합리적으로 설계되었음을 알 수 있다. 성 중심에 십자형 도로를 따라 세 개의 성문을 설치하였고, 성주청 앞 광장도 탐라시대에 만들어졌음을 재조명하고자 한다.

이 글은 마지막으로 1011년 탐라가 고려에 스스로 예속되며 역사의 종언을 고하게 되었던 배경을 조심스럽게 다루게 될 것이다. 독립왕국을 지향했던 탐라는 1002년과 1007년 두 번의 화산폭발로 절체절명의 위기 상황을 맞았고, 그게 결국 탐라시대의 막을 내리게 하는 단초가 되었음을 가설적으로 다루고자 한다.

제주읍성의 서북쪽 '고성古城'은
탐라의 '옛 성'인가

제주의 역사를 더듬어 볼 수 있게 된 2000년 가까운 장구한 세월 동안 지금의 원도심 지역은 줄곧 섬을 다스리는 수부首部가 되어 왔다. 탐라시대에는 성주星主라고 지칭되는 국주國主가 최고 권력자로서 섬을 통치했던 도성都城이 있었을 것으로 추정된다. 고려를 거쳐 조선시대에 접어들면서 '옛 성'을 수축해 들어선 주성州城은 일제강점기에 훼철될 때까지 제주 섬의 역사와 문화를 가꾸고 지켜 온 심장부가 되었다.

이러한 탐라 '옛 성'의 자취를 조명하는 일은 제주의 역사를 연구·복원하는 데 있어 매우 중요한 작업이다. 특히 조선시대 주성이 들어서기 전에 존재했다고 전하는 탐라 '옛 성'의 위치와 규모를 파악하는 일은 탐라사의 핵심적 골격을 찾는 것과 다름이 없다. 그렇다면 기록에 제주성 서북쪽에 있었다고 전하는 '고성古城: 묵은성'

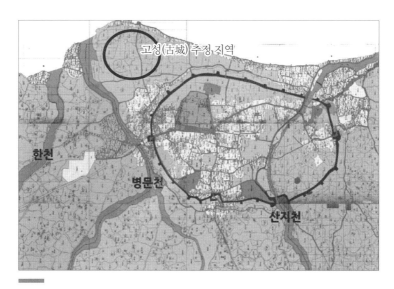

《신증동국여지승람》의 성지조에는 제주읍성의 서북쪽에 고성(古城)이 위치해 있다고 기록하고 있다. 그러나 그것이 탐라의 '옛 성'인지에 대해서는 의구심이 있다.

은 탐라의 '옛 성'인가?

제주성에 관한 기록은 조선조에 들어와서야 처음 나타나는데, 《조선왕조실록》과 읍지류 등에 간헐적으로 등장한다. 이들 기록을 시대순으로 간추려 내용을 분석하고자 한다.

> ● 제주에 군(郡)을 설치하던 초기에 한라산의 4면이 모두 17현이었습니다. 북면의 대촌현(大村縣)에 성을 쌓아서 본읍의 동서도(東西道)로 삼고…
>
> 《태종실록》권31, 태종 16년 5월 丁酉條

이는 제주도 안무사 오식 및 전 판관 장합 등이 1416년^{태종 6년} 제주도를 삼읍으로 나누어 줄 것을 청하면서 제주에 군(郡)을 설치하던 초기에 대촌현(大村縣)에 성을 쌓아서 본읍으로 삼았다는 것을 환기시킨 내용이다.

● 제주에 큰비가 내려서 물이 제주성에 들어와 관사와 민가가
  표몰(漂沒)되고, 화곡(禾穀)의 태반이 침수되었다.
《태종실록》 권16, 태종 8년(1408) 8월 19일 갑오

이 기록은 큰비로 제주성이 물에 잠기며 수재를 입게 되었다는 내용이다. 산지천이 범람하며 제주읍성이 침수되는 재해가 발생하였다는 기록은 왕조실록 등에 여러 차례 기술되고 있다. 이 때

탐라의 원풍경을 보여주는 산지천 주변 모습
일제강점기의 사진으로, 급속한 도시화가 이루어지기 전의 모습을 담고 있다.

제주시 남수각 동쪽의 '소레기 동산'에서 읍성 내를 바라보며 찍은 사진이다. 바로 왼쪽이 현재 복원된 제이각이 있었던 곳이다.

문에 제주읍성의 산지천 서안에는 남북으로 간성^{間城}을 축조해 수재에 대비하였고, 일제강점기에는 산지천 상류의 내^川를 막아 화북천으로 물길을 돌리기도 하였다. 산지천 하류는 토목과 건축술이 발달한 1980년대에도 상습침수지역으로 지정될 정도로 제주시 원도심의 고질적인 침수취약지대였다.

이러한 산지천의 범람은 옛 성을 축조하는 데도 중요한 고려사항이었을 것으로 보인다. 산지천은 남문성 동북쪽에 있는 오현단으로부터 소민문^{蘇民門} 부근까지는 벼랑으로 이루어져 어지간한 큰비가 와도 범람을 막을 수 있는 자연지형을 갖추고 있었다. 그러나 동문시장 일대를 지난 하류는 하천과 바다가 만나는 지점이다.

만조 때에 홍수가 치면 성안으로 범람하는 재해가 발생했다.

● 제주의 성을 수축하도록 명하였다.

《태종실록》 권21, 태종 11년 1월 3일 갑자)

이 기록은 산지천의 상습적 재해요인을 예방하면서 한편으로
는 그간 늘어난 인구와 취락, 새로운 왕조에 걸맞은 지방관아의
모습을 갖추려는 조치로 이해된다. 따라서 '옛 성의 수축'은 기존
의 성을 다른 지역으로 이설하는 방식으로 추진되었다는 어떠한
시사점도 제시하지 않고 있다. 오히려 기존의 성에 대한 수축을
통해 제주의 '옛 성'에 나타난 문제를 전반적으로 개선하고, 조선
왕조의 출범에 부합하는 읍성으로 일신시키기 위한 조치라고 해석
된다.

● 《세종실록지리지》 제주목조: 읍석성 둘레 910보(邑石城 九百
十步)

이 기록은 '옛 성'을 수축한 뒤 30여 년이 지난 단종 2년[1454]에 펴
낸 《세종실록지리지》의 기록으로, 제주성의 둘레가 910보임을 밝
히고 있다.

이들 기록에서 '제주의 성'은 조선시대의 '제주읍성'을 의미하는
것이 아니다. 따라서 옛 '제주의 성'과 '제주읍성'의 혼동을 피하기
위해 이후부터는 '제주의 성'을 '탐라의 옛 성' 또는 '옛 성'으로 달

리 표기하고자 한다.

그러면 '탐라 옛 성'의 길이는 어느 정도 될까.

탐라시대의 '옛 성都城'은 여전히 수수께끼와 같은 존재다. 이는 탐라의 도성이 어느 시대, 어디에 쌓아졌는가에 대한 물음과 함께 남아 있다. 《신증동국여지승람》 제주목 〈고적조〉에는 "주성의 서북쪽에 옛 성터가 있다. 州城西北有古城遺址"는 기사가 보인다. 이원진의 《탐라지》 〈고적조〉1653년에도 "古城: 주성 서북쪽에 있는데 옛 성자리가 남아 있다."고 소개하고 있다. 이 때문에 제주의 옛 성을 추적해 온 연구자들은 《태종실록》에서 언급한 '옛 성'의 위치를 '주성의 서북쪽'으로 지목해 왔다. 문헌기록만으로는 타당한 추론이지만 여러 가지 자료를 살펴보면 그곳이 탐라시대에 축조된 '옛 성'이라는 데 대해 강한 의구심이 든다. 왜 그런가.

첫째, 문헌자료에 나타나는 대촌일도, 이도, 삼도과 '고성古城: 묵은성'이 기록과 여러 측면에서 상이한 현상을 보이고 있기 때문이다. 앞서 언급한 것처럼 탐라에 성이 처음 쌓아진 것은 탐라가 고려의 군郡으로 편입되었던 초기로, 한라산 북면의 대촌현大村縣에 성을 쌓았다고 했다. ('탐라에 성이 처음 쌓아진 시기는 탐라가 고려의 군郡으로 편입되었던 초기'라는 기록의 문제는 다음에 재론하고자 한다.) 그러면 여러 기록에 등장하는 대촌현은 어떤 곳인가.

《세종실록》 지리지의 제주목 편과 《고려사》 지리지의 탐라현 편, 《신증동국여지승람》의 제주목 편에는 고기古記①를 인용해 다음과 같은 내용을 기술하고 있다.

태초에 인물이 없었는데 세 신인(神人)이 땅으로부터 용출(湧出)했다. 고을라, 양을라, 부을라라고 했다. 이에 세차(歲差)로 나누어 결혼하고는 샘(泉)이 달고 토지가 비옥한 곳에 나아가 활을 쏘아 땅을 선택했는데, 양을라가 거처하는 곳을 제일도(第一都), 고을라가 거처하는 곳을 제이도(第二都), 부을라가 거처하는 곳을 제삼도(第三都)라 했다.

이 내용은 고기古記라는 형식을 빌려 삼을라가 활을 쏘아 일도, 이도, 삼도를 정한 것은 탐라의 개벽시대에 이루어진 일임을 기술하고 있다. 《신증동국여지승람》의 제주목 〈고적조〉에는 〈칠성도七星圖〉②에 대해 보다 구체적으로 설명하고 있다.

칠성도(七星圖): 주성 안에 있다. 돌로 쌓았던 옛 터가 있다. 삼성(三姓)이 처음 나와서 삼도(三徒)를 나누어 차지하고 북두성(北斗星) 모양으로 대를 쌓아 나누어 웅거하니 칠성도(七星圖)라고 이름하였다.

이는 칠성도와 일도, 이도, 삼도가 불가분의 관계에 있는 유적임을 명확히 하고 있다. 탐라도성이 세워졌다면 그 속에는 삼도三都三徒가 중심적 자리에 위치해 있어야 한다. 칠성도 역시 마찬가지다. 실제로 칠성대는 1920년대까지 조선시대의 읍성 안에 존재했음을 김석익의 《탐라록》과 《매일신보》 기사와 사진을 통해 확인할 수 있다.

《신증동국여지승람》은 칠성대에 이어 〈대촌大村〉③에 대해서도 소개하고 있다. "대촌=삼도三徒를 합하여 살아서 큰 마을이 되었는데, 곧 지금의 주성이다. 고을사람들이 성안을 대촌이라고 한다."는 내용이다.

'고성古城'의 중심부에 대촌과 칠성대가 있는가

성은 외적으로부터 백성과 관부를 보호하기 위해 쌓는다. 그렇다면 당연히 성은 백성들이 밀집해 있는 지역에 들어서야 이치에 맞다. 묵은성古城이 태종이 수축하라고 명했던 '옛 성'이라면 ①, ②, ③과 관련된 자취가 드러나야 한다. 이는 태종이 수축을 명했던 1400년대보다 무려 1천 년을 훨씬 앞선 시기에 일도, 이도, 삼도로 형성된 취락의 흔적이 광범위하게 퇴적되었을 것으로 추정되기 때문이다.

그러나 이 일대에서 펼쳐진 몇몇 고고학적인 발굴 작업을 통해 대촌大村의 흔적, 다시 말해 대규모 취락이 있었음을 보여주는 유의미한 단서는 나타나지 않고 있다. 제주성 서북쪽의 고성과 관련된 기록에도 ①, ②, ③의 유적이 그곳에 있음을 암시하는 기사는 찾아볼 수 없다.

그럼에도 고성古城·묵은성을 '옛 성'이라고 본다면 먼저 제주읍성의 중심부에 자리 잡고 있는 일도, 이도, 삼도는 '옛 성'이 수축되면서 현재의 위치로 모두 이설되었다는 가설이 성립되어야 한다. 그러나 태종 임금은 '옛 성'을 수축하라고 했지, 다른 지역으로 이설移設하라고 한 것이 아니다. 이 부분이 매우 중요하다. 만약 이설했다면 그것은 수도 이전과 같은 대역사大役事가 있어야 가능한 일이다. 그러나 문헌기록뿐만 아니라 이를 뒷받침할 수 있는 구전은 어디에도 없다.

둘째, 후대에 작성된 지적도와 같은 자료에서도 고성古城과 제주읍성과의 관련성을 찾을 수 없다는 점이다. 고성묵은성이 탐라의 '옛성'이라고 한다면 제주성 서북쪽 일대와 성주청으로 추정되는 제주목관아가 들어서 있는 지역은 '옛 성'의 중심지대여야 한다. 그러나 1914년에 제작된 지적도에 묵은성 지역과 일도동 또는 성주청 사이에는 취락 대신 드넓은 밭이 좌우로 펼쳐지고 있다. 이처럼 지적도 상으로도 묵은성古城 지역과 탐라의 '옛 성'과의 연결고리는 찾아볼 수 없다.

《신증동국여지승람》의 고성古城은 탐라가 아닌 원元이 남긴 유적

그렇다면 고성古城에 관한 기록은 무엇을 의미하는가. 《신증동국여지승람》에는 고성古城에 대해 〈고적조古跡條〉와 〈성지조城址條〉에 두 차례 언급하고 있다. 고적조에는 "고성=주성 서북쪽에 고성의 남은 터가 있다.", 성지조에는 "고성

=제주성 서북쪽에 있으며 옛터가 남아 있다."라고 기술되어 있다.
이는 표현만 달리하고 있을 뿐 사실상 같은 내용이다.

그런데 주목해 보아야 할 점은 '고성'이 '고토성古土城', '고성古城',
'고장성古長城', '항파두고성抗波頭古城', '달루하치부達魯花赤府', '군민안무
사부軍民安撫使府' 등과 함께 기술되고 있다는 점이다. 이는 성지조城址
條에도 내용은 간략하지만 '고토성', '고장성', '항파두고성' 등과 함
께 다시 언급되고 있다. 이와 함께 원이 탐라를 지배하던 거점이
었던 '달루하치부'와 '군민안무사부'에 대해서도 소개하고 있다.
즉, "지금 주성 북쪽 해안에 옛 관부의 남은 터가 있는데, 의심컨대

곧 그 땅인 것 같으나 상고할 수 없다.”는 내용이다.

이들 기록에서 다루고 있는 성城과 관부官府는 모두 원의 침략에 저항했던 삼별초와 관련된 유적들이거나, 원의 제주 지배기에 구축되었던 시설들이다. 이처럼 ‘고성’이 원과 관련된 성지나 관부 등과 함께 기술되고 있는 것은 이들 유적이 원나라와 밀접하게 관계되었음을 강하게 시사하고 있다. 이는 원의 지배로 국토가 유린되었던 자취를 후세에 전하고자 했던 조선시대의 사관史觀을 보여주는 기록이며, 그것을 일목요연하게 정리한 의도된 편집 형태라고 볼 수 있다.

그렇다면 ‘고성古城: 묵은성, 무근성’은 탐라의 ‘옛 성’이 아니라 주성 북쪽에 있었던 탐라총관부와 같은 원의 거점을 둘러쌌던 성으로 해석하는 게 옳다. 이들 고성의 유지遺址가 남아 있지 않은 것은 태종대에 ‘옛 성’에 대한 수축 명령이 내려지면서 성담의 일부만 남긴 채 송두리째 사라진 것으로 추정이 가능하다.

1914년 지적도에 남아있는 탐라 '옛 성'의 자취

성곽은 안에서 밖으로 확장되는 속성을 갖고 있다. 이는 인구와 취락의 증가에 따른 확장 요인과 더불어 방어시설을 보강할 필요에 의해 밖으로 넓혀지기 때문이기도 하다. 국내 대부분의 읍성이 이런 현상을 보여주고, 외국의 유서 깊은 도시들도 예외는 아니다. 읍성은 특별한 사유, 예를 들어 성城으로서의 결정적 취약점이 드러날 경우를 제외하면 다른 지역으로 이설하지 않는다. 이는 성을 축조하기 전부터 취약 요소를 방지하기 위해 사전에 철저히 검토한 결과로서 축성에 엄청난 인적·물적 노력이 투입되어야 하기 때문이다.

제주읍성은 1565년 곽흘 목사 때 동성을 산지천 밖으로 물려 쌓는 대역사를 시행한 바 있다. 이는 1555년 왜구가 침입해 성을 포위하면서 식수의 확보에 치명적 문제가 드러난 탓이다. 그래서 산

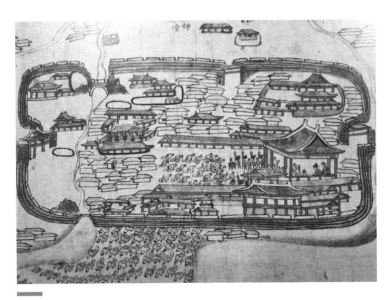

'옛 성'을 수축하라는 태종의 명에 따라 새롭게 수축된 제주읍성(탐라순력도)
당초에는 산지천 서안(西岸)을 동쪽 경계로 삼았으나 1565년 동성이 퇴축되면서 읍성의 형태는 장방형의 모습을 갖추고 있다.

지천을 성안으로 끌어들이기 위한 조치로서 읍성에 대한 부분적 증·개축이 이루어졌다.

그러나 조선 초기에 태종이 '옛 성'을 수축하라는 뜻은 산지천의 범람으로 인해 성안이 침수되는 문제점을 개선하라는 지시였다. 제주목을 관리하는 수령으로서는 성의 수축을 통해 산지천 범람으로 인한 수해 방지를 도모하였을 것이다. 이와 더불어 새 왕조의 지방관아로서의 기능과 성안의 정주 여건 등 '옛 성'의 취약성을 개선하는 계기로 삼으려 했을 것으로 보인다. 이처럼 조선시대에 새롭게 수축된 읍성과 이전의 '옛 성'으로 추정되는 자취를 통해 수축의 의도와 방향성을 일정 정도 읽어낼 수 있다.

주성州城 내에 자리 잡은
둥근 형태의 '옛 성'

　　　　　　　　　　일제강점 초기인 1914년에 제작된 〈제주성내지적도〉에는 제주읍성의 윤곽이 비교적 뚜렷하게 나타난다. 그 당시는 탐라시대부터 전해 내려온 옛 제주의 풍경이 급속한 도시화와 산업화로 바뀌기 직전이라고 볼 수 있다. 이 지적도의 윤곽을 찬찬히 들여다보면 주성과는 거리를 두고 곳에 따라 넓어지거나 좁아지며 주성 내부에 원형圓形으로 이어지는 '좁은 길'을 볼 수 있다. 지적도 위의 그 길을 따라가다 보면 일제강점기에 헐린 제주읍성 터에 새로 개설된 길의 형태도 함께 드러난다.

　일제는 1926년 동서부두를 축조하고 산지포를 매립하는 '산지항축항공사'를 단행하였다. 그때 제주읍성 성벽의 상당 부분을 바다에 매립하였고, 지금은 남성南城 일부 성벽만 남긴 채 멸실되었다. 성벽이 사라진 성터는 대부분 도로가 되었는데 그 형태가 지금도 뚜렷이 남아 있다. 그러나 일부 구간은 성지를 민간에게 매각하는 바람에 성의 자취를 제대로 찾기 어렵다.

　지금부터 탐라의 '옛 성'으로 추정되는 자취를 살펴보자.

　〈제주성내지적도〉에 나타난 '좁은 길'을 관덕정 뒤 '선덕대월대' 서쪽 담장 영뒷골을 따라 시계 반대 방향으로 돌아가면 향사당 ▷ 이아貳衙골 북쪽 골목 ▷ 두목頭目골 ▷ 오현단 북쪽 검정목길 ▷ 가락쿳물 쪽으로 이어진다. 여기에서 다시 북쪽으로 걸어가면 ▷ 산지천의 서안西岸 ▷ 동문로터리 바로 서쪽의 '샛목골'로 이어지는데 북신작로와 만나는 지점에서 '좁은 길'은 더 이상 이어지지 않는다. 이러한 형태는 서성西城의 경우 목관아 담장을 따라 동북쪽을 향하던 성이 계속 이어지지 않고 끝나는 것과 유사하다.

이 부분은 어떻게 해석해야 할까. 먼저 지금의 제주목관아 서쪽 담장을 보면 북동쪽을 향해 오른쪽으로 구부러진 형태를 보이고 있다. 이는 동성 부근의 '샛물골間水洞, 동문로터리 서쪽'이 북서쪽으로 휘어지는 형태를 보이며 끝나는 형태와 닮아 있다. 이들 두 지점을 북쪽에 남성南城의 둥그런 형태로 연결하면 북성北城의 원형이 복원된 형태로 나타난다.

그러면 '옛 성'의 자취를 나타내는 '좁은 길'은 왜 북성 일대에는

제주읍성 내의 옛 지명
옛 지명에는 앞선 시대의 역사와 문화가 깃들어 있다.

보이지 않는가. 이는 '옛 성'의 확장으로 인해 늘어난 인구에 필요한 식량을 생산할 수 있는 농지를 새로 확보하려는 의도에서 비롯된 것으로 보인다. 북성北城 일대는 상류에서 흘러내려오는 토사와 낙엽 등의 부식토가 쌓이는 곳이다. 제주성 주변에서는 문전옥답과 같은 지대이다. 당시 이곳에는 취락도 형성되어 있지 않아 도로의 필요성이 높지 않았을 것이다. 다만 어로 활동을 위해 성 바깥으로 나가려는 이들이나 농사를 짓기 위해 통행하는 이들을 위한 통로만 제공하면 되었다. 결국 옛 북성을 헐어 도로로 사용하는 것보다 그곳을 농지로 활용하는 게 훨씬 유용하다는 정책적 판단에서 취해진 조치라고 보인다.

　탐라도성으로 추정되는 '옛 성'의 자취와 제주읍성을 비교하면 흥미로운 사실이 드러난다. 먼저 원형圓形에 가까웠던 '옛 성'은 을묘왜변의 상황이 재발되지 않도록 하기 위해 1565년 동쪽으로 확장되었다. 이때 타원형楕圓形에서 장방형으로 탈바꿈하게 된 것으로 추정된다. 읍성은 '옛 성'과 비교하면 전체적으로 거의 일정한 비율로 확장하며 수축되었음을 알 수 있다. 또한 성의 북쪽을 허물어 도로 대신 농지로 활용함으로써 경작 면적이 상당히 늘어났음을 알 수 있다. 이처럼 농지 확보에 대한 관심은 후대에 갈수록 더 심화되고 있는데, 을묘왜변 후 확장된 동성東城 내에 대규모의 농지를 성내로 포함시킨 것에서도 여실히 드러난다.

　'옛 성'은 산지천의 자연지형을 이용해 동성의 일부 구간을 해자垓字로 삼은 것으로 보인다. 그러나 서성西城 쪽은 병문천과 일정한 거리를 두어 성을 축조하고 있어 해자로 이용하지 않았음을 알 수

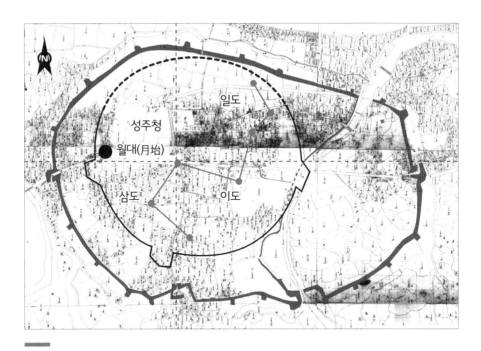

칠성대와 월대 위치 추정도
제주시 원도심에 현재 작은 길의 형태로 원형을 보이고 있다. 중심에는 일도·이도·
삼도와 성주청이 4구역으로 나누어져 있고, 칠성대는 기록의 모습으로 옛 성의 중심
에 자리 잡고 있다. 원형의 점선으로 이루어진 북쪽 부분은 1900년대 초까지 취락이
없는 농경지로 남아 있었기 때문에 성곽의 자취가 도로의 형태로 남아 있지 않다.
서문과 남문지 형태가 남아 있으며, 동문은 가락천 주변에 축대를 쌓아 하천을 끼고
출입한 것으로 추정된다.

있다. 이는 제주읍성을 수축하며 산지천과 병문천을 각각 해자로
삼은 것과는 확연히 다른 구조이다. 이러한 형태는 탐라국 시대에
는 외부침략의 우려가 거의 없었다는 점을 보여주고, 하천에 떨어
져 쌓음으로써 수재를 예방하기 위한 조치로 이해된다.

탐라 '옛 성'에는 어떤 성문이 세워졌을까. 성문의 형태는 구체
적으로 알 수 없다. 그러나 성문이 있었던 것으로 보이는 자취는

나타나고 있다. 남쪽과 서쪽에는 돌출된 부분이 보이는데 남문과 서문이 있었던 자취로 추정된다. 동문의 흔적은 찾아볼 수 없다. 그러나 가락천을 끼고 있는 곳에 길쭉한 형태로 남아 있는데 그곳이 출입 공간이 아닌가 여겨진다. 이곳은 오현단 북쪽에 남수각내를 건너는 '가락쿳내 다리^{내팥골 다리}'가 있었던 곳이다. 성안 급수처인 '가락쿳물'을 보호하면서 성안 사람들의 동쪽 출입을 위한 석축이 쌓아졌었다. 또한 조선시대에도 이 부근에 소민문^{蘇民門}이 세워지기도 했다. 이곳이 '옛 성'의 동문인지에 관해서는 추후 조사가 필요하다. 그러면 '옛 성'과 조선 시대에 수축된 제주읍성의 형태를 비교하면 어떤 차이를 보이고 있을까.

목관아 뒤편에 '옛 성'의 시대에는 없던 객사대청인 영주관이 새로 들어서고, 이아^{貳衙}도 '옛 성'의 수축으로 새로 편입된 부지에 설치되었다. 즉, 새 왕조의 출범으로 인한 새로운 행정체제에 필요한 용지를 '옛 성'의 확장을 통해 해소하고 있음을 알 수 있다.

'옛 성'은 동성^{東城}에서 북성^{北城}으로 휘어지는 형태인 데 비해 읍성은 북성^{北城}이 산지천^{山地川}까지 직선으로 연결되고 있으며, 산지천 서안^{西岸}을 해자로 삼는 형태로 동성^{東城}의 구조가 바뀌고 있다. 이는 '옛 성'을 수축하라고 지시했던 이유와 관련된 것으로 보인다. '옛 성'이 산지천의 범람으로 인한 재해를 줄이기 위해 동성의 북쪽을 안으로 물려 쌓은 데 비해 읍성에서는 산지천의 재해를 적극 대처하려는 의지가 읽힌다. 그러나 산지천 수해는 이후에도 계속 발생하였음이 후대의 기록을 통해 확인된다. 성의 수축에도 불구하고 근원적인 해결이 되지 못했던 것이다. 이는 조선조 1780년

조선시대 축조된 산지천의 북성교
아치 형태로 만들어져 무지개다리를 뜻하는 홍예교로 불렀다.

^{정조4} 제주목사 김영수金永綬가 산지천 서안을 남북으로 잇는 간성間城을 축조한 사실에서도 알 수 있다.

한편, '옛 성'은 전체적으로 원형圓形으로 축조되었음을 알 수 있다. 그러나 남문의 동쪽에는 원형이 아닌 불규칙한 형태를 보이고 있다. 이는 현재 오현단 북쪽 지역에 해당하는데 경사진 암벽으로 이루어진 지형 때문에 생겨난 성의 형태로 이해된다.

'옛 성'을 바탕으로
수축·확장된 제주읍성

이처럼 수축된 제주읍성과 탐라의 '옛 성'을 비교하면, 성의 형태가 전체적으로 거의 일정한 비율로 확장된 모습을 보이고 있다. 성의 북쪽을 허물어 도로 대신 농지로 활용함으로써 곡물생산 면적이 상당히 늘어난 것으로 추정된다.

이처럼 '옛 성'은 조선시대에 수축된 제주읍성 안에 위치해 있음을 알 수 있다. 그것도 거의 온전한 '좁은 길'의 형태로 남아 있다. 수백 년의 세월이 흘렀음에도 그곳에 흔적이 남아 있다는 사실은 경이롭기조차 하다.

중요한 사실은 '옛 성' 안에 탐라시대 초기부터 형성되고 축조된 대촌의 형태가 고스란히 담겨 있다는 점이다. 이와 함께 칠성대도 북두칠성 형태로 그 안에 오롯이 자리 잡고 있음을 문헌 자료 등을 통해 확인할 수 있다. 여기에 탐라의 궁궐 터라고 할 수 있는 성

주청聖主廳은 '모든 길은 로마로 통하듯' 일도·이도·삼도를 아우르는
중심지역에 배치되고 있음을 알 수 있다. 그야말로 탐라의 '옛 성'
으로서 갖추어야 할 구비조건을 완벽히 보여주고 있는 것이다.

지적도에 표현된 '좁은 길'은 우리에게 탐라의 역사와 탐라인들의
정신세계, 삶에 관한 이야기를 들려주고 있다. 그럼에도 '옛 성'을 제
주성 서북쪽에 있는 고성古城·묵은성으로 지목해 온 것은 아쉬운 대목
이다. 기록에 집착한 나머지 '옛 성'으로서 갖추어야 할 일도·이도·
삼도와 성주청은 물론 탐라시대에 축조된 것으로 추정되는 칠성대

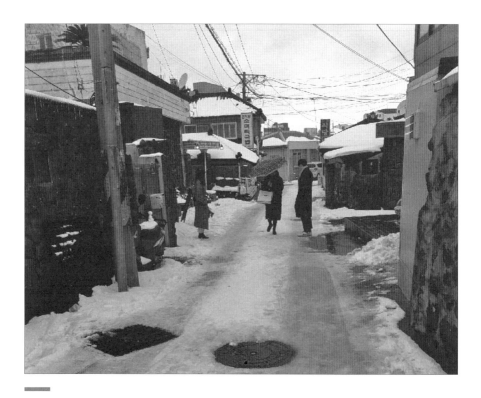

원도심 내 향사당 뒤편으로 이어지는 상청골 골목
탐라 '옛 성'의 자취로 추정된다.

등을 도외시한 탓으로 보인다. 그럼으로써 오랫동안 '옛 성'은 제주인들의 관심에서 비켜서게 되었고, 탐라사 연구를 더디게 하는 요인이 되었다고 볼 수 있다.

탐라 '옛 성'의 자취가 묻어나는 '좁은 길'은 탐라시대의 유적이 거의 남아 있지 않은 제주의 현실에 비추어 볼 때 매우 소중한 유적이다. 관련 학계와 지방정부가 나서서 보존·활용방안을 적극 모색할 필요가 있다. 먼저 동·서·남·북성의 일부 구간에 대한 발굴조사를 통해 '옛 성'임을 고증할 수 있는 자료를 확보하는 일이 중요하다. 복원에 관한 논의는 다음 단계의 일로서 조급하게 다룰 일은 아니다.

우선 '옛 성'을 전체적으로 잇는 코스를 찾아낸 뒤 역사문화자원으로 활용하는 방안이 강구되어야 한다. '좁은 길'을 박석으로 포장한다면 도로 기능을 유지하면서도 답사객들에게는 성 위를 걷는 기분을 느끼게 할 수 있다. 이러한 일들에 많은 예산이 소요되지는 않을 것이다. 그렇게 된다면 '좁은 길'은 우리 곁에 다가와 탐라에 관한 새로운 화두를 던지게 될 것이다. 한 번쯤 그 '좁은 길'을 따라 걸으며 탐라에 관한 이런저런 사색의 시간을 가져보는 것은 어떨까.

탐라 '옛 성'은
어느 시대에 쌓아졌나

우리나라 고대도시는 대부분 국가 성립과 때를 같이하여 발달하였다. 즉, 고대국가가 그 형태를 갖추어 가는 가운데 왕궁의 소재지가 정치, 경제, 문화의 중심지로 발전하게 되었다는 게 일반적 시각이다. 그러나 우리나라 최초의 왕성으로 여겨지는 고조선의 도읍 왕검성王儉城도 지배세력의 주거와 시설물을 중심으로 성域을 쌓은 성곽취락에 불과하여 도시적 성격은 미약했던 것으로 학계는 보고 있다.

이러한 성곽 발달의 양상은 탐라도 예외는 아니었을 것이다. 수렵과 어로사회를 거쳐 농경시대로 접어들며 부족 간 위계가 정해지고, 내부 정비가 이루어진 뒤 해외교역에 적극 나서게 되었을 것이다. 그때 대촌을 에워싸는 도성都城이 세워져 탐라사회의 중심부로서의 위상을 갖게 되었을 것으로 추정된다.

이 무렵의 탐라에 대해 학자들은 왕성한 대외교역을 통해 재화를 벌어들이면서 탐라 개국을 위한 내부의 역량을 축적해 갔던 시대로 보고 있다. 이러한 주장은 제주도가 해양 중에 위치한 절해고도가 아니라 한반도는 물론 중국과 일본과도 연안항법으로 도선渡船이 가능했다는 관점에 기인한다.

제주시 산지항에서 출토된 전한대前漢代의 유물과 용담동 무덤유적의 장검長劍 등의 유물은 한대漢代를 전후한 시기에 탐라가 활발한 해양교역을 바탕으로 대외교류를 벌여 왔음을 보여주는 대표적인 유물이라고 할 수 있다. 이는 탐라가 무리 또는 부족사회단계를 넘어서 위계질서와 조직을 가진 사회, 그러나 국가단계까지는 이르지 못한 추장酋長, Chiefdom사회의 모습을 보여주는 자료라고 관련 학자들은 말해 왔다.

탐라의 주변 국가와의 해상활동은 재부財富와 관련된 물물거래에만 그쳤다고 볼 수 없다. 인적 관계와 견문을 통해 다양한 정보를 취득하는 기회가 되었을 것이다. 탐라도성의 구축 또한 이러한 해상활동을 통해 얻은 지식과 정보에서 비롯했다고 볼 수 있다. 그러면 탐라도성은 어느 시기에 세워졌을까. 제주성에 관한 기록은 조선조에 들어와서야 처음으로 나타난다.

> 제주에 군(郡)을 설치하던 초기에 한라산의 4면이 모두 17현이었습니다. 북면의 대촌현(大村縣)에 성을 쌓아서 본읍의 동서도(東西道)로 삼고….
>
> 《태종실록》 권31, 태종 16년, 5월 丁酉條

고려가 '제주에 군郡을 설치하던 초기'는 구체적으로 언제를 말하는가. 《고려사》를 살펴보자.

> 숙종 10년 탁라(乇羅)를 고쳐서 탐라군(耽羅郡)으로 하였고, 의종시(毅宗時) 현령관(縣令官)으로 삼았다.
>
> (肅宗十年 改 乇羅爲耽羅郡 毅宗時委縣令官)

숙종 10년은 1105년으로, 탐라가 고려로부터 주기朱記를 받은 지 정확히 104년, 한 세기가 흐른 시기에 해당한다. 그때 탐라군이 설치되면서 고려에 편입되었고, 탐라국은 역사 속에서 종언을 고하고 있었다. 이러한 탐라군의 초기에 '옛 성'이 축조되었다고 한다. 과연 그랬을까.

일반적으로 보면 한 국가 또는 지역의 기운이 팽창하는 시기에 축성이 이루어진다. 그것은 성이 외부의 침입으로부터 백성의 안전을 지켜내기 위한 의지와 힘을 과시하는 상징적인 구축물로 인식되기 때문이다.

탐라 개국 무렵에 '옛 성'이 축조되었나

그러나 탐라군이 설치되었던 초기는, 탐라의 시각에서 볼 때 얼마간 독립국으로서 자율적 궤적을 그렸던 탐라국시대의 조종弔鐘이 울리던 시기였다. 더 이상 지켜야 할 내부적 가치도, 의지도 상실한 채 집단적 패배주의에 휩싸였을 것으로 짐작할 수 있다. 학계는 이때를 탐라국 역사의 종언을 고한 시기로 보고 있다.

이러한 상황에서 '옛 성' 쌓기에 나섰다는 기록은 선뜻 납득하기 어렵다. 물론 고려 정부가 탐라군을 설치하면서 성을 축조하라고 했을 개연성도 없지 않다. 이는 문헌을 통해 앞으로 면밀히 파악할 필요가 있다. '옛 성'이 탐라국의 도성都城인지, 아니면 고려의 한 군郡에 세워진 읍성인지, 그 성격을 규정짓는 중요한 가치판단의 단서가 되기 때문이다.

이는 성을 축조하라는 고려 정부의 지시에 따라 같은 시기에 다른 지역의 군郡에도 축성된 사례가 있었는지를 확인하면 금방 판명될 일이다. 그러나 현재까지 이를 뒷받침하는 관련 기록은 보고되지 않고 있다. 이는 '옛 성'이 고려에 편입되면서 쌓은 성이 아니라 탐라시대에 축조된 낡은 성을 새로 수축한 기록일 가능성을 암시하는 정황이다. 그렇더라도 예단은 금물이다.

탐라의 대촌현大村縣으로 일컬어지는 지금의 제주시 원도심 지역에 '옛 성'이 처음 들어선 것은 언제인가. 그것은 탐라시대인가, 고려에 편입되던 시기인가. 궁금하지만 그 물음에 즉답할 수는 없다. 탐라시대의 문헌자료가 거의 남아 있지 않은 탓이다. 그래서 탐라로 향하는 길은 미로의 연속이다.

고대의 천문관을 반영한
'옛 성'의 형태

　　　　　　　　　주변 고대 국가들의 축성과 탐라의
'옛 성'을 비교·고찰하는 것은 어떨까. 그럼으로써 '옛 성'에 감춰진
의미들을 발견할 수 있고, 나아가 축성 시기도 어느 정도 가늠할
수 있을 것으로 기대된다. 다행히 '옛 성'이 축조되었을 것으로 추
정되는 탐라시대는, 고려의 탐라군으로 편입되던 시기와는 500년
이상의 시대적 격차가 있다. 이는 시간적으로도 성의 축조 방식과
형태 등 여러 면에서 상당한 변별력을 찾아볼 수 있는 기간이라고
판단된다. 그렇다면 '옛 성'은 어느 시대를 품고 태어난 성인가. 그
안에는 어떤 출생의 비밀이 들어 있는가.

　'옛 성'에 대한 본격적인 탐사에 앞서 먼저 이규목이 《도시와 상
징》1992, 일지사, 50-55쪽에서 상술하고 있는 〈고대도시의 우주론적인 상
징성〉을 들어보자. 이는 고대국가의 도성들이 어떤 형태로 축성
되었는지를 판별하는 데 좋은 시사점을 줄 것으로 보인다.

　　　도시의 발생요인은 종교·신화적 이유 외에도 시장의 형성과 경제
　　　적·군사적 이유, 물과의 관계 등 여러 가지가 있으나 고대에서는
　　　이 종교·신화적 요인이 지배적이었다. … 이러한 고대의 우주론
　　　적인 도시 형태는 가장 기본적인 원(圓)과 정방형(正方形)으로 나
　　　타났다. … 특히 돔(dome)은 항상 하늘을 상징하는 3차원적 요
　　　소로 등장했다. 중앙아시아의 유목민의 텐트에서부터 북경(北

292

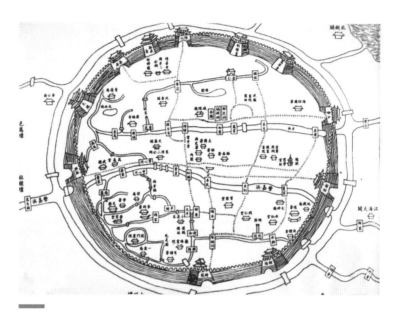

우주적 형태를 반영해 축조한 원형의 성곽
고대도시의 성곽들은 원형과 방형의 형태로 축조되었다. 그림은 중국의 상해(上海)
옛 성 모습으로, 완전한 원형의 모습이다.

京)의 천단(天壇), 콘스탄티노플의 산타 소피아사원, 런던의 세인
트 폴 성당이 모두 천공(天空)의 원형을 가지고 있는 원(圓)과 구
(球) 형태의 돔이었다.

‘옛 성’은 어떤 구조와 형태를 가지고 있는가. 그 속에는 어떤 종
교·신화적 의미가 있고, 그것이 어떻게 고대의 우주론적인 도시 형
태로 표현되고 있는가. 이 물음에 답하기 위해 1914년 〈제주성내
지적도〉와 관련 기록을 통해 ‘옛 성’을 조명하고자 한다.

지적도에 남아 있는 ‘옛 성’은 원형圓形에 가까운 형태를 보이고

있다. 평지가 아닌 화산폭발로 이루어진 경사진 대지임에도 거의 원형圓形에 가까운 모습을 보이고 있다. 원과 결합된 정방형은 우주를 상징한다. 이는 '하늘은 둥글고 땅은 네모졌다.天圓地方也'는 고대의 천문관을 반영하는 것이다.

그 원형의 성안에 탐라도성을 설계한 이들은 북두칠성을 모방한 일곱 개의 칠성대를 축조하며 도시일도·이도·삼도를 세 구역으로 나누었다. 또한 성주청 경내에는 달을 상징하는 월대月坮를 축조했다. 이는 원형의 우주 속에 북두칠성과 달이 운행하는 형태로 설계했음을 뜻한다. 또한 삼을라 신화가 생겨난 모홍혈을 북극성과 같은 존재로 의미부여하고 있다. 여기에서 주목할 점은 세계의 고대도시들이 우주의 모델을 축성에 도입하고 있으나 칠성대처럼 별자리 모양을 모방하거나, 이를 구체적으로 도시계획에 반영한 사례는 찾아보기 어렵다는 사실이다.

칠성대坮는 그 이름에서 드러나듯이 종교적 기능을 띠고 있었으며, 칠성신앙의 성소와 같은 존재였다. 그곳은 제의祭儀의 공간이면서 회합의 장소이기도 하였다. 이는 1926년《매일신보》에 실린 칠성단 사진에서도 찾아볼 수 있다. 또 다른 의미도 있다. 칠성대坮는 돌로 축대를 두르고 그 위에 흙을 쌓아올리며 반구체半球體의 형태를 갖추고 있다. 이는 '돔dome 양식'의 조형물로 해석이 가능하다. 이는 이규목이《도시와 상징》에서 언급한 고대도시의 우주론적 상징성과 부합한다.

우주 모형으로 세워진
탐라의 '옛 성'

           탐라도성은 우주를 표현한 성곽 안에 북두칠성을 상징하는 별과 달을 배열함으로써 완벽한 천문도시의 모습을 연출하고 있다. 고대의 우주관을 함축시켜 그것을 도성 곳곳에 표현하고 있다. 뿐만 아니라 칠성대는 삼도에 나누어 배치되는 형태로 축조되었다. 이는 상징성으로 본다면 우주로부터 내려오는 축복을 골고루 받고자 하는 의도로 해석된다.

  그러면 원형圓形 속의 방형方形은 어떻게 나타내고 있는가.

  1914년도의 지적도에는 '옛 성' 내의 일도·이도·삼도가 대체적으로 일곱 개의 장방형으로 구획되었음을 알 수 있다. '옛 성'의 형태는 축성 뒤 1천여 년이 흐르면서 형태도 일정 부분 바뀌었을 것으로 보인다. 하지만 희미하게나마 옛 흔적은 1914년의 지적도에도 남아있다. 남북을 잇는 대로天路:한질를 중심으로 동쪽에 5개, 서쪽에 3개의 장방형 주거지가 형성되어 있다. 이러한 의도적으로 구획된 방형方形의 주거지는 땅을 의미함과 동시에 소우주라는 인식 속에 조성된 것으로 보인다.

  여기에 일곱 개의 별자리를 상징하는 칠성대는 일도와 이도, 삼도에 주걱과 자루 형태로 배치되어 있다. '옛 성'은 전체적으로는 북두칠성과 달月暈이 뜨고 지는 우주의 형태로 설계하고, 백성들이 사는 주거지는 소우주로 표현하고 있다. 흥미로운 사실은 일도·이도·삼도에는 칠성대를 배치한 데 비해 성주청의 구역에는 달을 의

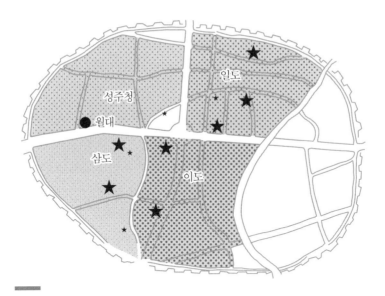

탐라 옛 성의 우주론적 개념도
성안은 우주를 표현한 성곽 안을 4개 구역으로 나누어 설계되었다. 별을 상징하는 칠성대는 일도·이도·삼도에 분산 축조되었고, 달을 나타내는 월대는 성주청이 있는 구역에 조성되었다. 탐라도성은 우주 속에 별과 달의 모습을 조형적으로 설계했음을 알 수 있다.

미하는 월대月坮를 배치하고 있다는 점이다. 김정 목사가 월대와 칠성대를 수축한 뒤 '성안에 달과 별 다시 빛을 발한다'고 한 시가 연상되는 대목이다. 그야말로 전 세계에서 유례를 찾기 어려운, 작지만 매력적인 소우주를 완벽하게 구현하고 있는 셈이다. 이는 고대도시의 형태를 갖추고 있으면서도 칠성대라는 독창적인 조형물을 통해 천문도시를 구현해 내고 있다는 점에서 경이롭기조차 하다.

그러면 고대국가는 다양한 도시기능을 어떤 형태로 갖추고 있는가. 이규목의 《도시와 상징》은 한대漢代 초기B.C.100년경에 제시된 뒤 이후 중국의 정통적인 도시기본 형태와 도시계획의 기초가 된 홍범洪範의 원칙들을 설명하고 있다.

①수도는 9리 사방으로 정방형일 것. ②4개의 기본방위에 일치시키고 성벽으로 둘러쌀 것. ③궁궐의 남문에서부터 성(城) 남쪽 중앙의 남문까지 대로(大路)를 낼 것. ④성내에 9개의 남북도로와 9개의 동서도로를 낼 것. ⑤각 방위마다 3개의 성문을 두어 모두 12개의 성문을 낼 것. ⑥왕족의 주거와 집회소가 있는 왕궁을 둘 것. ⑦성내의 북쪽에 공공시장을 두고, 전면에 광장을 둘 것. ⑧남북대로의 좌측(동쪽)에 왕의 조상을 위한 태묘(太廟), 우측(西)에 지신(地神)을 위한 사직(社稷)을 두어 두 개의 성스러운 장소를 마련할 것. ⑨중정(中庭)을 배치할 것.

여기에서 인용된 홍범洪範의 원칙들을 탐라의 '옛 성'과 비교하는 것은 규모의 측면에서는 무리다. 그러나 우리나라의 고대국가는 물론 후대에도 영향을 끼쳤을 것으로 보이는 중국 고대도시의 설계 원칙과 방향들은 시사하는 바가 크다. 이를 통해 탐라도성을 주변 국가의 고대도시 축성과 비교했을 때 어떤 유사성과 차별성을 보이는지 살펴볼 수 있다. 또한 '옛 성'에 구현된 도시 형태와 계획성 등을 통해 탐라시대의 철학과 도시계획의 수준과 그것을 구현할 수 있는 역량을 어느 정도 가늠할 수 있을 것이다.

①은 정방형의 축조를 내세우고 있으나 탐라는 원형의 성으로 세워졌다. 그러나 고대도시의 성곽은 원형과 방형의 조합으로 이

루어졌음을 상기할 필요가 있다. ②는 4개의 기본방위에 일치시켜 성으로 둘러싸도록 하고 있는데 '옛 성' 역시 4개 방위와 일치시켜 성을 축조하고 있다. 다만, 규모는 비교하기 어렵다. ③의 경우 '옛 성'은 궁궐인 성주청에서 남문까지 가장 큰 길^{大路}인 '한질'이 나 있다. 그러나 궁궐의 남문에서는 약간 비켜난 지점이다. ④의 예는 규모^{수치}는 다르지만 성내에 남북과 동서를 잇는 도로가 배치된 점은 다르지 않다. ⑤탐라의 '옛 성'은 동·서·남으로 길이 있으며 성문의 자취로 보이는 형태가 남아있다. ⑥탐라 도성에도 궁궐에 비견되는 성주청이 있었다. ⑦과 같은 성 북쪽에 시장이 설치되었는지는 확인할 수 없지만, 궁궐의 전면에 광장을 설치한 것은 성주청 전면의 탐라광장과 일치한다. ⑧의 경우 '옛 성'은 남북대로의 연장선상에 있는 성 밖 남쪽 좌측^東에 삼을라의 조상을 모신 삼성묘^{三姓廟}, 우측^西에는 사직단^{社稷壇: 현 교보빌딩 자리}이 세워져 있어 정확히 일치한다. 다만 삼성묘는 조선시대에 세워진 것으로 알려지고 있으나 삼을라의 조상을 상징하는 삼성혈이 위치해 있다는 점에서 크게 다를 바 없다. ⑨성주청 내 중정^{中庭}은 배치되었을 것으로 보이나 고증할 수 없다.

이와 같은 홍범^{洪範}의 원칙들을 탐라의 '옛 성'과 비교하면 규모 면에서 차이가 있을 뿐 거의 흡사한 형태로 탐라도성에도 반영되고 있음을 보여주고 있다. '옛 성'은 원형의 성곽과 방형의 취락지구, 주작대로^{朱雀大路: 한질}를 중심으로 십자형 도로 구조를 갖추고 있다. 다만 고대도시들은 주작대로로 일컬어지는 남문대로를 중시한 반면 동서의 도로는 상대적으로 덜 강조되었다. '옛 성'의 도로

도 같은 경향을 보이고 있어 흥미롭다.^{1914년 개설된 동문로는 기존의 좁은 길을 직}
^{선으로 확장하였다.} 이러한 도시구조는 중국을 비롯한 동양의 고대도시
에서 공통적으로 나타나고 있다는 점에서 '옛 성'은 고대 시대에 축
조되었음을 강력히 시사하고 있다.

'옛 성'은 어떤 도시보다도 고대도시의 우주론적 상징성이 두드
러지게 나타나고 있다. '옛 성'의 고대적 풍경은 칠성대와 월대를
통해 다각적으로 표현되고 있다. 외형적으로는 소우주로서 천상
과 지상을 연결하는 돔^{dome}이었다. 또한 그것은 탐라인들에게 우
주의 축복을 기원하는 제의의 장소였으며, 현재적 시각으로 본다
면 삼을라 신화를 역사시대로 이어주는 장치였다.

그러면 '옛 성'은 언제 세워진 것인가. 탐라시대인가. 고려시대
의 유산인가.

앞서 언급한 《태종실록》^{태종 16년}에는 제주에 군郡을 설치하던 초기
에 대촌현에 성을 쌓았다고 했다. 그러면 지적도에 나타난 탐라의
'옛 성'은 고려시대의 다른 군의 읍성과 형태와 내용이 유사해야 한
다. 그러나 조선시대의 읍성들이 대부분 장방형의 성곽 형태를 보
이는 데 비해 탐라의 '옛 성'은 원형圓形으로 세워졌다. 더구나 성안
에는 북두칠성을 모방해 7개소에 칠성대가 축조되었고, 성주청 경
내에는 달을 상징하는 월대가 세워졌다.

이처럼 탐라의 '옛 성'은 고대국가의 도시들과 같은 우주적 시각
으로 축성하였음을 보여주고 있다. 이는 독립국가로서의 자율적
궤적을 그렸던 탐라국의 자율성과 독창성을 보여준다. '옛 성'이
한반도의 어느 성에서도 찾아볼 수 없는 천문을 모방한 성곽이라

는 점에서 고려시대의 성곽으로 볼 수 없는 이유도 여기에 있다. 따라서 '옛 성'은 탐라시대에 축조된 성곽이며, 《태종실록》태종 16년의 기사는 탐라시대에 축성되어 퇴락한 '옛 성'을 새롭게 수축한 내용으로 해석되어야 할 것이다.

'옛 성'의 길이는
대략 1,700m로 추정

칠성대는 탐라가 개국할 무렵 5세기 이전에 축조된 것으로 추정되고 있다. 그렇다면 탐라도성인 '옛 성'도 같은 시기에 세워졌을 것으로 보인다. 많은 사례에서 볼 수 있듯이 도성은 새로운 건국의 기운이 왕성할 때 축조되어 왔다. 그것은 자신들의 존재를 대내외에 알리고 과시하는 수단이기도 했기 때문이다. 탐라도 다르지 않았으리라 판단된다.

탐라시대의 축성기술은 1995년 애월읍 금성리에서 발굴된 석축시설에서 여실히 드러난다. 이 유구는 잔존 길이 62m 이상, 너비 4.2~4.5m, 높이 1.8~2.1m 이상 되는 시설로, 적어도 5세기 이전에 축조된 것으로 확인되었다. 제주대학교박물관,《애월~신창간 국도 12호선 확장 및 포장공사구간내 문화재발굴조사보고서-곽지리·금성리》, 2006

그렇다면 당시 가장 큰 읍락론落이었던 대촌大村에서 석성石城의 축조는 얼마든지 가능하였다고 볼 수 있다. 이러한 역량을 갖추었다면 후대에 '옛 성'으로 불리게 된 탐라도성은 충분히 구축할 수 있

탐라시대의 석축
애월읍 금성리에서 발굴된 석축으로 적어도 5세기 이전에 축조된 것으로 보고되고
있어 탐라도성을 축조할 기술이 이 시대에 축적되어 있음을 알 수 있다.

었을 것으로 판단된다. 다만 규모면에서 보았을 때, '옛 성'은 다른
고대국가와는 달리 상대적으로 낮고 폭이 좁은 형태로 축조되었
을 것으로 보인다. 이는 외부의 침략을 막기 위한 군사적 목적보
다 수재의 예방, 백성들의 취락의 안정성은 물론 정치적·종교적 이
념도 중요한 배경이 되었다고 판단된다.

'옛 성'의 축조 규모는 어느 정도였을까. 기록이 없어 5세기 이전
에 축조된 것으로 추정되는 애월읍 금성리 석축시설과 비교해 보
는 것도 의미 있다고 본다. 금성리 석축은 너비 4.2~4.5m, 높이
1.8~2.1m 이상 되는 시설로 파악되었다. 탐라도성이라면 이보다
규모가 컸을 것이다. 현재 '옛 성'의 자취로 추정되는 골목길은 대
략 4~5m 정도로 나타난다. 높이는 금성리의 그것보다는 더 높았
을 것으로 추정된다.

1914년도의 지적도를 따라 탐라도성을 살펴보면 동·서·남문이
있었을 것으로 보이는 위치에 반원형의 둥그스름한 형태가 보인

다. 성문의 자취가 아닌가 여겨지는데 동문 쪽은 약간 길쭉한 형태다. 이곳은 가락천과 인접한 곳이어서 옹성甕城과 출입문을 겸해 쌓아진 시설로 보인다. 앞으로 발굴작업 등을 통해 밝혀져야 할 부분이다.

그러면 탐라의 '옛 성'으로 추정되는 성의 둘레는 얼마나 될까. 《세종실록》〈지리지〉에 '옛 성'의 둘레는 910보步로 기록되어 있다.

(태종 11년에 수축하게 된) 이 제주성은 《세종실록》〈지리지〉 제주조에 '읍석성(邑石城)은 둘레가 910보이다.'라고 하고, 성문으

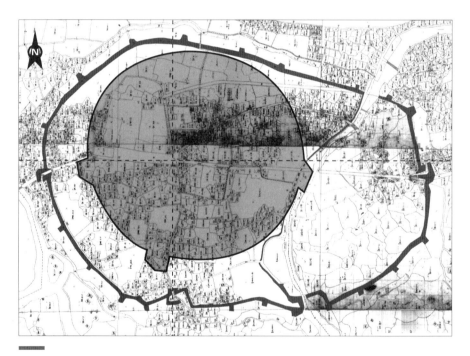

원도심 내 '옛 성'의 형태
필자가 추정한 원도심 내 '옛 성'의 둘레 1,770m는 심정보가 영조척으로 환산한 1,704m와 근사한 수치를 보이고 있다.

로 동문과 남문이 수록되어 있어 제주읍성이 읍석성임을 밝히고 있다. 910보를 척수로 환산하기 위하여 6척을 적용하면 5,460척이 되며, 주척으로 환산하면 1,149m이며, 영조척으로 환산하면 1,704m이다.

- 심정보, 〈제주읍성의 역사적 가치〉, 《제주성지 국가 사적 지정 추진을 위한 성곽포럼 자료집》, 한국성곽학회, 2016.

필자가 제주시 지적계의 도움을 받아 원도심 내의 '옛 성'으로 추정되는 둘레를 측정한 결과 약 1,770m로 나타났다. 이는 도면 위에 그린 것으로 정확한 측정치는 아니다. 앞으로 실측조사를 통해 정확한 둘레를 파악할 수 있을 것이다.

때때로 제주시 원도심을 걷다 보면 타임머신을 타고 탐라시대로 여행을 떠나고 싶은 충동을 느낀다. 탐라도성을 설계·구현한 천재적인 도시 계획가 그룹을 만나, 아직도 풀지 못한 '옛 성'의 기호들의 의미를 전해 듣고 싶다.

천문을 모방해 설계한 소우주, 탐라도성

20여 년 전에 처음 접한 탐라의 칠성대에 관한 기록은 여전히 수수께끼와 같은 기호로 다가온다. 그래서 시간이 날 때마다 제주시 원도심의 이 골목, 저 골목을 배회하며 탐라와 대화를 나누고 생각에 잠기곤 했다. 그런 현장을 다니며 탐라의 이야기에 빠져 '제주문화의 수수께끼'라는 글을 신문에 연재했고, 부끄러운 줄도 모르고 책을 펴내었다. 전문서는 아니지만 제주의 역사와 문화에 갈증을 느끼는 이들에게 한 그릇의 물이 될 수도 있겠다 싶었다. 필자 역시 오랫동안 탐라에 관한 갈증과 허기를 느끼며 살아왔기 때문이다. 그래서 이 책은《제주문화의 수수께끼》의 속편이라고 할 수 있다.

이번에는 탐라의 역사에 갈증을 느끼는 이들과 원도심에 자리 잡은 탐라도성을 중심으로 기행을 떠나고자 한다. 탐라도성 답사

성읍민속마을의 옛 초가
네모난 땅에 네 개의 기둥, 둥그런 지붕은 '하늘은 둥글고 땅은 네모지다.'라는 소
우주의 모형으로 여겨져 왔다. 제주의 전통 초가들은 대부분 이런 형태를 갖추고
있다.

는 몇 개의 기호와 상징을 이해하기 위한 여행이다. 그것은 좁은
길을 따라 만나게 되는 도성의 형태, 칠성대, 대촌이라는 이름으
로 나타난다.

원도심은 탐라의 '옛 성'이 있었던 곳으로, 그 후 고려시대와 몽
골의 지배기, 조선시대, 일제강점기, 해방 이후까지 1500년간 제
주의 수부首府가 되었던 지역이다. 그러다 보니 이곳의 역사·문화
지층은 마치 시루떡처럼 한 자리에 켜켜이 쌓여 있다. 그야말로
1500년의 제주 역사를 한눈에 보여주는 '지붕이 없는 탐라역사 박
물관'이라고 말할 수 있다.

어떤 이는 '왜 탐라는 보이지 않느냐.'고 지적할 수 있다. 그렇다. 눈에는 보이지 않을 수 있다. 그러나 1914년도의 〈제주성내지적도〉를 찬찬히 들여다보며 해설을 듣거나 심상으로 도성을 그려 보면 하나의 형태가 나타나게 될 것이다.

탐라시대부터 형성된 취락에 대해서는《신증동국여지승람》등에 삼성신화와 칠성대, 대촌이라는 이름과 함께 등장한다. 그것은 눈으로 직접 확인할 수 있다. 탐라시대부터 등장하는 일도, 이도, 삼도는 지금도 그 자리에 거의 원형을 잃지 않은 채 남아 있다. 놀랍고도 중요한 일이다.

탐라시대부터 고려, 조선, 일제, 해방 이후, 현재라는 제주역사의 연대기는 단 한 줄로도 압축된다. 하나의 시대가 또 다른 시대로 넘어가는 과정은 마치 징검다리나 연결고리와 같다. 하나의 시대가 다음 시대로 넘어갈 때마다 늘 세찬 광풍이 불어왔고, 그로 인한 대가는 대부분 백성들이 감내해야 할 몫으로 남겨졌다.

이러한 제주역사에 관한 많은 자료들이 남아 있지만, 어느 자료에서도 찾아볼 수 없는 경우도 있다. 삼성三姓이 처음 나왔을 때 천문을 바라보며 북두칠성 별자리 형태로 칠성대를 세운 뒤 탐라를 일구어 갔다는 이야기는 마치 신화처럼 여겨질 것이다. 칠성대는 1920년대 초에 일곱 별자리 중 하나가 사라졌으나 나머지는 해방을 전후한 시기까지 전해졌을 것으로 여겨지지만 확인할 수는 없다. 눈에 보이지 않는다고 역사가 사라지는 것은 아니다. 다만 지금 눈앞에 없을 뿐이다.

칠성대는 도성 중심부를 관통하면서 남성南星과 북성北城을 연결

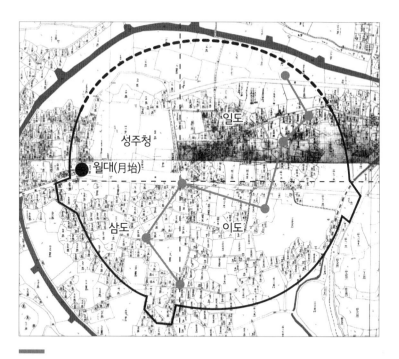

1914년 제작된 지적도

옛 성 안의 일도·이도·삼도의 취락은 칠성대를 중심으로 형성되었음을 보여주고 있다. 탐라 옛 성으로 추정되는 형태가 제주읍성 안에 나타나고 있다. 북성이 있었던 지역은 1914년 당시만 해도 취락이 형성되지 않은 농경지로 활용되고 있음을 알 수 있다. 옛 성의 북성이 도로로 남아 있지 않은 배경을 짐작할 수 있다.

하고 있다. 그러면서도 일도, 이도, 삼도를 아우르는 형태로 축조되었다. 북두칠성의 형태를 직사각형 상자에 넣었다고 상상해 보자. 이를 4등분하면 주걱 부분은 좌우로 나뉘고, 자루의 반대쪽은 빈 공간으로 남게 됨을 알 수 있다. 탐라도성은 이처럼 네 개의 구역으로 나누어져 있다. 즉, 주걱 부분은 두 구역으로 분할되어 이도二徒와 삼도三徒가, 자루 부분은 일도一徒가 차지하고 나머지 공간에는 관부官府인 성주청星主廳이 들어섰음을 알 수 있다.

원형 속에 삼도와 성주청으로
도성을 구획

다시 눈을 돌려 옛 성의 중심부를 보면 굵은 직선으로 표시된 지점이 보인다. 왼쪽 끝 지점이 관덕정이며 좌측에 마름모꼴의 넓은 공간이 보인다. 그곳이 탐라시대에는 성주청을 비롯한 탐라의 관부가 설치되었던 곳으로 알려져 있다. 지금은 복원된 조선시대의 제주목관아가 있는 지점이다.

탐라의 중심부였던 성주청 일대
이곳은 현재 오거리 형태인 성주청(서), 원정로(동), 한짓골(남), 제주북초등학교(북), 칠성로(동북)로 이루어져 있다. 이들 도로를 연결하는 꼭짓점에 '배부른 동산'이 있었다.

탐라도성은 '배부른 동산'을 기준점으로 삼아 구획된 것으로 추정된다. 정확히 일치하지는 않지만 '배부른 동산'을 축으로 동심원을 그리면 도성 내 취락의 중심점임을 알 수 있다. 그러나 실제의 형태로 보면 '배부른 동산'은 서쪽으로 약간 치우쳐 있다. 칠성로와 한짓골^{한질}이 만나는 교차점 바로 동쪽^{우생당 앞 부근}에 '배부른 동산'이 있었다고 말한다. 이곳에 꼭짓점을 두고 '옛 성'의 자취로 추정되는 성내에 콤파스를 돌리면 원형에 가까운 형태가 그려진다. '배부른 동산'이 있었던 자리는 고대도시의 주작대로^{朱雀大路} 격인 한짓골과 칠성로, 성주청이 만나는 지점이다. 이는 도시공간 측면에서 보면 일도와 이도, 삼도 어느 지역도 소외감을 느끼지 않을 위치에 성주청이 설치되었음을 의미한다. 지금의 눈높이로 볼 때도 매우 합리적인 도시설계가 아닐 수 없다.

눈여겨보아야 할 점은 칠성대와 성주청이 분포한 위치이다. 칠성대는 탐라도성의 대촌^{大村}을 아우르는 형태로 축조되었다. 반면 성주청으로 상징되는 탐라의 관부는 칠성대를 벗어난 지역에 위치하고 있다. 그것은 도성을 4등분하였을 때 중심지역이 아닌 서북쪽에 자리 잡고 있다. 고대국가의 도성에 나타나는 궁전의 위치와는 다른 특성을 보이는 것이다. 이는 탐라지배계층이 칠성대를 성주청보다 중시하였음을 보여주고 있다. 그러면서도 주작대로^{朱雀大路·한질}를 통해 대촌을 오가는 모든 출입이 성주청과 연결되도록 계획하고 있다.

일도·이도·삼도를
아우르는 형태의 성주청

　　　　　　　이러한 탐라도성의 도시계획은 칠
성대가 의미하는 종교적·정치적·사회적 상징을 우선적으로 고려
하였음을 방증하고 있다. 흔히 볼 수 있는 행정시설 중심으로 계
획되기보다는 일반 주민, 백성들의 상호 접근이 용이하도록 계획
되었다는 말이다. 성주청 등이 들어서 있는 관아지역은 일도, 이
도, 삼도와 면面해 있어 어느 지역도 소외되지 않도록 배치되었다.
이는 행정과 백성이 모두 쉽게 접근할 수 있는 도시구조를 갖추고
있다는 점에서 현대적 눈높이로 볼 때도 놀라운 도시설계이다.

제주우체국
성주청 자리로 추정되는 곳으로 제주우체국이 들어서 있으며, 전면에 '성주청 터'라
는 표석이 세워져 있다.

탐라도성은 무수한 기호와 상징성으로 이루어져 있다. 이는 도성의 원형과 7개의 칠성대에서 뚜렷이 보인다. 도성에 관해서는 앞서 언급하였기 때문에 칠성대를 중심으로 다루고자 한다.

앞서 이규목의 《도시와 상징》[1992]에서 언급한 것처럼 고대의 우주론적인 도시 형태는 가장 기본적인 원圓과 방형方形으로 나타났다. 특히 돔dome은 항상 하늘을 상징하는 3차원적 요소로 등장했다고 상술하고 있다. 이러한 관점으로 보면 탐라도성의 중심부에 반구체半球體 형태로 축조된 칠성대와 '배부른 동산'은 돔dome의 한 유형으로 파악할 수 있다.

칠성대는 하늘과 땅이 만나는 장소로서 바로 하늘을 향해 비념하는 성스러운 장소였다. 지나가는 백성들에게 대낮에도 북극성과 북두칠성의 별자리를 떠올리게 하는 상기적 장치였다고 볼 수 있다. 지금도 거리를 걷다가 성당의 종소리가 울리거나 첨탑의 십자가가 보이면 신자가 아니라도 잠깐 예수 그리스도의 이미지를 떠올리는 것과 다르지 않다.

그러나 칠성대를 세운 탐라의 지배세력들은 '또 다른 무엇'을 탐라 백성들에게 상기想起시키고자 했을 것으로 보인다. 동아시아의 고대국가는 그들의 백성들에게 집단운명을 부여하면서 주어진 영토 전반에 걸쳐 사회적 통제를 발휘하려고 부단히 시도해 왔다. 이는 북극성을 천자나 임금으로, 북두칠성은 천제의 수레 또는 제후나 신하로, 그리고 백성들은 하늘의 뭇별로 여기는 통치철학으로 나타났다. 칠성대는 모흥혈을 북극성으로 설정해 구축하였는데 이는 칠성대를 통해 '성주집단'의 신성성을 강조하기 위한 장치라

칠성대의 모습을 그린 추정도
밑에 석축을 두르고 그 위에 흙을 둥그런 형태로 쌓아올린 모습이다. (일러스트 강일)

고도 해석할 수 있다. 칠성대를 중심에 두고 성주청은 바깥에 위치한 배경도 여기에 있다고 추정된다.

탐라도성의 취락과
자원 배분 형태

　　　　　　　　　　다시 1914년도의 제주성안지적도를 꺼내 '옛 성'이 있었던 원도심을 살펴보자. 그곳에는 삼도로 나누어진 대촌大村의 취락 형태가 나타난다. 이들 취락은 대략 7~8개의 방형으로 나누어져 있다. 이러한 방형方形은 원형圓形과 함께 고대도시를 구성하는 핵심적 상징이었는데, 이는 소우주를 나타낸다. 방형의 주거지를 중국에서는 방坊으로 부른다. 성내의 주거지를 일컫는 말이다. 제주의 방坊에는 네모난 땅에 네 개의 기둥 위에 둥그런 지붕으로 지어진 숱한 초가들이 있다. 그야말로 천원지방天圓地方을 도형화한 숱한 소우주로 해석할 수 있다.

　탐라 백성들은 어떻게 살아왔을까. 탐라도성은 주거 환경적 측면에서 볼 때 북두칠성의 별자리와 함께 하천과 지형, 지세 등 환경적 요인을 고려해 설계·배치한 것으로 보인다. 취락을 둘러싼 주변 환경을 살펴보면 곡식을 재배하고 생산하는 농지를 각 도가 일정 면적씩 성내에 확보하고 있다. 일도는 주로 북성 일대에, 이도는 남성과 동성 사이에, 삼도는 비교적 작은 면적을 거느리고 있어서 부족한 농지는 성 밖 남서쪽에서 따로 확보하고 있음을 알 수 있다.

제주목관아의 우물

옛 성은 십자 형태의 4개로 나누어 일도·이도·삼도와 관부(성주청)를 구획하고 있으며, 각기 금산수원, 가락쿳물, 병문천(선반천)을 나누어 갖는 형식으로 배치돼 있다. 관부에는 따로 우물을 파서 음용수로 사용했다.

식량처럼 용수의 확보는 예나 지금이나 민생과 직결된 사안이었다. 적절한 배분과 사용이 중요한 관건이다. 일도와 이도, 삼도 지역은 각각의 하천을 거느리고 있다. 형식적으로 일도동은 산지천과 금산수원을, 이도동은 가락천을, 삼도동은 병문천을 나누어 차지하고 있다. 이에 비해 성주청은 관아 내부에 우물을 파서 식수와 용수를 활용한 것으로 보인다. 지금도 목관아 안에 복원된 커다란 우물터를 통해 파악이 가능하다. 이는 식수원을 놓고 부족 또는 집단 간의 다툼과 갈등을 사전에 예방하기 위한 조치라고 해석된다.

지형적으로 보면, 일도는 바다와 닿아 있으면서 상류 지역의 부엽토가 일 년에도 몇 차례씩 큰 내를 타고 흘러와 비옥한 땅을 만들어 주는 지역이다. 이곳은 수장^{酋長} 집단의 거주지로서 북두칠성의 일곱 개의 별자리 중 3개^{주걱 부분}의 칠성대가 세워져 있다. 용천수가 4계절 풍부하게 흘러나오는 산지천과 금산물은 1960년대까지 여름철 성안 백성들이 몰려와 피서를 즐기는 곳이었다. 그러나 겨울철의 세찬 서북풍이나 하천 범람에는 취약한 곳이다.

이도동은 오현단의 높은 언덕을 배경으로 여름철의 태풍을 막기에 유리한 지형을 갖고 있다. 1970년대 초 KAL호텔이 들어서며 고갈되었다고 의심을 받고 있는 가락천은 민가와 인접해 지역주

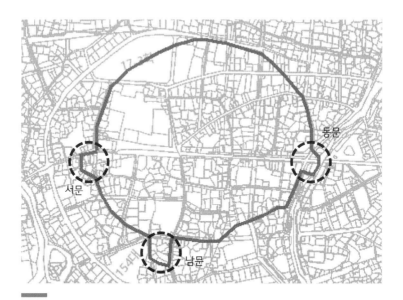

탐라도성의 성문 위치 추정도
제주읍성 안에 자리 잡은 '옛 성'의 자취는 1914년의 지적도에 골목길 형태로 나타난다. 이 길을 따라가 보면 서문과 남문이 들어섰을 자리에는 옹성 형태의 자취가 보인다. 동쪽에는 가락천 남측에 길게 돌출된 부분이 보이는데 동문의 자취가 아닌가 여겨진다.

가락천 우물가
1960년대를 전후한 사진으로 보인다. 이곳은 산지천 서안에 위치해 있는데 하천 쪽
으로 축대를 쌓아 성안 급수원을 보호하고 있다. 탐라시대에는 동성 밖을 오가는 출
입문이 있었을 것으로 추정된다.

관덕정에서 동쪽으로 바라본 풍경

민들의 식수원으로 활용되어 왔다. 이곳에는 일찍부터 귤원橘園이 조성되었으며, 후대에는 영주십경의 하나인 '귤림추색橘林秋色'의 명성을 얻게 되었다.

삼도동은 남성의 동남쪽과 서성으로 둘러싸인 곳으로, 식수원이자 생활용수의 공급처인 병문천과는 다소 떨어져 있다. 바다와는 비교적 가까운 지대에 위치해 있어 해산물 채취가 용이한 지역이다. 이도와 삼도는 한짓골을 중심으로 동서로 나뉘어 북두칠성의 주걱 부분인 4개의 별자리 중 2개씩을 나눠 갖는 형태로 설촌되었다.

이처럼 탐라도성 내의 일도, 이도, 삼도와 성주청은 탐라시대에 형성된 원형을 거의 잃지 않은 형태로 지금도 옛 자취를 남기고 있다. 제주시 원도심은 탐라시대 성주가 정사를 펴던 성주청, 조선시대의 제주목관아, 일제강점기의 제주도청濟州島廳, 해방 직후 제주도청濟州道廳이 있었던 역사적 배경과 무관치 않다.

일제강점기에 주요 유적은 대부분 멸실되었다. 성곽은 허물어져 바다매립에 투입되었고, 유구한 역사를 간직하며 탐라를 이어왔던 관아 건물들도 함께 사라졌다. 뼈아픈 일이 아닐 수 없다. 필자는 10여 년 전 경술국치 100년을 앞두고 '제주의 원풍경'을 조명하는 글을 신문에 연재한 바 있다. 나름대로 치욕의 과거를 눈 부릅뜨고 뒤돌아봄으로써 다시는 아픈 역사를 되풀이하지 않아야 함을 일깨우기 위한 작은 몸짓이었다.

칠성대는 그런 기억을 되살리게 하는 상징으로 남아 있다. 1926년 마지막 순종황제가 승하했을 때 탐라의 후손인 제주시민과 청년들은 향교전에 있는 칠성단에 모여 함께 국상을 애도하였다. 그러나 "기관·단체장, 유지들은 일제의 제주도사濟州島司가 마련한 도청 후원의 추도회에 참가하였다."고《매일신보》1926. 5. 26는 기사로 남기고 있다. 그게 일제강점기임을 감안한다 해도 그들은 일반 시민, 그리고 청년들과는 다른 행보를 보이고 있었음을 알 수 있다. 해방이 된 후 도정을 장악한 이들은 대부분 후원 추도식에 참가했던 그룹이었을 것으로 여겨진다. 그때 자취가 충분히 남아 있었을 칠성대의 역사적 중요성을 간파했더라면 탐라시대부터 전해온 최고最古의 유적은 살릴 수 있었을 것이라는 아쉬움이 짙게 배어나온다.

그러나 연목구어緣木求魚라는 자괴감도 든다. 행정은 그때 남아 있던 제주성 일부도 민간에게 불하하는 족적을 남기고 있기 때문이다. 그래서 칠성대는 역사적으로 사라져버렸고, 제주인들의 심상 속에서도 별이 지고 있다. 그 편린은 칠성로 주변에 남아 있는 '칠성'의 이름을 붙인 상호와 네온사인 등에서 흐릿하게 찾아볼 수 있다. 한 번쯤 원도심을 거닐며 시대의 저편으로 사라져간 탐라의 별들을 더듬어 볼 일이다. 그런 이들이 늘어나면 '잊혀진 탐라도시'도 머지않아 다시 우리 곁에 다가오게 될 것이다.

별별 이야기 ❻
탐라도성의 옴파로스 omphalos
'배부른 동산'

　국사편찬위원인 김익수 선생은 칠성로와 한짓골^{한질}이 만나는 교
차점 바로 동쪽^{우생당 앞}에 '배부른 동산'이 있었다고 한다. 관덕정에
서 동쪽을 향해 보면 250m 정도 떨어진 지점이다. 김석익의《파
한록^{破閑錄}》에도 '배부른 동산'에 대해 짧은 기록을 남기고 있다. "사
미봉^{思美峰}=사미봉^{속칭 '배부른 동산'}은 성 안에 있다. 평평하고 둥그런 모
양에 한 장^丈 정도의 높이였고, 관덕정과 서로 마주하였다. 갑인년

▬▬▬
한말의 관덕정 광장 모습
1901년 제주에 온 겐테 박사는 이곳을 보며 한양에서도 보기 어려운 큰길이라고 하
였다. 그러나 이곳은 탐라국시대에 조성된 광장이라고 해석된다.

320

甲寅:1914에 길을 만들 때 평지로 만들어 버렸다."는 내용이다. 한 장

丈은 미터법으로 환산하면 3.03m 정도이고, 관덕정과 머리를 맞댈 정도여서 오름이라고 부를 정도는 아니다. 그래서 '배부른 동산'이라고 불렀던 것 같다. 기록에서는 그런 낮은 동산을 봉峰이라 부르고 있다. 이는 '배부른 동산'을 각별한 시각으로 바라보았음을 의미한다.

원圜은 고대부터 우주를 상징하였는데 그 중심은 항상 생기 있는 돌기, 인체로 비유하면 '배꼽omphalos'과 같은 존재로 표현되었다.Pennick, 1979: 121 그래서 옴파로스omphalos는 흔히 세상의 중심이라는 뜻으로 불린다. 이는 고대 그리스인들에게서 유래했다. 제우스가 저마다 다른 방향으로 날려 보낸 두 마리 독수리가 세상을 돌아 다시 그 중심에서 만나는 지점을 의미하고 있다.

'배부른 동산'은 탐라도성의 옴파로스omphalos와 같은 상징적 존재였던 것으로 보인다. 정확한 지점은 콕 집어 말할 수 없지만 관덕정의 동쪽 전면에 있었고, 지금의 '우생당' 부근이라면 대강 그 위치를 짐작할 수 있다. 여기에서 탐라도성의 동성東城과 서성西城의 길이를 재면 거의 중심에 위치한다. 이에 비해 남성南城과 북성北城을 재면 북쪽이 조금 길다. 그럼에도 전체적으로 보면 중심점에 있다고 볼 수 있다. 1914년 지적도에 나타난 취락의 분포 형태를 보았을 때 거의 중심에 있음을 알 수 있다.

'배부른 동산'은 관덕정 광장의 동쪽 끝에 위치해 있었다. 관덕정 광장은 1901년 이재수란이 발생한 지 3개월여 지났을 때 제주에 온 독일인 지그프리트 겐테 박사의 기행문에도 등장한다. 그는

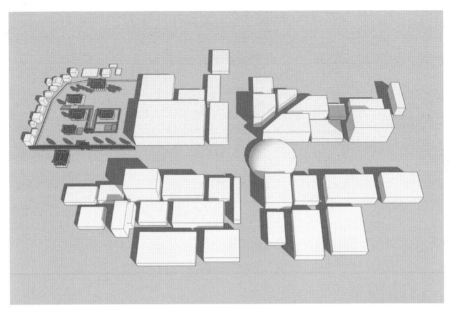

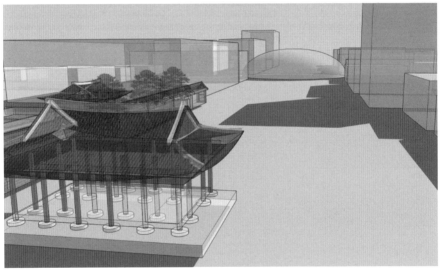

'배부른 동산'

위에서 내려다본 '배부른 동산'. 지금의 우생당 서쪽 지점에 위치했을 것으로 추정된
다. 서쪽 전면에 관덕정이 있다. (사진 위)

탐라시대에는 성안 중심에 자리 잡은 만남의 장소로서 일도·이도·삼도를 잇는 교차
점에 있었다. 탐라도성의 랜드마크와 같은 구실을 했을 것으로 보인다.

관덕정 앞 광장에 대해 '한양에서도 좀처럼 보기 힘든 넓은 길'이라며 놀라워하고 있다. 도로라고 표현했지만 당시는 마차나 수레가 다니던 시절이어서 도로가 아니라 광장이라고 보는 게 맞을 듯하다. 이처럼 넓은 광장을 조선시대 목사가 집무하는 관아 앞에 조성하였다고 보는 것은 무리다. 탐라국 시대 왕성 앞에 만들어진 유산으로서 '탐라광장'이라고 보는 게 자연스럽다.

'배부른 동산'은 탐라도성을 설계할 때 중심점으로 삼았던 존재로, 지금의 시각으로 본다면 도시의 '랜드 마크'와 같은 상징적 장소였던 것으로 이해된다. 그곳은 또한 제우스의 두 마리 독수리가 저마다 다른 방향으로 날아갔다가 다시 돌아와 만나는 옴파로스 omphalos를 연상시킨다. 일도, 이도, 삼도의 사람들도 그랬을 것이다. 이곳에서 만났다 헤어지고, 다시 만나는 약속 장소로 활용해 왔을 것이다.

'배부른 동산'은 높이가 3m 정도에 지나지 않는 나지막하고 둥그런 동산이었다. 도성 내의 장애물로 인식되었다면 이미 1천여 년 전에 사라졌을 것이다. 그럼에도 여전히 일제강점기 초기까지 전해져 왔던 것은 오랜 세월 동안 공유되었던 탐라도성의 상징성 때문일 것이다.

이처럼 탐라도성의 상징적 존재였던 '배부른 동산'은 1914년 일제가 동문로東門路를 새로 확장·개설하며 사라졌다. 탐라도성을 거론할 때 담론으로 삼을 만한 기억의 장소라고 여겨진다. 이곳 도로에 동판銅版 조형물을 설치해 지나가는 길손들에게 옛 탐라의 도성 이야기를 들려주는 공간으로 삼으면 어떨까 싶다.

탐라국의 성주청^{星主廳}은
어디에 있었나

도성^{都城}이 있으면 그 속에는 궁궐과 관아가 있고 백성들의 거주지가 함께 있기 마련이다. 탐라국에는 성주청^{星主廳}이 있었던 것으로 전해온다. 이는 '별나라의 주인'^{國主}인 탐라왕 성주^{星主}가 국사를 펼쳤던 궁궐을 의미한다.

그러나 성주청에 관한 유적은 물론 기록도 거의 찾아볼 수 없다. 세월도 많이 흘렀지만 조선 세종 때 관아가 불에 타버리면서 옛 고적과 역사를 돌아볼 수 있는 문헌자료들이 소실된 탓으로 볼 수 있다. 그보다 역사의 자취가 사라진 근원적인 배경은 결국 탐라왕국의 멸망과 직결돼 있다고 할 것이다.

그렇더라도 자료가 전혀 없는 것은 아니다. 탐라역사에 관심 있는 선인들이 앞선 이들의 이야기나 자신들의 생각을 정리하는 형식으로 후대에 전하고 있다. 그래서 앞선 시대의 자취를 찾아내는

눈에 덮인 제주목관아 모습
탐라의 성주청을 비롯한 관부는 이 일대에 설치되었을 것으로 보인다. 이곳은 탐라
시대부터 최근현세까지 제주의 수부가 되었다.

일은 마치 깨진 도자기의 파편을 모아 하나의 상을 그려내는 것처럼 많은 어려움과 인내를 필요로 한다.

　일찍이 성주청에 대해 관심을 갖고 이를 추적해 온 이는 제주사 연구가이면서 언론인으로 살다간 홍순만이었다. 그는 제주도문화 재위원회 위원장을 역임했을 정도로 제주사에 해박한 지식을 갖고 있었다. 제주에 흩어져 있는 고비古碑를 일일이 찾아다니며 비문을 해석하고 1970년대에는 이를《제주신문》에 장기간 연재하기도 하였다. 또한 1998년에는《한라일보》에 30회에 걸쳐〈사연 따라 7백리 - 제주도 역사의 현장을 찾아〉를 연재하기도 하였다.

　탐라의 왕궁이라고 할 수 있는 성주청은 어디에 있었을까.

이응호李應浩의《탁라국서乇羅國書》에는 (탐라국의) 궁전 터는 "조선조 때 세병헌洗兵軒이 있었고, 좌우자전청상고左右紫電靑霜庫가 있었으며, 지금 우편소가 있는 곳이다."라고 기록하고 있다. 이 우편소는 지금도 제주우편집중국이라는 이름으로 기능을 하고 있다. 이에 대해 홍순만은 "조선시대 5백여 년간 고高씨에 제주 목사牧使 자리 하나를 내주지 않았던 조선조가 성주청을 19세기까지 진무청鎭撫廳으로 쓰게 했다는 점은 사리에 맞지 않는다."고 부정하고 있다. 그러면서 "노봉문집을 비롯하여 여러 기록을 놓고 추정해 볼 때 월대月臺가 있던 근처에 궁전이 있었던 게 아닌가 생각한다."는 견해를 밝히고 있다.

한편 1996년 제주시·제주대학교박물관이 공동으로 펴낸《제주

일제강점 초기의 관덕정 광장 모습으로, 당시에는 오일장으로 활용되었다.

조선시대에 설치된 관덕정
탐라시대의 월대(月坮) 터에 세워졌다.

시의 옛 터》는 제주시 관내의 주요 유적을 망라해 수록해 놓고 있
다. '성주청'에 대한 언급은 없지만, 이 책에는 1900년대를 전후해
제작된 것으로 보이는 〈제주읍성 일대의 고적도〉가 수록되어 있
다. 이 고적도에는 66개의 주요 유적이 그려져 있는데 그중 '성주
청'이라고 표기된 그림이 있다.

　이 '성주청' 그림은 주변의 도로를 그리지 않아 정확한 지점을 알
수 없지만 관아시설이 밀집해 있는 남동쪽 모서리 부근에 위치함
을 나타내고 있다. 이 지점은 제주우편집중국이 있는 곳으로 추정
되며, 그 자리에는 지금 〈성주청 터〉라는 표석이 세워져 있다. 이
응호李應浩와 홍순만은 탐라 궁전지의 위치를 상이하게 바라보고 있
다. 이응호는 우편소, 즉 지금의 제주우편집중국이 있는 곳을 지
목하고 있으며, 홍순만은 월대 주변을 궁전지로 보고 있다. 한편

고적도는 제주우편집중국을 성주청 자리라고 표시하고 있다. 이처럼 각기 설명이 다른 것은 성주청과 궁전지를 다르게 인식하고 있는 데서 비롯된다고 여겨진다.

필자는 성주가 국사國事를 보았던 집무청인 성주청이 우편집중국 자리에 있었고, 궁궐은 성주청에서 월대에 이르는 넓은 공간에 자리를 잡았던 것으로 추정한다. 따라서 이 공간은 고려시대와 조선시대, 일제강점기까지 계속 제주의 핵심적 관부로 활용되어 왔다고 보는 것이다. 그러면 월대는 궁궐의 어떤 시설인가.

'월대(月臺)'는 궁궐의 정전(正殿)과 같은 중요한 건물 앞에 놓이는 넓은 대로 궁중의 각종 행사가 있을 때 이용된다. 대개 방형의 넓은 단(壇)으로, 그 위에 지붕이나 다른 시설을 하지 않는다. 월견대(月見臺) 즉 달을 바라보는 대라는 말에서 유래된 것으로 전하고 있다. 그러나 대개의 경우 월대는 궁궐에서의 하례(賀禮)·가례(嘉禮)와 같은 큰 행사 때 사람들이 올라서서 행사에 참여하는 데 이용되며 제례(祭禮) 때에도 이용된다.

- 《한국민족문화대백과사전》

위의 내용을 볼 때 '월대'는 궁궐의 정전과 같은 중요한 건물 앞에 위치하고 있음을 알 수 있다. 탐라의 '월대'는 관덕정 뒤편에 있었는데 김정 목사에 의해 '선덕대宣德臺'로 이름이 바뀌었다고 홍순만은 보고 있다.

월대에서 바라본 관덕정
월대 터에는 제단석 형태의 조형물이 남아 있는데, 확실한 용도는 알 수 없다.

월대가 있던 터에 세워진 선덕대
노봉 김정 목사가 '월대'의 이름을 바꿔 세운 것으로 알려지고 있다.

지금의 삼도동 지역에 해당하는 관덕정 서쪽 일대를 과거에는 '월
대동(月臺洞)'이라 했는데, 즉 칠성도의 기축이 되었던 '월대'가
있었던 곳이라고 하여 붙여진 이름으로 생각된다. … 김정 목사
가 월대를 수축(1735년)한 뒤 '선덕대(宣德臺)'로 명명하였다. 이
것은 홍화각(弘化閣)과 관덕정을 이웃에 끼고 있어서 붙여진 이
름이 아닌가 생각한다. 이 선덕대가 바로 관덕정 뒤뜰이다.

-《사연 따라 7백리》, 2014.

전라남도에 거주하고 있는 남원 양씨 족보에 수록된 지도
주로 삼을라와 관련된 탐라의 주요 유적들을 그려넣고 있는데 칠성대와 월대가 성
내에 분포하고 있음을 알 수 있다.

조선시대 경복궁에 세워졌던 월대는 모두 네 곳에 설치되었으며, 지금도 그 터가 남아있다. 대개 장방형으로 그 높이는 약 1m 전후가 되는 것으로 알려져 있다. 때로는 2단으로 구성되는 경우도 있고, 장대석長臺石을 가지런히 쌓아 올려 벽면을 구성하고 상부는 전塼이나 박석薄石: 넓고얇게뜬돌을 깔고 있다.

관덕정 뒤의 월대도 장방형으로 장대석을 가지런히 쌓아올려 벽면을 구성하고 있다. 다만 탐라의 월대 터를 잠식하며 관덕정을 지은 것으로 추정되는데, 김정 목사가 1730년대 초에 칠성대와 함께 월대를 수축한 기록이 남아 있다.

월대月坮에 남겨진
상징성

19세기에 편찬된 전라남도 남원 양粱씨 족보에는 관덕정 뒤에 '대坮'라는 표기와 함께 3개의 계단으로 보이는 그림이 그려져 있다. 이 그림이 어떤 시설인지에 관해서는 따로 설명이 없다. 삼을라의 후손인 양씨 가문의 족보인 만큼 이 그림은 탐라시대의 자취를 후손들에게 전하기 위해 그려진 것임을 알 수 있다. 이 지도가 대부분 삼을라와 관련된 유적 중심으로 그려진 사실을 보아도 그 의도를 짐작할 수 있다.

계단 형태로 그려진 이 월대의 그림은 무엇을 나타내고자 한 것일까. 달을 보는 월견대月見臺 구실을 했던 것일까. 천문을 관측했던 기능까지 겸했던 시설로 여겨지기도 하지만 추정에 불과하다. 그러나 김정 목사의 시에서도 나타나듯이 월대는 칠성대와 결부시켜 의미를 해석할 필요가 있다. 앞서 언급한 것처럼 '옛 성'은 크게 4구역으로 나누어져 있으며, 그중 세 구역은 일도, 이도, 삼도가 들어섰고 그곳에는 일곱 개의 별을 뜻하는 칠성대가 세워져 있다. 나머지 한 구역^{성주청}에 세워진 월대는 달을 상징한다. 따라서 탐라도성은 별과 달이 뜨는 우주의 공간이며, 탐라왕인 '星主'는 천문으로 이루어진 나라의 왕이라는 의미를 내포하고 있는 것이다.

'월대'였던 자리에는 제단의 용도로 쓰였음직한 널찍하고 두꺼운 형태의 판석이 깔려 있다. 그곳이 '월대'였다는 점을 생각하면 조선시대의 그것처럼 탐라시대에도 하례^{賀禮}·가례^{嘉禮}와 같은 큰 행사나 제례^{祭禮} 때 사용했던 제단으로 생각할 수도 있겠다.

탐라시대의 월대는 어떤 모습이었을까. 지금의 관덕정을 비롯한 월대 주변은 탐라시대의 원지형과는 높이가 상당히 달랐을 것이다. 이는 복원된 제주목관아를 볼 때 여실히 드러난다. 조선시대의 목관아는 지나가는 길손들이 우러러 볼 정도로 위엄이 있었을 것이다. 그런데 지금은 오히려 눈을 내리깔고 쳐다볼 정도로 주변의 지층이 높아졌다. 이 때문에 목관아를 복원할 때 원래 지층 위에 복원할 것인가, 아니면 현실적인 높이만큼 지층을 높여 조성할 것인가 논란이 있었지만 결국 원지형을 유지하는 것으로 결론이 났다. 다만 목관아 정문 앞마당을 원지형만큼 깎아내는 방식을 택했다. 그러나 저간의 사정을 모르는 시민과 관광객들은 고개를 갸웃거린다. 이 때문에 제주특별자치도는 2017년 봄 제주목관아를 비롯한 관덕로 일대를 원지형으로 깎아내 복원하려 했지만 지역 주민들의 반대로 무산되었다. 공사로 인한 불편이 가중된다는 이유였다.

목관아 지하에서 발굴된
탐라문화지층

고고학자들에 따르면 유적이 있었던 주변 지층은 100년에 대략 30cm씩 높아지게 된다고 한다. 이는 기존의 건물을 중개축할 때마다 자리를 조금씩 옮기며 기존의 대지를 돋우기 때문이다. 그러면 지금 제주목관아는 탐라시대 궁궐지와 비교할 때 얼마나 달라졌을까.

제주목관아는 1992년부터 9년간 발굴조사를 토대로 복원되었다. 당시 발굴사업은 제주시의 의뢰를 받아 제주대학교박물관에서 시행했다. 그 결과 탐라시대-고려시대-조선 전기-조선 중기-조선 후기-일제강점기-현대로 이어지는 문화지층이 확인되었다. 하지만 발굴조사는 맨 상부층인 조선 후기[18-19세기] 관아시설에 국한하여 조사를 마무리한 상태이다. 현재 복원된 제주목관아 시설은 조선 후기 이형상 목사의 《탐라순력도》[1702년]를 근거로 이루어졌다.

이러한 사실은 제주목관아지 복원사업에 대한 의문을 자아내게 한다. 고고학적 발굴사업은 지층의 밑에서 출토되는 유물과 유구를 중시한다. 이는 일반인들이 볼 때도 지극히 상식적인 일이다.

더구나 그곳은 탐라국의 궁전이 있었던 자리라고 추정되는 곳이
다. 그렇다면 특별한 이유가 없는 한 탐라층을 확인하는 작업이
먼저 이루어졌어야 했다. 그렇다면 당시 발굴조사에서 탐라층의
유구는 확인되지 않은 것인가. 그렇지 않다.

1992년부터 1998년까지 이루어진 발굴조사 결과 현재 제주목관아
사적지 내 과원이 조성된 구역[노인회관 서편]에서 중요한 유구가 나타났
다. 통일신라 말에서 고려 초기로 보이는 문화층과 주초적심석[柱礎積
心石]이 3m 간격으로 확인된 것이다. 이는 제주목관아 2m 하층에 1500

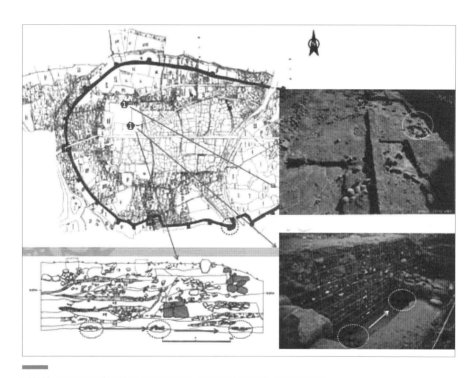

강창화, 〈濟州邑城에 對한 考古學的 研究〉, 《濟州考古》 제2호, 2015, 114쪽.
오른쪽 하단의 사진(원형)을 보면 사루떡처럼 형성된 문화지층 아래 탐라시대의 주
초석이 노출되었다.

년 전 탐라왕궁 내 건물이 존재했을 가능성을 강력히 시사하는 중요한 성과였다. 그러나 탐라시대의 시설, 즉 탐라궁전의 규모를 파악할 수 있는 지층에 대한 발굴 작업은 더 이상 이루어지지 않았다.

문화재청과 중앙문화재위원들은 목관아의 복원을 염두에 둘 경우 제주목관아의 배치 등이 상세히 묘사된《탐라순력도》를 근거로 복원하는 게 바람직하다는 이유를 내세웠다. 국가적으로 중요한 문화재라면 시대를 거슬러 올라갈수록 중요한 가치가 있다는 점은 문화재에 관한 문외한들도 알고 있는 사실이다. 더구나 그곳은 탐라궁궐 터로 비정되는 매우 중요한 지역이다. 이미 탐라시대의 유구가 발견되었다면 전면 발굴을 통해 그것을 확인해야 하는 게 상식이다. 어느 시대로 복원할 것인가의 문제는 그다음에 논의해도 될 일이다. 그럼에도 탐라국의 자취를 간직하고 있는 지층에 대한 발굴은 그것으로 중단되었다.

이러한 조치는 석연찮은 뒷이야기들을 남겼다. 탐라시대를 발굴·조명하지 않으려는 중앙 부처의 시각과 흐름을 보여주는 것으로 이해되었다. 학계에서도 탐라국에 대한 편협한 인식을 공공연히 드러내기도 한다. 고구려·백제·신라 외에 가야권의 역사 복원을 위한 지원에 비해 탐라의 역사에 대해서는 여전히 인색함을 감추지 않고 있기 때문이다.

다시 탐라지층을 살펴보자. 탐라궁전은 복원된 제주목관아보다 2m 아래에 조성되었음을 알 수 있다. 그곳에서 월대를 바라보면 4m 이상 높은 곳에 자리 잡고 있다. 월대에는 두 개의 계단 같은 시설이 놓여 있었다. 그렇다면 월대는 궁전 터보다 훨씬 높은 곳

제주목관아 전경

1990년대에 대대적인 발굴조사를 통해 2000년대 초 복원된 제주목관아. 그러나 발굴 당시 탐라시대의 문화층이 나타났음에도 이에 대한 발굴조사 없이 덮어버린 것은 개운치 않은 뒷말을 남기고 있다. 더구나 그곳은 성주청이 위치해 있을 것으로 추정되는 곳이어서 더욱 그렇다.

에서 달을 보거나 별을 보며 천문을 관측했던 자리라고 여겨진다. 그곳에는 돌로 만들어진 계단을 밟고 오르내렸을 것이다. 김정 목사의 시처럼 칠성대와 월대는 탐라도성을 환히 밝히는 별과 달의 상징이었다. 월대와 칠성대가 퇴락했으니 이제는 별과 달이 있어도 그 빛을 보기 어려운 세상이 되었다.

월대는 관덕정과 바로 붙어 있다. 본래는 탐라시대에 축조된 월대의 자리 위에 1448년^{세종 30} 신숙청 목사가 관덕정을 세운 것으로 추정된다. 관덕정의 기둥은 가로 각 6개, 세로 각 5개로 구성되는 형식을 갖고 있다. 그런데 내부에 2개의 기둥이 없다. 그래서 관덕정을 떠받치는 기둥은 모두 30개가 아니라 28개이다. 이들 기둥의 숫자는 어떤 의미를 갖고 있는가.

관덕정의 28개 기둥은
별자리를 뜻하는가

고대의 집은 대지 위에 사각형으로 기둥을 세우고 둥그런 지붕의 형태로 지어졌다. 이는 천원지방天圓地方, 즉 '하늘은 둥글고 땅은 네모났다.'는 고대 천문관에 따른 것으로, 집을 소우주와 같은 존재로 여겼기 때문이다. 4개의 기둥은 건물을 지탱하는 기능만이 아니라 4계절과 4방위, 즉 자연의 이치理致를 나타내었다. 이러한 개념으로 세워진 대표적 건물이 경복궁景福宮의 경회루慶會樓이다. 경회루는 1412년태종 12에 연못을 확장하고 큰 규모로 중건되면서 지금의 골격을 갖추게 되었다고 한다. 전체의 기둥 수는 모두 48개로 안팎에 각각 24개의 기둥이 세워져 있다. 《한국민족대백과사전》에 따르면 이들 24개의 기둥들은 각기 24절기와 24방方, 그리고 하늘·땅·사람天地人을 나타내고 있다고 설명하고 있다. 이는 1865년 정학순丁學洵이라는 사람이 쓴 《경회루 36궁지도慶會樓 36宮之圖》를 인용한 해석이다.

관덕정은 경회루가 중건된 지 30여 년 뒤에 세워졌다. '호남제일정湖南第一亭'의 별칭을 갖고 있을 만큼 관덕정 축조는 조정에서도 관심을 끌었던 대상이었다. 이는 '觀德亭관덕정' 편액이 당대의 명필로 이름을 날린 안평대군의 글씨라는 사실에서도 알 수 있다. 이때 관덕정을 세운 건축가들도 월대라는 장소성에 주목하고 이를 건축에 반영하고자 한 것은 아닐까. 노봉의 시에도 드러나듯이 월대와 칠성대는 불가분의 관계로 맺어져 있다. 그렇다면 관덕정의 28

관덕정 기둥

관덕정의 기둥은 모두 28개로 이루어져 있다. 월대(月坮) 위에 세워진 이들 기둥은 고대의 천문관에 따르면 28수(宿)를 반영하고 있다고 해석할 수 있다.

개 기둥은 동·서·남·북에 각각 7개의 별자리로 이루어져 있다는 고대의 천문관, 즉 28수(宿)를 기둥으로 표현한 것으로 해석할 수 있다.

아득히 먼 옛날 월대에 올라 무수히 쏟아지는 별빛을 받으며 탐라의 앞날을 점치던 이들이 있었다. 호남에서 가장 큰 정자인 관덕정을 지을 때, 건축가들도 탐라인들처럼 별자리를 살피며 그것을 건축으로 구현하고자 했는지 모를 일이다. 별을 보기 힘든 오늘날, 별을 보며 그것으로부터 영감을 받는 이들은 얼마나 될까. 물질적 욕망으로 가득한 탐욕의 거리를 걸으며 잠시 상념에 젖는다.

탐라도성의 모델을 계승한
3성三城과 9진성九鎭城

고대국가 때부터 형성된, 우주의 천체를 모형으로 한 성城의 형태는 탐라도성에서도 뚜렷하게 드러나고 있다. 이러한 천체를 모델로 구축된 제주의 성들은 조선시대에도 이어져 나타나고 있다. 이는 신유가사상을 국가이념으로 삼고 개국한 조선왕조 시기에도 계승되고 있다는 점에서 제주의 역사와 문화사적으로 또 다른 의미가 있다.

조선왕조는 개국과 더불어 수도를 둘러싼 왕국을 8괘八卦를 상징하는 8도八道로 분할하였고, 행정구역도 완벽한 숫자인 360을 상징하는 330개의 군현으로 개편하였다. 이러한 행정구역의 분할과 배치 역시 신유가사상으로 표현되는 풍수사상의 영향에 기인하는 것으로 풀이할 수 있다.

조선왕조가 들어서면서 제주의 행정체제도 큰 변화를 맞게 된다. 1411년^{태종 11년} "제주의 성을 수축하도록 명하였다."《태종실록》권2는 기록이 나타난다. 이는 제주에 성城이 존재한다는 사실을 보여주는 첫 사료이기도 하다. 이어 1416년^{태종 16}에는 정의, 대정 두 현이 세워졌다. 김석익의《탐라기년耽羅紀年》은 당시 상황을 이렇게 기록했다.

> 1416년(태종 16년). 처음으로 정의 대정 두 현을 세웠다. 안무사 오식(吳湜)이 동서로 땅이 멀어 방어에 어려움이 있다 여겨 산남 200리 땅을 나누어 두 현을 세우기를 임금에게 아뢰어 청하니, 동쪽을 정의, 서쪽을 대정이라 하고 현감을 두어 다스렸다.

이에 따라 제주에는 섬의 수부首府인 제주목濟州牧과 함께 정의현旌義縣, 대정현大靜縣으로 나누어진 1목牧 2현2縣 체제가 새롭게 들어서게 되었다. 그러면서 제주목을 중심으로 세 고을의 수도를 정확히 삼각형 구도로 연결하는 선이 형성되었다. 섬의 남동쪽을 관할하는 정의현과 대정현은 제주목에서 대략 37리 정도에 위치해 있었다. 이는 세 구역을 배치할 때 형식적인 정확성을 중시했다는 점을 보여준다.

정의·대정현이 들어섰다는 것은 고을의 치소를 둘러싼 성城이 축조되었음을 의미한다. 실제로 1416년 처음 정의현이 세워졌을 때 치소는 지금 성산읍 고성리에 설치되었다. 그런데 이듬해인 1417년^{태종 17} 초대 현감 이이李怡가 치소 입지의 문제점을 아뢰었다.

1700년대 초에 제작된 〈탐라지도병서〉

"정의현성(縣城) 위치가 동쪽 끝에 치우쳐 있으므로 서쪽 호아현(狐兒縣: 남원) 홍로현(洪爐縣: 서귀) 백성들이 현청에 출입하는 데 큰 불편을 겪을 것이므로 서쪽 진사리(晉舍里)나 토산으로 옮기면 편할 것입니다."라고 하니, 임금이 이를 윤허하였다.

1422년세종4 12월에 정간鄭幹 목사로 하여금 지리地利의 좋은 곳을 정하라 하니 진사리로 정하였다. 삼읍의 장정을 동원하여 제주판관 최치렴崔致廉으로 하여금 축성 감독을 시키니 1423년 1월 9일에 착공하여 동 13일에 완료되었다. 성의 둘레는 2,936척, 높이는 12척이었다. 동문, 서문, 남문이 있고 서북쪽에 일관헌日觀軒:현감집무처, 군관청, 인리청, 향청 등이 들어섰으며 서남쪽에 문묘文廟:향교를 세웠다고 한다.

흥미로운 점은 둥그런 형태의 성안 북쪽 중앙에 객사동헌가 남향으로 배치되었다는 사실이다. 객사는 정방형에 가까운 담장으로 둘러싸여 있다. 이러한 객사 배치는 삼읍성三邑城 중에서 가장 특징적인 형태라고 볼 수 있다. 조선시대 지방고을에 세워진 객사는 임금이 있는 곳을 나타내는 전패殿牌를 모시는 시설이었다. 임금이 머물러 있는 곳이라는 상징성을 갖고 있었다. 그래서 고을의 수령들은 망월望月에 이곳에서 임금이 계신 궁궐을 향해 배례하였다.

정의고을의 객사가 성안 중심에 들어설 수 있었던 것도 이러한 상징적 건물이었기 때문이다. 이는 수령의 집무처가 성의 서북쪽 귀퉁이에 배치된 것과 비교할 때 중요성이 두드러지게 나타난다. 또한 고대국가의 도성 형태인 원형圓形 속의 방형方形, 즉 천원지방天圓地方의 전통적인 궁궐 모습을 보이고 있어 주의 깊게 살펴볼 필요가 있다.

제주목관아는 탐라시대부터 성주청이 있었던 곳으로 대대로 제주의 대표적인 관부官府로 활용되어 왔다. 조선시대에 들어와서는 목관아 바로 북쪽에 객사인 영주관瀛州館을 설치하였기 때문에 직접 비교는 어렵다. 그러면 거의 같은 시기인 1418년태종 18에 설치된 대정현大靜縣 읍성은 어떠했을까.

《탐라순력도》에 나타난 대정읍성의 형태는 거의 원형에 가깝다. 성안을 중심으로 놓고 보면 서북쪽에 객사가 위치했고, 현감의 집무처인 관청은 동쪽에 이웃처럼 설치되었다. 이들 객사와 관아는 전면에 직선으로 남문을 향하고, 좌우로 동문과 서문으로 통할 수 있도록 배치되었다. 이처럼 객사의 배치는 정의현의 읍성과 뚜렷한 차이를 보인다. 이를 우연의 산물로 볼 것인지, 확실한 의도가 개입된 것인지는 명확하지 않다. 다만, 비록 축성 시기는 불과 5년 밖에 차이가 없지만 그 시기는 태종과 세종조로 갈리고 있다.

태종은 탐라의 지배층들이 스스로 폐지해 달라는 형식을 빌려 성주·왕자를 없앴다. 그러면서도 좌도지관, 우도지관으로 임명해 일정한 권력을 유지하도록 했다. 그러나 세종은 그것도 폐지해 제주를 실질적인 중앙집권체제 속으로 편입시켰다. 따라서 세종 초에 이설된 정의현 읍성의 객사 배치는 바로 강력한 왕권을 과시하는 상징적 조치로 이해된다.

조선왕조가 들어서면서 제주의 산남지역에 두 개의 현을 세운 것은 어떤 의미가 있는가. 지금의 시각으로 보면 동서도현이나 산남 중심에 또 하나의 읍을 설치할 수도 있었을 터였다. 앞에서 언급하였듯이 삼읍三邑은 제주목을 중심으로 정의, 대정현을 삼각형의 형태로 분할 배치하고, 두 현과 제주목이 연결되는 도로선이 만들어졌다. 그렇다면 단지 연결도로가 가능하기 때문에 이렇게 두 현을 설치한 것일까.

> 조선의 국가종교인 신유가사상의 역할과, 신유가적 성찰에 따라 이상적인 생활환경을 창안해 내는 관례적인 수단으로써의 풍수사상은 아무리 강조해도 지나치지 않다. 신유가적인 환경계획의 신비하고 우주적인 패턴과 과정은 전통적인 농촌경관을 창조하는 수단이었다. 그것을 무시하고, 제주의 물리적, 사회적 구조에 가해진 더 확실한 실용적인 영향을 논의하는 것은 무모한 일이다. 이런 관점에서 나는, 풍수에 토대를 두지 않고 한국문화와 문화지리를 공부하는 것은 거의 불가능하다고 한 윤홍기(1976:3)의 확신에 동의한다.
>
> - 데이비드 네메스, 《제주땅에 새겨진 신유가사상의 자취》, 고영자 역, 2012.

그러면 풍수가들은 삼읍의 설치를 어떤 시각으로 바라보았을까. '제주의 풍수서'라고 불리는 《과영주산세론過瀛洲山勢論》에는 삼읍의 설치에 대해 평가하는 글이 보인다. "삼성參星이 한라산을 비추니 제주목, 정의현, 대정현이 존귀하다."라고 예찬하고 있다. 이를 통해 사료에서는 찾아볼 수 없지만 삼읍을 정할 때 풍수사들의 영향이 어느 정도 개입된 것으로 짐작할 수 있다. 그러나 세 구역의 치소治所는 삼각형의 구도라는 형식에 지나치게 집착하는 바람에 시행착오가 발생하는 결과를 낳았다. 즉, 정의현이 설치된 이듬해 현청縣廳의 이설을 청원하는 현감의 상소가 올려졌고, 결국 정의현의 치소는 지금의 성읍리인 진사리^{晉舍里}로 옮겨졌기 때문이다.

조선시대에 삼읍 체제가 구축된 데 이어 9개소의 진성^{鎭城}이 시대를 달리하며 순차적으로 설치되면서 3성^{三城} 9진^{九鎭}체제가 한말까지 지속되었다. 9진^{九鎭}의 설치시기는 1271년^{원종 12} 삼별초가 목성^{木城}으로 축조한 애월진^{涯月鎭}을 시작으로 1276년^{충렬왕 2} 수산진^{水山鎭}, 1510년^{중종 3년} 별방진^{別方鎭}, 명월진^{明月鎭}이 세워졌다. 이어 1589년^{선조 22} 서귀진^{西歸鎭}, 1590년^{선조 23} 조천진^{朝天鎭}, 1652년^{효종 3} 차귀진^{遮歸鎭}, 1678년^{숙종 4} 화북진^{禾北鎭}, 모슬진^{摹瑟鎭} 순으로 설치되었다.

그러면 조선시대에 새로 수축되거나 구축된 3성^{三城} 9진^{九鎭}의 성채는 육지부의 그것과 비교할 때 차별적 특징이 있는가.

문화재관리국에서 펴낸 《한국성곽의 연구》^{손영식 저, 1987}에 기술된 읍성의 정의를 먼저 살펴보자.

> 조선시대에 축조된 읍성(邑城)은 거주주체가 왕이 아니고 군(郡), 현(縣) 주민의 보호와 군사적 행정적인 기능을 함께 한 성(城)이다. 도성(都城)과 읍성(邑城)에 대한 구분은 종묘와 사직이 있는 곳을 도(都)라 하고 없으면 읍(邑)이라고 하여 이러한 곳에 방형으로 시설된 것을 성곽이라 한다고 되어 있다. 여기서 도성과 읍성을 개념적으로 구분할 수 있다.
>
> (有宗廟先君之主 曰都, 無曰邑 邑曰築 築曰城, 口其城廓也)

제주읍성은 성 남쪽 좌측에 삼성묘^{三聖廟}, 우측에 사직단 터가 있었다. 이형상의 《탐라순력도》에 제주읍성을 도성^{都城}으로 표기한 것은 이러한 기준에 따른 것으로 보인다. 그러나 탐라국의 도성이었다는 역사적 사실을 본다는 이는 탐라시대의 유적으로 볼 수 있다. 그러면 읍성은 어떤 형태를 보였는지 위 글을 다시 인용해 살펴본다.

> … 읍성의 평면형태는 방형(方形), 원형(圓形), 자연지세형(自然地勢形) 등이 있는데 초기 평지의 읍성은 방형(方形)으로 각 방향의 중심부에 성문을 두었다. … 성곽에서 얼굴이라 할 수 있는 성문은 문루(門樓)를 세워 위엄을 갖추고 성벽에는 요소요소에 성벽의 발전된 부속시설을 하였다. 성내에는 중앙 북편에 관아를 두고 일부 주민을 수용하여 행정기능을 수행하였으며 도로는 문루에 이르는 십자형(十字形)으로 조성하고 성내에 연못이나 우물을 준비하였다.

이를 보면 조선조 시대에 축성된 읍성은 초기에 네모난 형태의 방형方形으로 축조되었다가 나중에 방형과 원형圓形, 자연지세형自然地勢形의 형태를 취하고 있음을 알 수 있다. 또한 각 방향의 중심부에 성문을 두고, 중앙 북편에 관아를 배치하며 문루門樓에 이르는 십자형 도로를 조성하는 것은 동아시아 고대국가의 전통을 이어받고 있음을 나타낸다.

이러한 육지부의 읍성을 《탐라순력도》에 나타난 제주의 3성三城 9진九鎭과 비교할 때 몇 가지 차이점이 드러난다. 먼저 육지부는 방형, 원형, 산지형으로 축조된 데 비해 제주는 모두 원형圓形이나 거의 원형에 가까운 형태를 보이고 있다. 이는 제주성곽의 특징이라

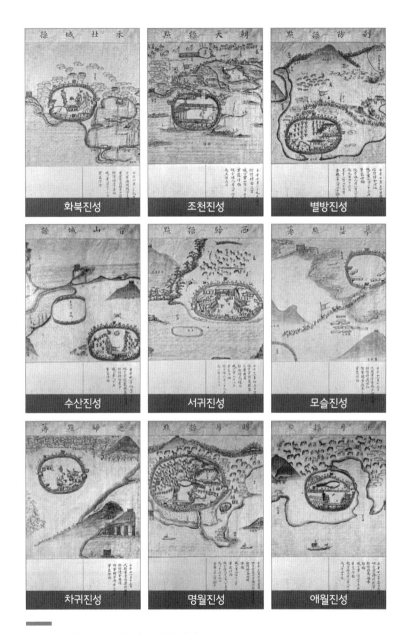

조선시대 제주에 세워진 9진(九鎭)의 성곽들
대부분 원형에 가까운 둥그런 형태를 보이고 있는데 이는 탐라도성의 모델(원형)을 따라 축성되었음을 보여준다. 제주성곽의 특징으로 설명할 수 있다.

할 수 있다. 다만, 을묘왜변의 영향으로 1565년 곽흘 목사에 의해 동성을 확장한 제주읍성은 당초 원형의 형태를 취했다가 나중에 장방형長方形의 모습을 띠고 있다. 이 역시 본래는 원형의 형태를 취했을 것으로 짐작된다. 왜냐하면 조선 초기 제주읍성은 태종의 명에 의해 탐라도성을 수축한 것으로 그 '옛 성'은 원형圓形을 갖추고 있기 때문이다. 이러한 사실은 1914년도에 제작된〈제주성내지적도〉의 제주 읍성 형태에서 어느 정도 유추할 수 있다.

정의, 대정, 두 현의 읍성 역시 그 모델은 탐라도성이었다고 본다. 이들 두 현 체제가 새로 들어서고 현의 읍성을 세운 시기는 "제주의 '옛 성'을 수축하라."고 명한 1411년태종 11에서 불과 5년 뒤의 일이다. 그렇다면 당시 두 현의 읍성을 실제로 축조했던 기술 인력들은 누구인가. 바로 탐라도성의 축조형태와 기법을 잘 알고 있는 제주 인력들이라고 보아도 무방할 것이다. 이들은 탐라도성을 수축하는 현장에 참여했던 이들이기도 했다. 이들은 관의 감독 아래 원형이나 그것에 가까운 형태의 읍성을 축조하였고, 이후에 세워진 진성鎭城에도 탐라도성의 모델을 준용하고 있었다.

중요한 점은 이들 읍성과 9개의 진성鎭城은 축조 시기가 달라도 탐라도성의 전통을 살린 원형圓形의 형태로 일관되게 조선시대를 거쳐 한말까지 이어져 왔다는 사실이다. 이는 탐라시대의 성곽 축조 형태와 기술적 전통이 조선시대까지 이어지고 있음을 유형적으로 보여주는 값진 문화유산이 아닐 수 없다. 탐라문화권의 중요한 연구 테마로서 앞으로 종합적인 조사를 통해 재조명해 나가야 할 대상이다.

탐라왕의 호칭 성주星主는
'별나라의 주인'

탐라왕은 성주星主로 불렸다. 성주의 호칭에 관한 첫 기록은 고려 태조에 이르러서야 비로소 등장한다. 그러나 칠성대가 5세기경에 축조되었다면 탐라 내부에서는 일찍부터 '별나라의 주인' 또는 탐라의 국주國主라는 권위를 나타내는 '성주님'이라고 불렸을 것이다.

성주에 관한 첫 문헌 기록은 "태조 21년⁹³⁸ 탐라국 태자 말로末老가 내조來朝하였기에 성주星主·왕자王子의 벼슬을 주었다."는 기사이다. 성주라는 호칭은 1404년^{조선 태종 4} 성주제가 폐지될 때까지 무려 466년이나 계속 쓰였다. 학계에서는 성주를 어떤 의미의 이름으로 해석해 왔을까.

진영일은 〈고대탐라의 교역과 國 형성고〉에서 하나의 가설로 '성주=전문적 항해기술자'를 제시하였다. "… 탐라국 성주들은 항

서귀포시 안덕면 화순 바닷가의 노을 지는 장면

해를 위한 전문지식을 담당하던 탐라의 왕족으로서, 태평양 제도에서 항해를 전문으로 하는 세습추장과 성격이 비슷하다. 이들은 항해를 위해 별에 관한 전문 지식을 습득하고 전문 항해술을 특정 가문을 통해 세습시키고 있었다."며 이들이 별과 항해의 주인, 즉 星主라 불렸을 것으로 보고 있다.

그는 탐라국의 토착지배층은 해외 무역을 통해 재부를 축적하고 중국이 제시하는 국제외교의 요구사항인 조공제도를 잘 이해하고 있던 국제적 개명인開明人이라고 보고 있다. 그 조건들로서 우선 그들에게는 항해자의 능력이 있었다. 그들은 한반도는 물론이고 중국과 일본까지 항해하기 위해 바다에 대한 지식과 기술이 필요했다. 그런데 이 장기 항해지식에는 다른 어떤 것보다 별에 관한 것이 중요한 몫을 차지했다는 것이다. 그래서 백제 때부터 육지와 교류가 필요했던 탐라 세력가들을 별에 관한 전문가로 해석하고 있다. 이런 연유로 해서 그들은 자신들을 성주라고 부르고 그 권위를 표시했던 것 같다고 추정하고 있다. 그러면서 남태평양의 폴리네시아인들을 연구한 그레이엄 클라크Grahamme Clark의 말을 소개하고 있다.

> 폴리네시아인들은 때때로 멀리 떨어진 다른 섬들을 향해서도 면밀한 지식을 가지고 있었다. 예를 들어 통가인들은 멀리 500마일 떨어져 있는 153개의 다른 섬들에 대해 잘 알고 있었다. 통가인들은 또한 여러 방향으로 나아갔다가 되돌아올 수 있었다. 그들은 840마일을 쉬지 않고 항해한 다음에 되돌아오기도 했고, 또한 1,400마일을 항해하고 돌아오면서 단 한 번 쉬기도 하였다. 〔…〕 폴리네시아인들은 주로 이전의 항해 경험에 의존하여 항해를 계획하였다. 그들은 보트 자체 말고는 다른 장비가 거의 없었다.
>
> - 그레이엄 클라크 지음, 정기문 옮김, 《공간과 시간의 역사》, 푸른길, 1999, 54~56쪽.

해양문명에 관해 여러 권의 책을 저술한 주강현의 시각도 크게 다르지 않다.

여러 정황으로 미루어 보건대, 탐라인들이 섬이라는 지정학적 조건에서 한반도는 물론이고 중국, 일본과 교섭하기 위해서는 조선술은 물론이고 항해술을 지니고 있어야 가능했을 것이다. 그러한 측면에서 탐라의 성주가 별자리를 이해하는 항해 전문지식을 장악한 전문가였을 것이라는 가설이 가능하다.

- 〈'탐라'와 '제주'의 해양문명사적 성찰〉, 《탐라문화》 42호, 제주대학교 탐라문화연구소, 2013.

이러한 해석은 탐라가 고대부터 외부 지역과 교류를 해왔던 해상왕국이라는 역사적 배경에서 비롯된 관점이다. 그래서 태조가 고려에 내조한 탐라국 태자 말로^{末老}에게 준 성주^{星主}라는 이름의 벼슬을 '성주=전문적 항해기술자'의 측면으로 바라보고 있다. 즉, 한반도 최초의 해양국가라 할 수 있는 고려에서 탐라의 권력자에게 어디에서도 볼 수 없는 특별한 작위인 '성주'를 전문적 항해기술자라는 의미를 부여하며 내린 것으로 보고 있다.

탐라는 일찍부터 한반도를 비롯한 중국, 일본과 조공무역을 활발히 펼치며 재부^{財富}를 쌓아나가면서 한편으로는 탐라국의 기초를 다져나갔다고 해석해 왔다. 이처럼 탐라가 주변 국가와 교역을 전개해 나갈 수 있었던 요인은 거친 바다를 오갈 수 있는 항해술과 선박 건조를 위한 기술 축적이 있어 가능했음은 물론이다.

그러나 사면이 바다로 둘러싸여 있고, 탐라시대에 주변국과 활발한 교역을 해 왔을 것으로 여겨지고 있음에도 탐라인들의 선박 건조술의 수준과 항해에 관한 기록은 거의 남아 있지 않다. 비록 후대의 일이지만 조선시대인 인조 7년[1629]에 제주섬에 내려진 출륙 금지령은 약 200년간 이어지며 선박 건조와 항해에 관한 기록을 황폐화시키는 요인이 되었다.

《고려사》에는 1012년 "탐라가 고려에 큰 배 두 척을 바쳤다."는 기록이 보인다. 해양왕국을 자처했던 고려가 '큰 배 두 척'이라고 할 정도면 탐라의 선박 건조술이 상당한 수준에 이르렀음을 유추할 수 있지만 구체적인 규모는 알 수 없다. 조선조 출륙금지령이 내려지기 이전의 기록을 통해 이전 시대를 더듬어볼 수밖에 없다.

최부[崔溥: 1454~1504년]의 표해록을 보면 1487년 경차관으로 제주에 들어왔다가 다음 해 윤 1월에 부친이 돌아가자 급히 고향인 나주로 향하게 된다. 그러나 풍랑을 만나 하마터면 불귀의 객이 될 뻔한 전후의 상황을 표해록으로 남겼다.

> 비가 내림. 제주 목사가 아침 저녁으로 조문하러 왔습니다. 이에 수정사 지자(智慈) 스님이 갖고 있는 배가 단단하고 관가의 배가 미치지 못할 만큼 빨리 나가므로, … 명령하여 [제주시 외도동 도근천으로부터] 제주시 별도포로 돌려 와서 정박해 두게 하고, 신이 바다를 건널 준비를 시켰습니다.

이 글을 보면 민간[수정사]에서 소유하고 있는 배가 단단하고 관가의 배가 미치지 못할 만큼 빠른 성능을 가졌다고 했다. 이는 민간의 선박 건조 기술이 상당한 수준에 있었음을 암시하고 있다. 90

년 뒤의 기록인 임제^{1549~1587년}의《남명소승》에는 제주 선박의 규모가 어느 정도 드러난다. 임제는 부친을 뵈러 1577년 11월 7일 정의현^{旌義縣}의 대선^{大船}을 타고 5척의 소선^{小船}과 함께 제주로 오게 된다. 대선에는 모두 100명쯤, 소선 5척에는 모두 60~70명이 타고 있었다. 제주를 향해 가는 소선들도 한 척당 10명씩 타고 있었는데 대선에는 100명쯤 타고 있었다면 소선보다 적어도 10배가 넘는 큰 규모임을 알 수 있다.

고려시대와 비교하면 선박의 크기가 다소 달랐을 것으로 추정된다. 그렇더라도 고려에서 '큰 배'라고 기록할 정도라면 대양을 건너는 데 충분한 규모를 탐라시대에도 갖추었을 것이다. 그러나 대양을 건너는 데는 배의 규모와 함께 안전한 항해를 도모할 수 있는 항해술이 필요하다.

이청규는《제주도 고고학 연구》¹⁹⁹⁵에서 한반도와 제주도의 해상로는 가장 초보적인 지문항법^{地文航法}, 즉 연안의 육지를 지침으로 삼는 기술만으로 항해할 수 있는 절대거리상에 위치해 있는 유일한 교통로로 해석한다. 뿐만 아니라 제주도와 전남 해안 사이에는 징검다리 역할을 하는 추자도가 있어서 제주도로 오는 데에 다른 지역보다 안전상으로 매우 유리하다. 이러한 한반도와 제주를 잇는 해상교통로는 조선시대에도 변하지 않았다.

그러나 일본과는 사정이 다르다. 서로 왕래하기 어려운 거리에 있고, 중간에 추자도와 같은 중계지점도 없다. 그래서 천문항법기술을 이용한 원양 항해가 가능해진 단계에 가서야 비로소 일본과 교류가 가능해졌다고 보고 있다. 7세기 후반 이후 제주와 일본 간의 사신왕래가 여러 차례 기록에 나타난다. 이는 탐라의 천문항해술이 적어도 7세기 후반부터는 탐라의 뱃사람들에게 도입되었음을 말하는 것이기도 하다.

천문항법은 태양·달·행성^{항해자들이 이용하는}별에 대한 좌표를 통해 항해자가 자신의 위치를 추정하고 나아갈 방향을 잡는 법을 의미한다. 그러나 고대의 천문항법은 그리 정교했다고 볼 수 없다. 남태평양의 폴리네시안들을 연구한 그레이엄 클라크^{Graeme Clark}의 글을 보자.

하와이인들의 신성한 호리병박은 사발에 나란히 구멍을 뚫어 이 구멍을 통해 별들을 관찰하고, 그것을 눈금을 새긴 막대에 기록하기 위한 것에 불과하다. 건조한 육지에 도달하기 위한 안내자로 삼기 위해서는 철새, 대양의 큰 파도와 해류, 바람에 실려 오는 냄새, 해초 조각과 멀리 떨어진 별이 더 중요했다.

대양을 건너는 데는 별^{天文}만이 아니라 온갖 다양한 요소들이 항해에 동원되었음을 알 수 있다. 탐라에서는 어떻게 했을까. 조선시대 최부의 표해록을 통해 탐라 뱃사람들의 항해법을 유추해 보자.

내가 일찍이 지도를 보니, 우리나라 흑산도에서부터 동북쪽을 향해 항해하면 우리나라 충청도와 황해도이고, 정북으로 항해하면 평안도와 요동 등의 땅이며, 서북으로 항해하면 서경 하서의 우공 속에 있는 옛날 청주(淸州)와 연주(兗州)의 땅이고, 똑바로 서쪽으로 가면 서주(徐州)와 양주(楊州)의 땅이다. 송나라 때 고려와 서로 오가면서 명주(明州)로부터 배를 바다에 띄웠는데, 명주는 양자강 이남의 땅이다. 서남쪽으로 항해하면 옛날 민(閩) 땅인데 지금의 복건 가는 길이다.

서남쪽으로 항해하여 조금 남쪽으로 가다가 서쪽으로 가면 섬라(暹羅) 점성(占城) 만라가(滿喇加: 지금의 태국) 등의 나라이다. 곧바로 남쪽으로 항해하면 대 유구국과 소 유구국이고, 곧바로 남쪽으로 항해하다가 동쪽으로 가면 여인국과 일기도(壹岐島)이다. 곧바로 동쪽으로 항해하면 일본과 대마도이다.

최부는 지도를 펼쳐 설명하듯 선원들에게 주변 지리를 상세하게 가르치고 있다. 이러한 기록은 조선의 지식인층 사이에 지도를 포함한 주변국에 관한 지리 정보가 폭넓게 퍼져 있었고 또한 학습되었음을 의미한다. 최부는 배가 거센 풍랑을 만나 난파했을 때 학습된 지리정보를 활용하면서도 현장에서 새로 체험한 현상들을 머릿속에 저장하고 있었다.

신(臣)이 항해에서 푸른 파도를 거쳐 지났는데, 비록 하나의 바다이지만 바다의 성질과 바다 색깔이 곳에 따라 달랐습니다. 제주의 바다는 색깔이 아주 푸르고 성격도 아주 급하므로 비록 바람이 적더라도 파도 위에 파도가 얹혀 있고 아주 격렬하게 감돌아 흐르는 모습이 이보다 더함이 없었습니다. 흑산도의 서쪽에 이르러서도 여전히 그러하였습니다. 나흘 밤낮을 항해하자 바다 색깔이 하얗고, 이틀 밤낮이 지나자 더욱 하얗게 되었습니다. 또 하루 밤낮이 지나자 도로 파랗게 되었고, 또 이틀 밤낮을 지나자 검붉은 가운데 온전히 혼탁하였습니다.

이러한 기록은 항해자들에게 전해지며 항해에 필요한 정보로 활용되었을 것이다. 1687년^{숙종 13} 제주목사가 진상하는 말을 싣고 가다가 31일간 표류했던 제주진무^{濟州鎭撫}〈김대황의 (안남) 표해 일록〉에는 "비가 개이고 구름이 걷히자 별과 태양으로 점을 쳐보니 물 흐름을 따라 동남쪽으로 갔고, 사방을 보아도 아득히 하늘과 바다가 잇닿아 있을 뿐이었다."라는 기사가 나타난다. 별과 태양을 보며 자신들의 위치를 파악하고 있다는 점에서 제주의 관리들도 천문에 관한 지식이 있었음을 알게 한다. 다만 별과 태양으로 어떻게 점을 쳤는지는 소개하지 않아 아쉬운 대목이다.

1771년^{영조 47} 과거를 보기 위해 육지로 나가던 중 폭풍우를 만나 표류했던 장한철의 《표해록》에도 별을 보며 항해 좌표를 설명하는 대목이 나온다.

밤에 바다와 하늘이 맑게 활짝 열리자 별빛이 밝게 빛났고, 남쪽 하늘 한가운데를 보니 큰 별이 있었는데, 신령스러운 빛줄기가 바다를 내리쬐고 있었고 상서로운 빛이 하늘을 가득 채웠다. 내가 여러 사람에게 말하기를 "그대들은 이 별을 알겠소, 모르겠소? 이것이 남극노인성이오."라고 하였다. … 또 지남철로 보면 남극성이 정방(丁方)의 하늘에 있는데, 한라산에서 보이는 방향과 동일하네. 이로 미루어 알 수 있는 것은 우리 배가 한라산 정남쪽에 있고, 그리고 유구(琉球)의 경계에 가까웠음을 또한 알 수 있는 것일세.

(주: 장한철 일행은 곧 어느 한 섬에 당도하였는데 그곳은 유구 (琉球)의 虎山島였다.)

이 기록을 보면, 유구琉球는 물론 탐라시대 일본으로 항해할 때 남극노인성이 주요 좌표의 하나로 활용되었을 것으로 추정된다. 이들 표해록은 모두 조선시대의 글이다. 항해에 필요한 여러 가지 정보, 이를테면 주변 지리에 관한 지식을 비롯하여 바다의 색깔과 새들, 해와 별을 통해 배의 현재 좌표를 파악하는 모습을 보여주고 있다.

폴리네시아에서는 천문학과 항해는 거의 같은 것이었다. 별에 대한 지식은 끊임없이 수집되었고, 항해에 적용되었다. 이 작업을 효율적으로 하기 위해서 왕족과 같은 중요한 가문에 이 일을 전담시켰다. 그래서 이들은 지식을 통해 바다에서 해와 별들을 보고 위치를 확인할 수 있는 천체 반구를 구상할 수 있었다.

- 그레이엄 클라크 지음, 정기문 옮김, 《공간과 시간의 역사》, 푸른길, 1999.

탐라시대에도 항해에 관한 경험들, 이를테면 예기치 않게 풍랑을 만나 멀고 먼 해역을 떠돌다 생환한 이들이 보고 체험했던 이야기들은 매우 중요시되었을 것이다. 특히 주변국과의 교역을 통해 신문물과 재화를 축적해야 하는 성주집단에게는 무사항해를 위해 귀담아 듣지 않으면 안 될 정보였을 것이다. 이러한 경험담은 대를 이어가며 끊임없이 수집되고 후대에 전해졌을 것이다. 그런 점에서 성주라는 호칭이 항해전문가를 의미한다고 해도 지나친 억측은 아니라고 본다.

그러나 그것은 부차적인 의미라고 판단된다. 비록 후대의 기록이긴 하지만《신증동국여지승람》에서 성주는 칠성도를 통해 일도, 이도, 삼도를 구획하고 탐라를 지배해 나갔던 집단의 우두머리를 지칭하고 있다고 본다. 따라서 칠성도를 축조하고 이를 통해 탐라를 지배해 온 성주에 관한 의미부여 없이 '항해의 전문기술자'로 해석하는 것은 본질을 벗어난 해석이라고 판단된다.

고려의 태조와 탐라의 말로太老가 처음 만났을 때를 상상해 보자. 태조는 탐라가 어떤 나라인지에 관해 여러 가지를 물어보고 말로太老는 이에 답하는 시간이 있었을 것이다. 그때 말로太老는 북두칠성을 모방해 일곱 군데에 대를 쌓고 세 부족이 나누어 살아가는 탐라의 이야기를 들려주었을 것이다. 더불어 탐라에서는 자신들을 '별나라의 주인' 또는 '칠성대 나누어진 도읍의 주인'이라는 의미로 성주라고 부른다고 소개하였을 것이다. 스스로 멀고 위험한 항해를 하며 조회한 말로太老를 태조는 따뜻하게 맞이하였을 것이다. 다만 성주의 칭호는 왕이 제후에게 하사하는 형식으로 받아들인 뒤 이를《고려사》에 남긴 것으로 이해된다.

동·서 자복사資福寺에 숨겨진
탐라사의 비밀

옛 제주성 동쪽과 서쪽 밖에는 두 개의 석상이 세워져 있다. 이 석상은 복신미륵福神彌勒, 자복미륵資福彌勒, 미륵彌勒, 돌미륵, 미륵彌勒부처 등으로 다양하게 부르고 있다. 다만 방위를 나타낼 때에는 앞에 동, 서를 따로 붙인다.

동복신미륵건입동 1257번지은 얼마 전까지만 해도 개인주택 뒤뜰 7평 남짓한 공간에 있었다. 그래서 문화재 관련자 등이 아니면 찾아볼 수도 없었다. 2010년쯤 제주시에서 이 주택을 매입한 뒤 철거해 경내를 정리함으로써 동자복의 존재가 뚜렷하게 노출되었다. 서자복용담동 385번지은 제주시 용담동 속칭 동한두기의 용화사 사찰 경내에 있다.

동미륵상은 키가 3m 남짓할 정도로 풍채가 우람한 데 비해 서미륵상은 상대적으로 작아 2m쯤 되어 보인다. 외형적으로도 서자복은 다소곳한 모습을 띠고 있어 동자복은 남성, 서자복은 여성을 나타내고 있다.

이들 미륵상은 제주특별자치도 민속자료 제1호로 지정^{1971년 8월 26일}되었다. 하지만 언제, 누구에 의해, 어떤 목적으로 세워졌는지에 관한 연구는 거의 없는 실정이다. 다만 "차양이 빙 둘러진 너부죽한 모자를 썼고 커다란 입, 오뚝한 코, 지그시 다문 입, 인자스레 내려다보는 눈매 등 자비로운 불상으로 일품이다. 몸에는 예복을 걸쳤고, 두 손은 가슴에 정중히 모아졌는데, 그 소맷자락이 유난히 선명하다. 서복신미륵은 하반신 일부가 생략된 채 기석基石으로 받쳐졌다."《제주의 문화재》, 제주특별자치도, 1998년는 외형적 묘사만 있을 뿐이다.

동미륵상은 제주읍성 동쪽에 위치한 옛 건입포구로부터 50m 남짓 떨어진 높은 언덕에 세워져 있다. 이곳에는 창설 시기를 알 수 없는 만수사萬壽寺가 있었다고 전한다. 산지천의 옛 지명은 산저천山底川이고, 이 하천의 하류로서 바다와 접해 있는 포구를 건입포巾入浦, 健入浦라 불러왔다. 탐라시대부터 제주와 육지를 잇는 관문이었다.

서미륵상은 제주읍성 서쪽에 위치한 한천漢川을 끼고 있는 동한두기 언덕에 있는데, 이 미륵상도 포구에서 50m가 채 안 되는 거리에 서 있다. 이 포구는 용연포구라고 부르며 옛 지명은 독포禿浦이다. 이는 포구가 항아리 형태를 취하고 있어 붙여진 이름이다. 서미륵상은 지금 용화사라는 절의 경내에 있는데 서미륵상과는 직접적인 관계가 없는, 최근에 세워진 절이다. 그러나 이곳에도

동자복상(왼쪽)과 서자복상

동미륵상은 제주읍성 동쪽에 위치한 옛 건입포구로부터 50m 남짓 떨어진 높은 언덕에 세워져 있다. 이곳에는 창설 시기를 알 수 없는 만수사(萬壽寺)가 있었다고 전한다.

서미륵상은 제주읍성 서쪽에 위치한 한천(漢川)을 끼고 있는 동한두기 언덕에 있다. 원래 동미륵상(왼쪽)은 만수사(萬壽寺)에, 서미륵상은 해륜사(海輪寺)의 경내에 있었던 것으로 보인다.

창설 시기는 알 수 없지만 해륜사海輪寺라는 사찰이 있었다고 전한다. 만수사와 같은 시기, 즉 이형상 목사가 '당오백·절오백'을 훼철할 때 소실된 것으로 전해지고 있다.

만수사와 해륜사는 자복사資福寺로 통칭된다. 이들 사찰과 미륵이 '동·서 자복' 또는 '동·서 미륵'으로 불려온 것은 불가분의 관계에 있는 사찰이자 미륵임을 짐작하게 한다. 하지만 관련 기록이 없어 추정만 할 뿐이다.

그러면 이들 자복사와 자복상은 어느 시기, 어떤 배경 속에서 세워진 사찰이며 석상인가. 또한 그것은 탐라 역사에 어떤 중요한 의미들을 간직하고 있는가.

《신증동국여지승람新增東國輿地勝覽》불우조佛宇條에는 "해륜사海輪寺는 일명 서자복西資福인데 주의 서쪽 독포구獨浦口에 있다. 용연이 있는 포구이다. 만수사萬壽寺는 일명 동자복東資福인데 건입포巾入浦 동안東岸에 있다."라 하여 해륜사는 서자복사, 만수사는 동자복사임을 알 수 있다.

자복사資福寺는 어떤 사찰인가. 한기문의 〈고려시대 자복사의 성립과 존재 양상〉《민족문화논총》제49집에 따르면, 자복사資福寺는 고유 명칭이 아니라 읍인의 복을 구하는 절이라는 의미로 고려시대에 보통명사로 통용된 개념이라 밝히고 있다. 그렇다면 제주의 동·서 자복사도 특정 사찰 이름이 아니라 복을 기원하기 위해 동·서에 세워진 고려시대 도량처라는 의미로 해석할 수 있다.

불교국가를 표방한 고려시대에는 많은 사원이 세워졌는데 자복사資福寺는 각 행정 단위의 치소까지 설치되었다고 한다. 이는 당대

산지천 포구에 머물고 있는 선박들
이 포구는 일제강점기에 매립되었다. 포구의 남쪽 언덕에는 동자복상과 만수사가
세워져 있었다.

唐代에 81개 주州에 관사官寺를 세워 국가의례의 실현 장소로서 주민
州民을 불교 이념으로 결집하는 기능을 부여한 제도를 받아들인 조
치라는 것이다. 그럼으로써 고려는 자복사를 불교 도시로서의 상
징적 거점으로 삼았다고 해석하고 있다.

그렇다면 자복사는 단지 복을 기원하는 기도처만이 아니라 한
지역의 안녕을 기원하여 지역을 불교로 결속시키는 관사官寺의 성
격을 가졌던 것으로 보인다. 자복사 조성을 호장층이 주도하고 조
정에서 파견된 수령도 함께 참여하였다는 것은 자복사의 성격을
명확히 제시하는 부분이다.

제주의 건입포구와 동한두기의 독포獨浦에 세워진 만수사와 해

륜사도 명칭상으로는 고려의 자복사와 관련성이 있어 보인다. 그러면 이들 자복사는 언제 세워졌고, 어떤 배경 속에서 설치되었을까. 그것을 주도한 인물과 집단은 누구인가.

《고려사》,《고려사절요高麗史節要》를 보면 탐라와 고려의 첫 관계는 태조 8년925년 탐라국에서 고려에 토산물을 바치면서 시작된다. 그 후 13년 뒤인 태조 21년938년 탐라왕 고자견高自堅이 고려에 태자 말로末老를 보내어 조공을 바치자 성주·왕자의 작위를 내려준 것으로 나타난다. 그러나 이후에는 한동안 탐라와 고려가 교류한 자취가 보이지 않는다. 다시 교류의 기록이 나타나는 것은 고려 현종顯宗 2년1011년으로, 성주·왕자 작위를 받은 지 73년 만의 일이다. 이때 "탐라가 고려에 州주·郡군의 예에 따라 朱記주기를 달라고 요청, 이를 허락받았다."는 기록이 등장한다. 탐라의 동·서자복은 이 무렵 조성된 것으로 추정된다.

그때의 시대적 배경은 어떠했는가. 고려와 탐라에는 어떤 일이 펼쳐지고 있었을까. 현종은 재위 기간 중 거란족의 잦은 침입과 내우외환 속에서도 전국적인 행정 개편과 향직 개편에 따른 지방 읍사의 정비, 그에 따른 자복사의 확산에 기초를 놓았던 군주로 알려져 있다. 이는 불교를 통한 국가 의례와 지방 지배를 표방한 강력한 의지에 따른 것으로, 성종 때 유교화 정책에 따라 폐지되었던 연등然燈, 팔관회八關會 등의 의례를 부활시킨 것도 현종 재위기간이었다.

탐라가 73년 만인 1011년에 고려를 다시 찾으며 교류를 재개한 것도 바로 이 무렵이었다. 당시 고려 조정은 거란의 침입으로 외환에 시달리며 불력佛力으로 국난을 이겨내기 위해 관민을 결집시키던 시기였다. 반면, 탐라는 목종穆宗 5년1002년과 10년1007년 잇따른 화산폭발로 관민 모두 극도의 공포감에 휩싸여 있던 때였다. 그 상황을 《고려사》는 다음과 같이 기록하고 있다.

> 목종 5년(1002) 6월 탐라는 산의 네 구멍에서 빨간 물이 용출했는데 5일 만에 그쳤다. 다시 목종 10년(1007)에 탐라 서산(瑞山)이 바다 속에서 용출했는데, 태학박사 전공지(田拱之)가 그 장면을 자세히 관찰하여 그 사실을 그림으로 그렸다.

1,000여 년 전 탐라에 두 차례 발생한 화산폭발이 백성들에게 가해진 충격과 공포감이 어땠을지는 상상하기 어렵다. 다음은 전공지田拱之가 올린 보고서에 담긴 탐라 사람들의 목격담이다.

> 산이 처음 나타나고 운무(雲霧)는 어두컴컴하고 땅 흔들림이 우레와 같았다. 7주야 동안 계속되었다. 산 높이가 가히 100여 장이 되고, 둘레는 40여 리에 이르렀다. 초목은 없고 연기가 그 위를 덮었다. 이를 바라보니 돌 유황과 같았다. 사람들은 무서워서 감히 접근하지 못했다.

산이 처음 솟아나더니 네 구멍에서 시뻘건 물이 용솟음치고, 운무는 어두컴컴한데 땅 흔들림이 우레와 같았다고 했다. 이는 첫 화산 분출1002년 때 산의 네 구멍에서 빨간 물이 흘러내리다 5일 만에 그친 경우보다 두 번째^{1007년} 화산폭발이 더욱 강도가 높았음을 짐작케 한다.

당시 탐라와 그 백성들이 어떤 상태였을지는 쉽게 상상할 수 없다. 과학이 발달한 시대이지만, 2016년과 2017년 경주와 울산지역에 발생한 지진은 시민들에게 엄청난 공포와 불안을 야기했다. 1천여 년 전 탐라인들이 접한 상황은 이보다 더 가공스런 공포를 안겨주었을 것이다. 지진은 물론 화산폭발로 용암이 쏟아져 내리며, 한편에서는 바닷속에서 새로운 섬이 솟아나는 광경을 직접 경험하였다. 한 번도 아닌, 5년 사이에 두 번씩이나 이를 지켜보며 땅울림을 체험했던 당시 탐라인들은 어떠했을까. 세상이 끝나는 것과 같은 극도의 공포감에 사로잡히지 않았을까.

화산폭발은 멈추었지만 언제 또다시 폭발이 있을지 모를 상황이었다. 첫 번째 폭발에 이어 5년 만에 두 번째 화산분출이 이루어졌기 때문에 더욱 그러했을 것이다. 탐라의 지배층들의 위기감도 다르지 않았을 것이다. 탐라사회를 지켜줄 무언가를 찾아 의지할 수밖에 없는 절박감에 휩싸였을 것이다.

탐라 내부의 동요가 채 가라앉지 않은 상황에서 탐라가 황급히 고려 조정을 향해 배를 띄우게 된 배경도 이와 무관치 않을 것으로 짐작된다. 거기에는 화산폭발을 조사하기 위해 고려 조정에서 보낸 태학박사 전공지田拱之와 탐라의 집권세력과의 만남이 결정적 동인이 되었을 것으로 보인다.

조선시대에도 뭍사람들이 제주를 오가려면 물때를 보며 거의 몇 달을 보내야 했다. 고려시대에는 더 많은 시간이 필요했을지 모른다. 기록에는 나타나지 않지만 그 기간 동안 탐라의 집권세력과 전공지는 잦은 만남을 통해 고려 조정과 탐라사회를 이해하는 정보들을 교환했을 것이다.

그러면서 거란의 침입 등과 같은 국난을 불력佛力을 통해 극복하려는 고려의 방책과 불교국가를 구축하기 위해 지방에도 읍사邑寺인 자복사를 확산시키고 있는 조정의 강력한 의지를 접할 수 있었을 것이다. 특히 고려의 지방 지배를 강화하기 위한 움직임을 들려주며, 이에 탐라가 어떻게 대처하는 게 바람직한지에 관한 전공지田拱之의 다양한 조언도 있었다고 추정할 수 있다.

탐라는 전공지田拱之가 다녀간 4년 뒤인 현종顯宗 2년1011년에 고려 조정을 찾아가 주州·군郡의 예에 따라 주기朱記를 달라고 요청, 이를 허락받았다고 기록은 전한다. 이러한 탐라의 움직임과 성과는 전공지田拱之와의 만남을 통해 지득한 고려 조정의 흐름을 정확히 파악해 민첩하게 대응한 결과라고 할 수 있다. 또한 불력을 통해 국난 극복에 나서고 있는 고려의 정책은 화산폭발로 미증유의 불안과 공포에 휩싸여 있는 탐라사회를 안정시켜야 할 지배층에게 탁월한 방책으로 받아들여졌을 것이다.

그렇다면 산지천과 독천한천 언덕에 세워졌던 동·서 자복사는 어떻게 세워졌을까. 탐라가 군현제에 편입되도록 스스로 요청, 주기朱記를 받았다면 그것은 불사를 통해 불교국가를 이룩하려는 고려의 지방지배 정책을 적극 수용하였다는 것을 의미한다. 고려 조정의 주문이 아니더라도 탐라로서는 조정이 장려하는 자복사를 건립하고, 나아가 성안 백성들에게 가시적으로 위안을 줄 수 있는 미륵상과 같은 상징적 구축물이 절대적으로 필요했던 상황이다. 주기呪記를 달라고 간청했다는 기록은, 사실은 탐라의 위기 극복을 위한 일시적 방편이었다고 해석할 수 있다. 일단 발등의 불을 끈 뒤 후일을 도모하자는 판단이었다고 보여진다.

그렇다면 자복사는 조정의 요구와 화산폭발로 위기감을 극복하기 위한 탐라 내부의 욕구와 절박감이 맞물리며 실현된 사찰이라고 볼 수 있다. 고려 조정으로부터 사찰을 짓고 미륵불을 조각할 수 있는 기술 인력도 지원받았을 것으로 여겨진다. 이전의 탐라사회에는 사찰이나 대형 석상이 조성된 자취를 찾아볼 수 없다. 그렇다면 이들 사찰과 석상을 조성할 수 있는 전문 기술 인력을 지원받지 않을 수 없다.

탐라로서는 주기를 달라고 간청할 수밖에 대안이 없었다. 고려 조정의 입장에서도 거의 관계가 단절되었던 탐라가 스스로 찾아와 조공을 바치며 주기를 달라고 요청하는 상황에서, 고려가 표방하는 불사佛事를 탐라에서도 일으키고자 한다면 기꺼이 응하지 않을 수 없었을 것이다. 기록에는 보이지 않지만 고려는 이를 탐라편입의 지렛대로 삼았을 것으로 보인다. 탐라 지원을 조건으로 고려의 군현으로 편입을 요구하였던 것으로 추정할 수 있다. 이러한 정황은 탐라가 고려에 조공을 바친 이듬해1012년에 "큰 배 두 척을 고려에 바쳤다."는 기록에서 명료하게 드러난다.

73년간 단절된 조공을 다시 복원하고 주기呪記도 얻어내려면 탐라 나름대로 풍성한 물품들을 갖다 바쳤을 것이다. 그럼에도 이듬해 '큰 배 두 척'을 다시 바쳤다는 것은 큰 의미가 있다. 이는 자복사와 미륵불 건립이 조속히 마무리된 데 대한 탐라사회의 만족과 보답의 표현이라고 여겨진다. 자복사와 미륵불 건립에 도움을 준 조정의 배려와 그로 인해 급속히 안정을 되찾을 수 있었음에 감사하는 탐라사회의 표정을 읽을 수 있는 것이다.

따라서 자복사 창건과 미륵상의 건립은 화산폭발로 민심이 극도로 공포감에 휩싸였던 탐라 내부의 위기 극복 차원에서 이루어졌다고 볼 수 있다. 여기에는 고려 조정이 보내온 태학박사 전공지와의 만남이 결정적 동인이 되었다. 그는 제주에 머물며 탐라 지배층과의 잦은 대화를 통해 70여 년간 단절된 관계를 회복하는 결정적 계기를 만들었다.

심지어 자복사와 미륵상 조성은 전공지가 전체적으로 기획하고, 직접 제주에 내려와 불사(佛事)를 진두지휘한 것으로 여겨진다. 이는 전공지가 화가로서 미륵불 조성에 관한 전문가이며, 사찰 건축을 지휘할 수 있는 역량을 갖춘 인물로 판단되기 때문이다. 이는 그 후의 전공지가 남긴 자취를 통해 어느 정도 짐작할 수 있다.

《고려사高麗史》에 의하면 태학은 국자감의 한 분과로서 일명 대학大學이라고도 하였으며, 태학박사인 전공지는 일종의 명문 자제들을 교육시키는 교수와 같은 신분이었다. 그런데 전공지는 제주에서 '큰 배 두 척'을 바친 현종 3년¹⁰¹²에 갑자기 고려왕을 대신한 외교관으로 발탁되어 거란에 파견된다.

《요사(遼史)》에 의하면, 현종 3년(1012) 8월에 고려의 왕은 대신 전공지를 거란에 파견하였다. 거란에 간 전공지는 '고려왕이 병

때문에 친히 배알할 수 없다.'면서 강화조건을 위반하는 말을 전하자, 거란의 왕은 노하여 다시 조서(詔書)를 내려 강동 6주의 땅을 취한다고 협박했다. 그러나 전공지는 능수능란한 외교 솜씨로 이를 철회시키고 원래 확보된 압록강 국경선을 지킬 수 있었다.

- 전은자, 《제주바다를 건넌 예술가들》, 2015.

학생들을 가르치던 태학박사가 어떻게 외교관으로 발탁되어 거란에 파견되었을까. 그것도 왕이 친히 해야 할 역할을 대신하는 중책을 맡을 수 있었는지 배경이 궁금하다. 불과 5년 전만 해도 화공畫工으로서 화산폭발을 그리러 탐라에 파견되었던 태학박사 신분이었다. 그런데 5년 후에는 조선의 왕을 대신하여 대국을 상대로 국경 문제를 다루어야 하는 외교관으로 바뀐 것은 흥미로운 대목이다. 이는 제주에 화산분출을 파악하러 왔던 전공지가 탐라 지배층과 접촉하며 조공관계를 성공적으로 회복시킨 외교 수완을 조정이 높이 평가하였음을 시사한다.

탐라는 이때 주기朱記를 내려주도록 고려 조정에 간청했다고 한다. 이는 70여 년간 비교적 독립된 국가로서의 관계를 유지해 온 입장을 철회하고 스스로 고려에 예속을 자청한 행위라는 비판을 면하기 어렵다. 그러나 당시 탐라가 처한 극한 현실을 살펴보면 일단 대국인 고려의 도움을 받기 위한 불가피한 선택이었다고 이해할 수도 있다. 내일을 예측하기 어려운 상황에서 발등에 떨어진 급한 불을 먼저 끈 뒤 후일을 도모하기 위한 외교 전략이라고 판단된다. 그렇다면 "고려에 주기朱記를 내려주도록 간청했다."는 기록도 탐라의 자발적 의지라고 보기 어렵다. 난국을 극복하기 위한 방편으로서 고려의 신뢰를 얻기 위해 어쩔 수 없이 무릎을 꿇은 것과 같은 행위라고 해석할 수 있는 것이다.

제주의 자복사와 미륵불은 탐라와 고려의 관계 회복을 상징하는 역사役事로서 고려 조정의 도움을 받아 빠른 시일 내에 성사된 것으로 여겨진다. 이는 70여 년 만에 조공을 바친 이듬해에도 큰 배 두 척을 바친 사실에서 짐작할 수 있다. 이런 추론이 맞다면 자복사와 미륵불은 1011년에서 1012년 무렵에 건립되었을 것으로 추정된다.

지금까지 제주에서 가장 오래된 사찰은 고려시대에 기황후의 횡손을 얻기 위해 건립된 원당사로 알려져 왔다. 이어 외도동의 수정사, 중문 회수동의 법화사 등 원元의 제주지배 시기에 조성된 사찰이 뒤를 잇고 있다. 2005년 제주문화예술재단 부설 문화재연구소는 제주시 삼양1동 옛 원당사의 대웅전 추정 건물터를 발굴 조사한 바 있다. 이들 건물터에서는 청자, 분청사기, 백자 등의 도자기를 비롯해 각종 기와 등이 출토되었다. 이를 근거로 조사단은 사찰 건립연대를 12세기 이후로 추정하였다.

만약 동·서 자복사인 만수사, 해륜사가 현종 재위기간에 조성되었다면 이는 원당사보다도 최소한 100년 앞선 시기에 세워진 제주의 첫 사찰이라는 의미를 가진다. 뿐만 아니라 원元의 제주지배기보다 훨씬 이전에 고려의 지원 속에 제주불교가 시작되었다는 이야기가 된다. 그 배경에는 탐라에 두 차례 발생한 화산폭발과 태학박사 전공지가 있었다고 볼 수 있다.

고려의 도움 속에 탐라는 화산폭발이라는 재난을 수습하며 안정을 되찾을 수 있었을 것이다. 그러나 결과는 엄청난 후유증을 가져왔다. 고려와의 정례적 조공 관계를 70여 년간 거부하며 독립 왕국으로서의 위상을 모색하던 탐라가 몰락의 길을 걷는 단초가 되었기 때문이다. 《고려사》는 이를 다음과 같은 짧은 문장으로 기록하고 있다.

> 숙종 10년 탁라(乇羅)를 고쳐서 탐라군(耽羅郡)으로 하였고, 의종시(毅宗時) 현령관(縣令官)으로 삼았다.
>
> (肅宗十年 改 乇羅爲耽羅郡 毅宗時委縣令官)

고려로부터 주기朱記를 받은 지 104년 뒤인 숙종 10년1105 탐라군耽羅郡이 설치되면서 탐라는 고려의 한 지방 또는 현으로 전락하게 되었던 것이다.

역사는 한 판의 바둑처럼 그 과정을 복기復棋할 수 있다. 하지만 다시 되돌릴 수는 없다. 그게 역사다. 우리가 그 당시의 탐라시대를 살았다면 어떤 신神의 한 수數를 두었을까. 역사는 우리에게 그것을 묻고 있다.

에필로그
환태평양 시대 '별의 도시, 제주'를 위한 제언

왜 '별의 도시'인가

제주사회에는 최근 들어 제주의 정체성을 되찾자는 화두가 학계를 중심으로 시민사회로 번져 나가고 있다. 탐라사를 복원하고, 이를 제주의 도시 브랜드로 구축·활용하고자 하는 논의가 진전되고 있다. 이는 지방분권시대의 개막을 앞둔 상황에서 고무적이고 괄목할 만한 변화의 흐름이다. 제주특별자치도는 10여 년 전 '제주도 경관 및 관리계획'을 발표한 바 있다. 이는 종전의 중앙정부에서 시달되던 것과는 달리 '제주다운 서사적 풍경의 구축'을 제주 경관 및 관리계획의 궁극적 목표로 설정하고 있다. 서사적 풍경은 과거에 지속적으로 땅에 새겨온 기억들을 보전하기 위한 것이다. 나아가 이를 새롭게 해석하면서 거기에 새로운 욕망이 덧씌워져 가는 과정을 총체적으로 드러내는 풍경이라고 설명하고 있다. 오랫동안 갈망해 온 바람직한 지향점이라고 할 수 있다.

아쉬운 부분은 제주다운 서사적 풍경을 내세우면서도 가장 중요하게 다루어야 할 칠성대의 역사·문화적 가치를 비롯한 탐라문화의 정립과 복원에 관한 논의는 정책적으로 가시화되지 않고 있다는 점이다. 과거 1500여 년간 제주사회를 관류해 온 칠성대는 일제강점기인 1920~30년대에 훼철된 것으로 추정되고 있다. 그로부터 80~90년이 흐르면서 기억 속에서 빠르게 지워져 갔다고 볼 수 있다. 광복 이후에는 4·3과 한국전쟁 그리고 1960년대부터 본격화된 개발 열풍이 제주의 풍경들을 빠르게 지워내고 있었다. 그러다 보니 1500년간 전해져온 탐라 최고最古의 유적인 칠성대가 탐라도성에 새겨놓은 풍경과 가치도 함께 사라졌을 것으로 보인다.

칠성대는 제주사회의 기억 속에서 잊혀도 되는 존재인가. 앞서 상술하였듯이 칠성대는 탐라시대를 찾아가는 지도와 같은 존재이다. 칠성대를 통해 탐라도성의 위치와 그 속에 내재된 탐라인들의 정신세계는 물론 '별나라의 주인'이라는 이름의 탐라왕 '성주星主'로 표현되는 정치체제, 신앙과 그로 인해 파생된 탐라문화의 원류를 파악해 낼 수 있다. 이를 잊혀진 탐라시대를 보여주는 압축 파일이라 부를 수 있다.

'하늘은 둥글고 땅은 네모났다.天圓地方'는 고대의 천문관은 탐라인들을 사로잡았던 사상이었던 것으로 보인다. 그들은 우주를 의미하는 원형圓形의 도성 안에 북두칠성과 달月을 배치하는 형태로 도시를 건설하였다. 성안에 들어선 사각의 땅에 둥그런 지붕으로 이루어진 초가들이나 흙과 돌로 쌓아진 반구半球 모양의 칠성대 역시 형태적으로는 소우주를 표현한다고 해석할 수 있다. 이처럼 우주 모형으로 고대 왕성을 건설한 사례를 어디에서 찾아볼 수 있는가. 그야말로 세계 도시계획사에 기록될 만한 가치가 있다고 여겨진다. 이를 하루속히 재조명해 관련 국내외 학계에 보고하고, 객관적 시각으로 평가를 받아야 한다.

칠성대는 세 부족 연맹체의 약속을 상징하는 조형물이기도 했다. 더불어 세운 나라를 함께 지키고 가꾸고자 하는 약속과 의지의 표현이기도 하다. 북두칠성은 일곱 개의 별이 하나로 움직이는 별자리이다. 칠성대가 세워진 세 부족의 대촌일도·이도·삼도도 마찬가지로 '탐라 칠성대정신'의 표상으로 볼 수 있다. 탐라시대부터 거의 2천 년간 전해내려 온 정신을 되찾는 일의 중요성은 아무리 강조해도 지나침이 없을 것이다.

제주가 세계적인 문화도시로 나아가려면 탐라의 곳간에 쌓여있는 유산과 뿌리들을 재조명하지 않으면 안 된다. 탐라의 별 문화는 기간지주, 정주목 등으로 표현되는 두 개의 석상과 마을의 돌탑인 '거욱대', 집안의 문전제로 이어지고 있는 칠성신화, 집집마다 들어섰던 '칠성단칠성눌', 우주를 나타내는 전통 떡에 이르기까지 다양한 형태로 남아있다. 그야말로 한라산에서부터 도심, 마을, 집집마다에 이르기까지 제주는 별의 상징으로 빛나는 섬이다. 더구나 별천문은 고천문, 천문, 역사, 문화, 도시 분야에 이르기까지 그 영역이 광대무변하다. 그런 무한한 콘텐츠를 제주는 탐라시대부터 간직해 왔다. 제주를 어느 도시보다 특색있고 이상적인 도시로 부각시킬 수 있는 정책적 요소를 갖추고 있다. 이를 세계가 인정하는 빼어난 경관과 연계시킨다면 제주는 가장 이상적인 도시로 거듭날 수 있다.

동양과 서양의 모든 도시는 저마다 다른 사유와 색채로 그려낸 다양한 별 문화를 간직하고 있다. 지구촌이 간직하고 있는 보편적인 별 문화는 제주에게는 어떤 것보다 중요한 자산이다. 이는 이웃도시들과의 소통과 연대에도 매우 소중한 촉매제가 될 수 있다.

세계 도시의 별 문화를 함께 공유하는 포럼을 제주에서 정례적으로 개최하는 등 제주를 '환태평양 시대의 별의 도시'로 부각시켜 나가야 한다.

어떻게 '별의 도시'를 구현할 것인가

제주시는 2012년《제주성내 칠성대 역사문화자원 발굴·활용을 위한 기본연구 보고서》를 펴냈다. 또한 2013년에는 칠성대가 위치해 있었던 제주시 원도심옛 제주성안 내 7개소에 표지석을 세웠다. 그 곁에는 1926년《매일신보》에 실렸던 칠성단 사진과 홍종시의 〈제주성내고적도〉 사진을 담은 안내판을 함께 세우기도 했다. 그리고 같은 해에 제주시민복지타운 내에 '칠성대 테마공원'을 조성하기도 했다. 이러한 제주시의 칠성대

문화유적의 자원화 방안은 도민과 관광객들에게 칠성대에 관한 이해도를 높이고 칠성대의 자원화를 위한 첫 출발점이 될 것으로 기대된다.

이처럼 일제강점기 이후 우리들의 뇌리 속에서 사라진 제주의 서사적 풍경을 되살리고, 국제자유도시를 상징하는 대표적 도시 디자인으로 육성해 나가기 위해서는 '칠성대 프로젝트'를 수립, 다음과 같은 단계별 추진전략을 전개할 필요가 있다.

첫째, 탐라도성과 칠성대의 발굴·복원이다. 앞서 다루었듯이 칠성대는 탐라사회의 전개와 탐라인들의 고대신앙, 문화 등을 엿볼 수 있는 최고最古의 유적이다. 또한 칠성대는 탐라도성을 설계하고 배치하는 데 핵심적 기틀이 되었다. 이처럼 칠성대와 월대, 탐라도성은 불가분의 관계에 있다.

탐라도성은 학술적 고증을 마치면 다음 단계인 복원으로 이어질 수 있는 기틀이 확보되었다고 판단된다. 그러나 탐라도성을 원상으로 복원하는 것은 현실적으로 쉽지 않고, 필요성도 떨어진다. 일부 구간은 복원할 수 있겠지만 전체적으로 복원하는 것은 심도 있는 검토가 필요하다. 오히려 탐라도성의 자취를 따라 유럽의 거리처럼 박석으로 포장한다면 성을 걷는 것과 같은 느낌을 줄 수 있고, 시민들의 불편도 최소화할 수 있을 것이다.

이와 함께 진행되어야 할 일은 탐라도성 내의 궁전 터에 대한 발굴작업이다. 1990년대 말 제주목관아 터 발굴사업 중에 성주청으로 추정되는 지점에서 탐라시대의 유구층이 확인되었다. 그러나 발굴을 확장하지 않고 덮어버렸기 때문에 추후 발굴사업이 요구된다. 현재 제주우체국과 그 주변이 대상구역인데 앞으로 이곳을 매입해 일대를 발굴하는 방안이 시급히 강구되어야 한다. 이는 앞으로 추진해 나가야 할 탐라문화권정비사업과도 맞물려 있는 핵심사업 중의 하나라는 점에서 더욱 그렇다.

칠성대는 위치 파악이 덜 진행되고 있는 상태이다. 그러나 이미 다수 고로들의 증언과 선학들의 글을 통해 칠성골의 6번째 별자리 위치는 확인되고 있다. 이어 4번째 별자리^{향교전} 위치 찾기도 거의 근접하게 진행되고 있다. 나머지 칠성대 역시 추가연구가 이루어진다면 머지않아 7개소 모두 찾아낼 수 있을 것으로 여겨진다.

칠성대의 형태와 규모 등은 《매일신보》의 사진을 토대로 어느 정도 복원할 수 있게 되었다. 이를 토대로 칠성대 조형물을 거의 원형에 가깝게 설치할 수 있다. 칠성대 모두를 복원하는 것은 현실적 방안이 아니다. 그보다는 실제에 가깝게 복원하거나 조형물로 설치할 필요성이 있다. 장소는 일곱 번째 별자리가 있었던 지점 주변에 조성된 '산짓물 광장'의 녹지공간 일부를 활용하는 게 바람직하다고 판단된다. 이는 공원의 설치 목적과 부합하면서 다양한 전통문화행사 등을 통해 공원의 활용도를 높이는 데 기여할 것이기 때문이다.

칠성대가 있었던 것으로 추정되는 지역은 도시화로 인해 주택과 고층건물이 들어서 있다. 따라서 발굴·복원을 위해 토지와 건물 등을 단기간에 매입하는 것은 현실적으로 상당히 어렵다고 예상된다. 하지만 칠성대의 역사·문화적 자원을 계속 방치할 수는 없기 때문에 장단기계획 수립에 따른 연차별 추진을 모색할 필요가 있다.

둘째, 탐라도성과 칠성대의 역사·문화자원을 제주 섬의 대표적인 브랜드로 육성해 나갈 필요가 있다. 탐라도성은 우주를 상징하는 원형圓形으로 구축되었다. 그 속에는 북두칠성을 모방해 칠성대를 세웠으며, 소우주를 나타내는 둥근 지붕과 네모난 땅을 나타내는 수많은 초가들로 이루어진 취락이 형성되었다.

이것은 완벽하게 천문으로 탐라도성을 세웠음을 보여주는 것으로서, 천문학을 비롯한 지리학, 문화인류학, 도시학, 민속학, 국문학 등 다양한 학제 간 융합연구가 필요할 것으로 판단된다. 그렇다면 탐라의 별 문화를 주제로 한 분야별 학술대회를 통해 그 가치를 정립해 나가야 할 것이다. 그럼으로써 탐라의 별 문화를 세계 속에 드러내는 꾸준한 노력이 필요함은 재론의 여지가 없다.

칠성대가 산재해 있었던 제주 성안은 탐라국-고려-조선-일제강점기를 거쳐 현재에 이르기까지 제주 역사·문화·경제·사회·행정의 중심지였던 지역이다. 그러나 1980년대 이후 신시가지 개발에 의한 인구감소와 도시세력의 급속한 감소로 심각한 침체에 빠져 있다. 반면 '문화의 세기'를 맞아 역사·문화·생태자원의 보전과 활용에 대한 시대적 요구는 날로 증대되고 있다. 따라서 '환태평양 시대 별의 도시를 향한 칠성대 프로젝트'를 추진함으로써 탐라문화권 구축과 원도심권의 활성화, 시민과 관광객들의 교육·관광자원으로 활용해 나갈 필요가 있다.

칠성대에는 '탐라사회의 결속과 번영, 미지未來를 향한 도전, 그리고 소원성취'라는 의미가 담겨 있다. 이는 개인과 가정, 기관과 단체, 제주특별자치도가 추구하는 공동의 가치인 동시에 제주를 찾는 모든 이들과도 공유할 수 있는 브랜드라고 할 수 있다. 따라서 북두칠성의 형태를 담은 '칠성대기(旗)'를 제작·보급, 섬 전역에서 '칠성대기'를 펄럭이게 함으로써 '별의 도시, 제주' 이미지를 각인시켜 나가야 한다.

먼저 칠성대가 있었던 일도·이도·삼도동을 연결하는 칠성로와 한짓골을 비롯한 원도심권 내의 상가와 주택, 기관·단체에 칠성대기를 게양토록 한 뒤 점차 제주도 전체로 확산시켜나가는 것이다. 최종적으로는 '칠성대기'를 제주특별자치도기로 대체해 나가는 것도 바람직하다고 본다. 지금의 'Jeju'라는 영문자를 담아낸 도기(道旗)에는 제주의 역사·문화적 전통과 제주의 정체성이 담겨 있지 않다. 그야말로 '영혼이 없는 깃발'이다.

따라서 탐라시대부터 최근세까지 전해내려 왔던 칠성대를 이미지로 만들어낸 '북두칠성기'를 제주의 깃발로 교체할 필요성이 있다. 우리는 '북두칠성기'를 바라보며 제주의 자랑스러운 역사와 문화, 그 속에 내재된 엄청난 스토리를 이야기할 수 있을 것이다.

칠성대를 브랜드로 한 다양한 상품을 제작·판매하는 것도 생각해 볼 수 있다. 이를 제작하기 위한 공예·공방거리를 조성, 제주를 찾는 관광객들에게 칠성대 관련 기념상품을 판매하는 방안도 적극적으로 강구해 나가야 한다. 아울러 가로등과 건물, 간판 등에도 칠성대 로고를 활용한 조형물을 다양하게 설치하고, 칠성대 형태의 문화거리 등도 조성할 필요가 있다. 그럼으로써 칠성대를 환태평양 시대 '별의 도시, 제주'를 상징하는 도시디자인으로 부각시켜 나갈 수 있을 것이다.

셋째, 칠성대를 제주의 대표적 역사·문화·관광자원으로 활용하는 방안이 강구돼야 한다. 제주는 한 해 2천만 명 가까운 내·외국인들이 찾는 국제관광지이면서도 야간관광의 불모지라는 한계를 벗어나지 못하고 있다. 그런 점에서 행정기관의 적극적인 지원 속에 민간이 주도하는 다양한 관광 프로그램을 활성화해 나갈 필요가 있다.

십 년 전 필자는 서울의 시내버스에서 '서울특별시도 몇 년 후에는 제주도처럼 별을 볼 수 있을 것'이라는 글을 본 적이 있다. 대도시에 사는 이들에게 별을 볼 수 있다는 것은 하나의 로망과 같은 것임을 알 수 있었다. 제주 섬 역시 도시가 확산되면서 별을 보는게 점점 어려워지고 있다. 그러나 도심에서 20~30분 정도 벗어나면 별을 볼 수 있는 곳이 아직도 많다. 밤에 오름을 오르면 제주 섬은 동화의 섬으로 변한다. 더구나 별은 겨울에 더욱 또렷하게 나타난다. 필자가 몇 년 전 '별빛 오름 콘서트'를 10여 회 개최한 것도 이 때문이었다. 낭만과 환상의 섬에 걸맞은 콘텐츠라고 할 수 있다.

마지막으로 칠성대를 비롯한 다양한 별 문화 자원을 바탕으로 제주를 세계인들의 '별의 수도'로 조성해 나가는 일이다. 별은 세계인들이 공유하고 있는 문화상징이다. 먼저 전국 각 시도별로 간직하고 있는 별 문화에 관한 세미나 등을 개최한 뒤 아시아권, 나아가 세계 각국의 별 문화를 한자리에서 보여주는 '별 문화의 곳간'으로 조성해 나갈 필요가 있다. 천문학으로서의 별과 더불어 신앙과 민속, 시와 그림, 음악, 조형예술, 스토리텔링에 이르기까지 별의 모든 것을 보여주고, 들려주고, 느끼게 하는 '별의 도시'로 가꾸어 나가야 한다. 여기에는 '칠성대 프로젝트'를 추진할 수 있는 기구 설립과 함께 별 문화를 연구하는 〈탐라별문화연구원〉(가칭) 설립도 필요하다고 판단된다. 정부 또는 제주특별자치도 차원의 관심과 행·재정적 지원의 필요성은 더 말할 나위가 없다.

다시 '별의 도시, 제주'를
꿈꾸다

'서사적 풍경'은 과거에 지속적으로 이 땅에 새겨온 기억들을 존중하고 보전하면서 미래에도 남길 만한 가치들을 의미한다. 그렇다면 제주 선인들이 탐라국을 형성할 때의 정신과 후손들에게 남기고자 했던 선언-결속과 단결을 통한 공동의 번영과 소원 성취-이 깃들어 있는 '칠성대'야말로 바로 '서사적 풍경'의 핵심적 요소라고 판단된다.

칠성대는 1500년간 제주섬을 관류해 온 제주정신의 모태이며, 그것은 탐라인들이 북두칠성을 보며 거친 바다를 항해했듯이 오늘날 환태평양 시대의 첨병임을 지향하는 제주특별자치도와 그 섬에 살고 있는 제주인들의 상징적 존재로 계승·발현되어야 마땅하다.

북두칠성 형태로 세워졌던 칠성대는 제주섬의 독특한 별 문화를 상징한다. 탐라왕성 중심부에 세워졌던 칠성대는 탐라인들의 빼어난 도시디자인 기법과 조형감각을 보여주고 있다. 이는 세계의 도시들이 간직하고 있는 별 문화와 소통할 수 있는 언어이자 기호임과 동시에 제주다움을 도드라지게 하는 북극성과 같은 존재이다. 더구나 칠성대로 상징되는 별 문화에 관한 콘텐츠는 얼마나 풍부하고 다양한가.

탐라국 형성 초기부터 구축돼 1500년을 이어져 온 칠성대는 일제강점기에 훼철되면서 제주인들의 기억 속에서도 거의 사라지고 있다. 반면 다른 도시들은 별을 새로운 브랜드로 활용하려는 의욕적인 움직임을 보이고 있다. 이를 방치하거나 무관심으로 일관한다면, 세계에 자랑스럽게 내세울 수 있는 제주 고유의 독창적 자원이 사장되거나 타 지역에 선점당할 우려도 높다. 흙 속에 묻혀 있는 보석의 가치를 꿰뚫어 보는 혜안과 그것을 활용하는 지혜가 요구되는 것이다.

글을 맺으며

한 노인이 탐라의 칠성대 이야기를 선문답처럼 던지고 간 뒤 어느덧 26년. 봄·여름·가을·겨울이 스물 여섯 번 바뀌는 시간 속에서 나는 스스로 탐라의 동굴에 갇힌 채 탐라의 별빛을 찾아 헤매었다. 늘 어둠 속을 벗어나 탐라를 비처 주는 한 줄기 빛이 비치기를 기원했다. 숱한 지인들에게 들려준 이야기들은 내 자신을 위한 자문자답이었다. 그것들은 난해한 퍼즐 조각들이었다. 앞선 연구가 거의 없으니 실마리도 없었다. 탐라를 찾아가는 지도는 알 수 없는 부호와 상징으로 채워져 있었고, 그마저 상당 부분은 찢겨져 있거나 글자가 마모되어 해독이 힘들었다.

분명한 것은 백발의 노인이 건네준 한마디의 말, 낡아 떨어진 양피 조각 하나가 탐라시대를 찾아갈 수 있는 지도라는 믿음이었다.

그러한 확신은 한 번도 흔들리지 않았다. 다만 지도를 읽어내는 독도법을 몰라 답답하고, 자취가 흐릿한 곳을 찾아 헤매며 안타까워했을 뿐이다. 사물을 명료하게 읽어내는 시력이 없음도 한탄하였다. 그래서 많은 나날을 미지의 영역을 더듬거리며 헤매었다.

그렇게 20년이 흘렀다. 빛이 보이지 않던 그 무렵, 오래전 읽었던 어느 철학자의 글이 불현듯 날아와 뇌리에 꽂혔다. "지혜의 신, 미네르바의 날개는 어둠이 짙어지면 날개를 파득거리기 시작한다." 그랬다. 그렇게 어둠 속을 배회할 무렵 뭔가 희미하게 보이기 시작했다. 신기루는 아니었다. 나의 촉감들이 다시 살아났다. 그래서 캄캄한 어둠 속에서 먹잇감을 향해 날아가는 부엉이처럼 그곳으로 달려갔다. 그러나 어둠이 다가오기 전에 서둘러 보석들을 찾아 떠나야 했다. 언제까지 곳간을 뒤지느라 시간을 보낼 수 없었다. 해 그늘이 점점 길게 드리워지고 있었다.

지도는 더 이상 눈앞에 나타나는 물체의 윤곽들에 대해 설명하지 않고 있다. 숲과 계곡을 지나 탐라의 지평에 이르는 입구까지만 안내하고 있을 뿐이다. 그것들이 어떤 의미와 가치를 가진 존재인지, 취해야 할 대상인지 놓고 가야 할 것인지는 내 판단의 몫이었다. 더구나 탐라를 향해 메고 간 배낭은 그리 크지 않아서 많은 것을 가져올 수도 없었다. 그래서 허겁지겁 들었다 다시 내려놓으면서도 자꾸만 지나친 곳으로 시선이 머물렀다.

내가 찾아낸 탐라의 곳간은 드넓은 공간에 널려있는 많은 창고의 하나일 뿐이었다. 그것을 다 들여다볼 능력도, 시간도 없었다. 눈 밝은 이들이 훗날 이곳을 다시 찾는다면 그들에게는 커다란 수

확의 기쁨이 주어질 것이다. 해가 기울어지면서 나는 황망히 그곳을 떠나야 했다. 빠른 시일 내에 다시 찾아가 천천히 그 속을 들여다보며 미처 보지 못했던 유산들을 찾아볼 생각이다. 어느 동굴에는 '별나라 왕국'의 설계도가 숨겨져 있을 것이다. 하지만 나의 시력은 점점 떨어져 가고, 오감의 촉수도 무디어 가고 있음을 모르지 않는다. 다시 그곳으로 멀고 먼 탐험을 떠날 수 있을까. 그래서 돌아오면서도 내가 보았던 탐라의 풍경들을 향해 자꾸만 고개를 돌려야 했다.

나는 돌아가 무엇을 해야 할 것인지를 하나씩 상상한다. 우선 주막에 들러 벗이나 지인들과 한잔 하면서 내가 보았던 탐라를 한 컷씩 보여주며 '별나라 탐라'의 몽환적 풍경을 들려줄 생각이다. 먼 데서 걸어오는 젊은이들도 만나 탐라의 별 이야기를 전하고 싶다. 수십 년 전 원도심에서 만난 어느 백발의 노인이 그랬던 것처럼 말이다. 다만 다 떨어진 낡은 지도가 아닌, 새롭게 그려진 한 장의 그림과 함께 칠성대 나침반 하나를 건네주고 싶다. 그래서 탐라 선인들이 못다 이룬 '별나라 탐라왕국'의 설계도를 찾아볼 것을 권하고 싶다. 거기에는 미래의 제주를 모두가 가고 싶어 하는 높은 언덕으로 이끌어갈 방책과 꿈이 아름다운 청사진으로 그려져 있을 것이기 때문이다.

탐라의 후손들을
위한 기도

탐라의 후손들이여!!
수천 년 이 땅을 지켜온 제주인들이여!!

아득한 옛날
한 줄기 여명이 이 섬을 비출 때
우리 삼을라 벽랑국 세 공주 배필로 삼아
오곡의 씨앗을 뿌리고 육축을 키우며
탐라의 새벽을 열었나니,

역사의 들판에 거친 시련의 바람은 늘 불어 왔지만
밤하늘의 북두칠성을 바라보며
사랑과 결속으로 칠성대(七星坮)를 쌓고
평화와 번영을 하늘에 다짐해 왔더이다.

탐라는 돌과 바람의 땅,
드센 파도가 일렁이는 섬.

이 터전을 아름답고 풍요롭게 일구어 놓은
오! 자랑스러운 제주인들이여!!
지혜롭고 아름다운 탐라의 후손들이여!!

눈은 언제나 미래를 내다보고
머리에는 격조 높은 문화를,
가슴에는 늘 사랑과 결속을 간직한 채

밤마다 찾아오는 별들을 헤이며
제주의 밝은 내일을 열어 나가소서!
탐라를 세계의 보석으로 키워 나가소서!

- 강문규, 2011년 가을에 짓다

참고문헌────────────────────────────────

●원전류

권덕규, 〈양미만곡의 제주도〉, 《삼천리》 제7권, 1935.

김두봉, 《제주도 실기》, 1936.

김상헌, 《남사록》, 1601.

김석익, 〈파한록〉 상, 《심재집》, 1923.

김정, 《노봉선생문집》 권1, 1737.

담수계, 《증보 탐라지》, 1954.

《매일신보》, 1926.

신광수, 《탐라록》, 1764.

신찬, 〈운주당 서문〉, 《탐라지》 제주목, 1653.

이원조, 《탐라지초본》 제주목, 1843.

이원진, 《탐라지》 제주목, 1653.

이종휘, 《수산집》 권11, 1799.

이행 등, 《신증동국여지승람》 권38, 전라도 제주목, 1530.

이형상, 《병와 선생문집》 권14, 1702.

임제, 《남명소승》, 1578.

저자 미상, 〈탐라국〉, 《서우》 제5호, 1907.

홍종시, 〈제주성내고적도〉(홍정표 제공).

홍천경, 〈결승정 상량문〉, 《남사록》, 1601.

●단행본

강문규 엮음, 《잊혀져 가는 문화유적》, 한라일보사 유적지표석세우기 추
　　진위원회, 2006.

강문규 외, 한라산총서 《한라산이야기》, 2006.

강문규 지음, 《경술국치 100년, 제주의 원풍경》, 디자인 디몽, 2010.

강문규 지음, 《제주문화의 수수께끼》, 각, 2006.

김문식 외, 《왕실의 천지제사》 왕실문화총서 2, 돌베개, 2011.

김봉옥 외, 《옛 제주인의 표해록》, 전국문화원연합 제주도지회, 2001.

김영돈 외, 《제주성읍마을》, 대원사, 1989.

김윤식 지음, 김익수 역, 《속음청사》, 제주문화원, 2010.

김인호 지음, 《한국 제주역사문화 뿌리학》, 우용출판사, 1997.

김일권 지음, 《고구려 별자리와 신화》, 사계절출판사, 2008.

김일권 지음, 《우리 역사의 하늘과 별자리》, 고즈윈, 2008.

김찬흡 편저, 《20세기 제주인명사전》, 제주문화원, 2000.

김천형 엮음, 《탐라사료문헌집》, 도서출판 디딤돌, 2004.

데이비드 네메스 지음, 고영자 역, 《제주 땅에 새겨진 신유가사상의 자
　　취》, 제주시우당도서관, 2012.

문무병 외, 《제주도 큰굿자료》, 제주전통문화연구소, 2001.

박창범 지음, 《한국의 전통과학 천문학》, 이화여자대학교 출판부, 2007.

손영식 지음, 《한국의 성곽》, 문화공보부 문화재관리국, 1987.

오태직 외, 《三吳詩集》, 제주문화, 2003.

윤봉택 엮음, 《무병장수의 별 서귀포 노인성》, 한국예총서귀포지회, 2015.

이규목 지음, 《도시와 상징》, 일지사, 1988.

이순지 지음, 김수길·윤상철 공역, 《天文類抄》, 대유학당, 1993.

이영석·민유기 외, 《도시는 역사다》, 서해문집, 2011.

이윤형 외, 《제주의 돌 문화》, 제주돌문화공원, 2006.

이청규 지음,《제주도 고고학 연구》, 학연문화사, 1995.

전관수,《주몽신화의 고대 천문학적 연구》, 연세대학교 출판부, 2010.

정형진 지음,《바람타고 흐른 고대문화의 비밀》, 소나무, 2011.

제주대학교,《제주시의 옛터》, 1992.

제주도,《제주사 연표 1》, 제주사정립사업추진협의회, 2005.

제주도교육청,《제주도교육사》, 1999.

제주시,《관덕정 실측조사보고서》, 대호기획, 1995.

제주시,《제주시의 옛터》, 제주대학교박물관, 1996.

제주특별자치도,《일제시대 자료수집 보고서》, 제주전통문화연구소, 2012.

제주특별자치도,《제주민속사전》, 한국문화원연합회 제주특별자치도지
　　회, 2012.

제주특별자치도,《화산섬 제주세계자연유산/그 가치를 빛낸 선각자들》,
　　한라산생태문화연구소, 2009.

주강현 지음, 〈탐라와 제주의 해양문화사적 성찰〉,《탐라문화》제42호,
　　제주대학교 탐라문화연구소, 2013.

진성기 지음,《무속학 사전》, 제주민속연구소, 2003.

진성기 지음,《무속학》, 제주민속연구소, 2005.

진성기 지음,《제주도 무가본풀이사전》, 민속원, 2016.

진영일 지음,《고대 중세 제주역사 탐색》, 보고사, 2008.

한라산생태문화연구소,《제주성내 칠성대 역사문화자원 발굴활용 기본
　　연구 보고서》, 제주시, 2011.

허남춘 외,《제주음식이야기》, 이야기 섬, 2015.

허남춘 지음,《제주도본풀이와 주변신화》, 제주대학교 탐라문화연구소, 2011.

현용준 지음,《제주도 사람들의 삶》, 민속원, 2009.

홍기표 외,《탐라사의 재해석》, 제주발전연구원 제주학연구센터, 2013.

홍순만 지음,《사연따라 7백리》, 제주문화원, 2014.

홍순만 지음,《서복집단과 제주도》, 제주문화원, 2002.

●논문

강문규, 〈칠성대는 왜 쌓았을까〉, 《교육제주》 133호, 제주교육과학원, 2008.

강문규, 〈칠성대에 관한 일고찰〉, 《불휘공》 7호, 제주전통문화연구소, 2009.

김수년, 〈동양천문학상 북두칠성의 의의와 역리학적 영향에 관한 연구〉, 공주대학교 대학원 석사학위논문, 2007.

김일권, 〈고구려 벽화의 선과 하늘의 상상력 실재〉, 《미술사학연구》 268, 한국미술사학회, 2010.

김일권, 〈고구려인들의 별자리 신앙〉, 《종교문화연구》 제2호, 2000.

김종찬, 〈제주도 광령천 일대 고인돌과 바위구멍〉, 《제주고고》 제3호, 제주고고학연구소, 2016.

서경전, 〈한국칠성신앙을 통해 본 도·불교교섭관계〉, 《한국종교》 제6집, 1981.

신용하, 〈탐라국 건국의 신연구〉, 《탐라국의 여명을 찾아서》, 제주사정립사업추진협의회, 2001.

심정보, 〈제주읍성의 역사적 가치〉, 《제주성지 국가사적 지정 추진을 위한 자료집》, 2016.

오상학, 〈고지도에 표현된 한라산〉, 《한라산·지리산 연구 어디까지 왔나》, 한라산생태문화연구소, 2016.

오상학, 〈천문도와 지도로 보는 제주의 별문화〉, 《제주고고》 제4호, 제주고고학연구소, 2017.

윤치부, 〈제주관련 표해록에 나타난 해양인식〉, 《세계섬, 해양문화와 미래비전》 제1회 제주학대회 발표자료집, 2017.

조희영, 〈동아시아 수노인도 연구〉, 이화여자대학교 대학원 석사학위논문, 2003.

최희수, 〈탐라별문화의 가치와 활용-〉, 《탐라별문화 학술세미나 자료》,
　　2016.

허남춘, 〈칠성과 부군신앙, 뱀 신앙〉, 《비교민속학》 제58집, 2015.

홍기표, 〈탐라 칠성도 관련 기록과 축조시기〉, 《사림》 42, 수산사학회, 2012.

홍순만, 〈제주주성고〉, 《탐라성주유사》, 탐라성주유사편찬위원회, 1979.

홍정표, 〈칠성대와 성주청〉, 《탐라성주유사》, 탐라성주유사편찬위원회,
　　1979.